아파트
언제
어디를
살까요

3년 만에 **시세 차익 24억 벌어들인 외벌이 직장인**의
정말 쉬운 아파트 투자 이야기

아파트
언제
어디를
살까요

신준섭
(사월)지음

아라크네

이기는 투자란 이런 것이다

청울림

(다꿈스쿨 대표, 『나는 오늘도 경제적 자유를 꿈꾼다』 저자)

어떻게 하면 부동산 투자를 잘할 수 있을까? 변화무쌍한 투자 시장에서 어떻게 하면 흔들리지 않고 견고하게 수익을 낼 수 있을까? 남들이 모르는 투자 기술이 필요한 걸까? 아니면 일부 사람들만 접할 수 있는 고급 정보를 아는 게 중요할까?

나는 오랜 시간 부동산 투자를 해 오면서 사람들이 열광하는 투자 기술이나 정보는 그다지 중요한 게 아니란 걸 알게 되었다. 투자 세계에는 그보다 훨씬 중요한 것들이 많이 있다. 성공하고자 하는 열망, 자신만의 뚜렷한 원칙과 방향, 시장을 분석하는 날카로운 눈, 남들보다 한발 앞서 행동하는 실행력, 시장 상황에 일희일비하지 않는 뚝심 등이 그것이다.

이 책 『아파트 언제 어디를 살까요』의 저자 사월님은 훌륭한 투자자가 갖춰야 할 자질을 고르게 갖춘 사람이다. 그의 부동산 투자 경력은 그리 길지 않지만, 그는 누구보다 뚜렷한 자신만의 투자 원칙을 갖고 있으며 투자자로 성공하고자 하는 열망 또한 매우 뜨거운 사람이다. 게다가 그는 금융회사에서 전문가로 일했던 자신의 전공을 살려 부동산 투자에 각종 데이터를 활용하고 있는데, 그 분석력이 무척 뛰어나다.

수도권의 입지가 좋은 곳에 위치한 소형 아파트, 그의 관심은 언제나 여기에 고정되어 있다. 방향이 뚜렷하니 길을 잃을 염려가 없다. 한 분야에 집중하니 금세 전문가가 되었고, 꽤 큰 수익도 거뒀다. 단순히 시기가 좋을 때 투자해서 운 좋게 벌어들인 수익이 아니었다. 스스로 공부하고 목표를 세우고 발품을 팔고 스스로 결정해서 벌어들인 수익이다. 그래서 더 큰 의미가 있다.

사월님은 부동산 투자에서 진짜 큰 수익을 얻기 위해서는 '시간'이라는 요소를 가미해야 함을 잘 알고 있는 사람이다. 그래서 그는 시간에 투자한다. 최근에 투자한 아파트 대부분에서 꽤 큰 차익이 발생했지만, 그는 달콤한 단기 차익에 연연하지 않는다. 대부분의 투자 물건을 준공공임대주택으로 묶어 놓은 것은 그 때문이다. 오래 묵혀서 진짜 큰 수익을 거두려고 하는 것이다. 이렇게 투자 원칙이 뚜렷하고 단기 차익에 연연하지 않는 사람은 누가 뭐래도 시장을 이길 수 있다. 이기는 투자란 이런 것이라 할 수 있다.

이 책을 통해 당신도 원칙 있는 투자, 흔들리지 않는 투자, 이기는 투자가 무엇인지 느껴 보길 바란다. 여러분의 건투를 빈다.

사월님의 투자 방법과 사례들은 우리 같은 일반 직장인이 부동산 투자에 대해 막연하게 갖고 있는 큰 벽을 실제로 넘어선 결과물이라 더욱 와닿는다. 분명히 사월님보다 더 큰 수익을 올리는 고수들, 멋있게 보이는 투자법 등은 많이 있을 것이지만, 직장인이 퇴근 후 혹은 주말을 이용해 투자를 해야 하는 상황과는 거리가 있는 것도 사실이다. 그렇기에 사월님의 투자 사례들은 더욱 가치가 있는 소중한 경험담이라 생각된다.

이산(44세, 증권사 재직)

2014년 처음 부동산 투자를 시작할 당시에 부동산에 대해 나보다도 더 몰랐던 그가 단기간에 큰 성공을 이룰 수 있었던 원동력은 믿음과 실행력 덕분이었다. 그는 데이터 분석을 통해 수도권 시장의 오름세에 운명을 걸고 전속력으로 달렸다. 본인은 쉬운 투자를 했다 하지만, 의심 없이 희망에 베팅하는 것이 얼마나 어려운지 겪어 본 사람은 알 것이다. 난 그를 보며 3년은 사람의 운명을 바꿔 놓을 수 있는 충분한 시간이라는 것을 알게 됐다.

장미넝쿨(42세, 프리랜서)

사월님은 스스로 세운 투자의 목적과 이유에서 벗어나지 않으면서, '가정과 투자'라는 두 축의 균형을 완벽하게 유지하고 있는 멋진 남편이자 아빠, 그리고 뛰어난 투자자이다. 평범한 한 가장이 사랑하는 가족을 위해 '투자'라는 거친 바다에 뛰어든 과정을 진솔하게 보여 주는 이 책은 대한민국 모든 가장들에게 분명 새로운 도전이 될 것이다.

제인아빠(35세, 광고기획사 대표)

투자자로서의 사월님을 알게 된 것이 2년 반 전이다. 그동안 그는 본인만의 원칙을 지키면서 투자하는 것이 얼마나 즐거운 것인가를 몸소 보여 주었다. 그가 지금까지 나에게 가르침을 주었던, 함께 '경제적 자유'라는 목표를 이루기 위해 노력했던 모든 내용이 이 책에 담겨 있다. 쉽다고 표현했으나 아무나 할 수 없었던 그 시간들, 노력, 열정을 알기에 진심으로 존경스럽다. 이 책과 함께 나 역시 그의 길을 뒤따르고 싶다.

데자뷰(37세, 한의사)

저자는 나에게 '경제적 자유'의 필요성을 역설하고 부동산 투자에 입문하게끔 도와준 고마운 대학 후배이자 멘토다. 그는 다양하고 방대한 데이터를 일목요연하게 정리한 '꿀자료'들을 온라인을 통해 아낌없이 공유하고 있다. 블로그를 오픈한 지 1년 남짓, 단기간에 1만 3,000여 명의 팔로워가 그의 글을 구독하게 된 이유일 것이다. 블로그도 이러할 진데, 이번에 출간된 그의 책은 얼마나 많은 이들의 가슴을 뛰게 하고 얼마나 깊은 인사이트를 주게 될지 기대가 크다.

안나푸르나(39세, 대학 교직원)

이 책은 직장인으로서 부의 기적에 도달하는 방법을 알려 주는 부동산 투자서의 바이블과도 같다. 사월님의 투자기를 보고 오늘도 내 자신에게 채찍질한다. 바쁘다는 핑계를 대기에 급급한 직장인들이여, 『아파트 언제 어디를 살까요』를 읽어 보고, 하나라도 실천해 보자.

하윤아빠(38세, 대기업 직원)

부동산 투자는 대단히 좋은 것이다

많은 사람이 부동산 투자를 어렵게 생각한다. 나 역시 그렇게 생각했었고, 부동산에 대해서는 아무것도 모르는 문외한이었다. 하지만 지난 몇 년간의 경험으로 비추어 볼 때, 그것은 결코 어려운 일이 아니라고 말하고 싶다. 내가 이 책을 쓰게 된 이유가 바로 많은 사람에게 그 사실을 알려 주고 싶었기 때문이다. 오히려 그건 직장에서 일하는 것보다 더 쉽고 재미난 일이다. 더욱이, 평생 월급만 모아서는 가질 수 없는 돈을 벌 수 있으니 정말 신나는 일이 아닐 수 없다. 부동산 투자는 마흔이라는 나이 전에 나를 경제적 압박으로부터 탈출하게 해 준 고마운 도구이기도 하다.

불과 3년 전까지만 하더라도 나는 평범한 30대 중반의 외벌이 직장인이었다. 내 인생은 물 흐르듯이 잔잔하게 흐르고 있었다. 겉보기에는 말이다. 직장에서 열심히 일했고, 가정은 평온했다. 누구나 걷고 있는 그 길을 묵묵히 걷고 있다고 생각했다. 하지만 내 인생에 무언가 하나 빠진 게 있다는 것을 알아채는 데는 시간이 그리 오래 걸리지 않았다. 마음 한쪽을 늘 불편하게 하는 그것. 그것은 바로 돈이었다.

뻔한 월급에 아끼고 아껴도 돈은 잘 모이지 않았다. 아니 연일 오르는 집값은 더욱더 멀게만 느껴졌다. 주식이나 펀드를 통한 재테크는 10년 동안 제자리걸음이었다. 앞으로 운이 좋아 설령 회사 생활을 20년 가까이 더 하게 된다고 하더라도 내 장래는 그리 밝아 보이지 않았다. 그런 와중에 우연히 부동산 투자를 알게 되었고, 그때부터 내 인생은 180도 달라졌다.

흔히 볼 수 있는 성공담에 나오는 눈가를 적시는 감동적인 이야기는 나에겐 없다. 돌이켜보면 쉬운 길이었다. 망설임 없이 저지르며 경험을 쌓았고, 남들보다 조금 더 집중했을 뿐이다. 한 번의 실수 없이 모든 투자에서 큰 이익을 얻었다. 그것은 아마 내가 나만의 원칙을 철저히 지키며 투자했기 때문일 것이다.

가진 것이 별로 없었기에, 남의 돈을 활용한 투자를 많이 했다. 그렇기 때문에 더욱 안전하고 쉬운 길을 택하였다. 그것이 내 성공의 비결이라면 비결이다. 그리고 이제는 미래에 대한 두려움이 없다. 돈 걱정도 더 이상 하지 않게 되었다. 단순히 아파트 투자만으로 3년간 시세 차익 24억이라니, 월급만 모아서는 평생 꿈꾸지 못할 큰돈이다.

나를 더욱 설레게 하는 것은 지금까지의 투자 성과보다 앞으로의 성과가 분명 더 좋을 것이라는 확신이 있다는 점이다. 이제부터는 투자를 전혀 하지 않더라도 그렇게 되도록 내 투자 시스템을 갖추어 놓았기 때문이다. 그건 분명 멋진 일이고, 내 투자 경험을 통해 당신도 분명 그렇게 할 수 있다는 것을 말해 주고 싶다.

평생 투자만 하라고는 결코 말하고 싶지 않다. 오히려 하루빨리 시스템을 갖추고 자신이 진정 원하는 일을 하며 살라고 말해 주고 싶다. 그러기 위해 우선 우리에게 필요한 것은 돈의 속성과 투자의 본질을 아는 것이다. 당신만의 투자 원칙과 철학을 올바로 세우고 그것을 고집스럽게 유지해야 한다.

투자도 인생도 특별한 비법이나 지름길은 없다는 사실을 하루빨리 깨닫는 사람이 되길 바란다. 삶이란 결과가 아닌 과정이기 때문이다. 나 역시 여전히 배우고 성장하는 과정에 있다. 당신이 지금까지 잘해 왔을 수도, 그렇지 않을 수도 있다. 하지만 어느 쪽이든 상관없다. 가장 중요한 것은 계속해서 성장하고 있느냐이다.

자본주의의 진실

흔히 부자로 태어나면 그 자식들도 부자가 될 확률이 높다. 바로 부의 대물림 때문이다. 물론, 가난도 대물림된다. 억울하지만 그게 세상 이치다.

전 세계 사람들의 재산을 모두 다 거두어서 그 재산을 똑같이 10억 원씩 사람들에게 나누어 준다는 재미난 상상을 해 보자. 그럼 1년 후 사람들이 가진 돈은 어떻게 될까? 10억을 불려 더 큰돈을 만든 사람

아파트 언제 어디를 살까요

도 있을 것이고, 수중에 땡전 한 푼 남지 않은 사람도 있을 것이다. 몇 번을 다시 해 보아도 아마 비슷한 결과가 나오지 않을까 싶다. 불행한 점은 현실에선 이런 초기화 버튼이 없다는 사실이다. 그것이 부자가 계속 부자인 명확한 이유이다. 얼마나 불공평한 세상인가.

우리나라에서 한 해에 수십만 명의 아기가 태어나지만, 그들의 출발선은 다 다르다. 어떤 아이들은 경제적으로 굉장히 부유한 집안에서 태어나 한평생 돈 걱정 없이 살게 되는 반면, 또 어떤 아이들은 평생 가난한 생활을 할 것이다.

그런데 이것이 우리가 사는 세상의 전부라면 우리는 열심히 돈 벌이유가 전혀 없다. 투자라는 것을 할 이유도 전혀 없다. 우리가 투자하는 이유는 바로 돈이 없다가도 투자를 통해 부자가 되는 사람이 있기 때문이다. 물론 그 반대의 경우도 있다.

그렇다. 우리 모두의 출발선은 다 다르다. 하지만 늦게 출발했어도 빠른 속도를 내는 사람들이 분명 있다. 그리고 앞서 출발한 사람들을 역전하기도 한다. 인생 역전의 순간이다. 우리가 바로 그런 사람이 될 수 있다.

돈은 계속 대물림된다. 그 무서운 사실은 결혼하고, 부모가 되는 시점에 더욱 뼈저리게 느끼게 된다. 나 역시 결혼을 하고, 아기가 태어나는 단계를 거치며 돈에 대한 절실함이 더욱 커졌다. 그래서 내 가족의 안정적인 경제적 생활을 위해 '투자'라는 것을 하게 되었다.

우리가 투자를 시작하는 것은 욕심이 많아서 그런 것이 아니다. 가족을 사랑하는 마음, 자신을 지키려고 하는 마음이 간절하기에 경제적 여유를 원하는 것이 아닐까? 돈이 많다는 것은 좋은 일이고, 돈을 잘 버는 방법을 안다는 것 역시 좋은 일이다. 그래서 우선 '돈을 많이 버는 것은 좋은 것'이라는 생각을 하고 이 책을 읽길 바란다.

그리고 조금이나마 부동산 투자를 통해 돈 버는 방법을 알게 되길 바라는 마음에서 내가 3년 동안 부동산 투자로 돈을 벌 수 있었던 노하우를 하나도 빠짐없이 쓰려고 했다는 것을 알았으면 한다.

집값, 도대체 언제 떨어질까

점점 비싸지는 집값, 언제까지 넋 놓고 바라만 보고 있을 것인가. 월급만 모아서는 결코 집값이 상승하는 것을 따라갈 수 없음을 우리는 모두 알고 있다. 그렇다고 무턱대고 집을 사자니 두려움이 앞선다. 집이라는 것 자체가 어느 정도의 대출을 끼고 장만할 수밖에 없는 아주 비싼 재화이기 때문이다. 과연 집값은 언제까지 오를까? 아니면 언제 크게 떨어질까?

이런 고민을 하는 이 시간에도 집값은 상승할지 모른다. 변하지 않는 사실은 집값은 언제나 비싸다는 것이다. 예전 우리 부모님 시절에도 집값은 비쌌다. 집값이 왜 오르는지에 대해 정확히 아는 것과 모르는 것의 차이는 크다. 집값이 오르는 원리를 알고 부동산에 대한 관심을 높인다면, 당신이 부자가 될 확률은 커질 것이다.

이 책이 투자를 하는 데 있어 조금이나마 스스로의 투자 원칙을 세우고 투자 철학을 완성해 가는 데 도움이 되길 바란다. 이미 너무 늦은 것은 아닌가 하는 걱정은 하지 말자. 역사는 늘 반복되었고, 투자의 세계에서도 그것은 똑같이 적용된다. 이 책을 통해 일말의 힌트라도 얻는다면 책을 쓴 보람이 있을 것이다. 여러분의 성공적인 부동산 투자를 진심으로 응원한다. 무엇을 하더라도 꼭 성공할 것이란 마음을 갖자. 사람은 결국 자기가 믿는 대로 살기 때문이다.

사실 이 책이 나올 수 있었던 것은 가족의 응원, 특히 아내의 지지와 격려 덕분이었다. 부동산 투자를 시작하게 된 계기 자체가 가족이었고, 열심히 사는 이유도 가족의 행복이었으니 내게 이런 가족이 없었다면 아마 부동산 투자에 대해 관심을 여전히 갖지 않았을 것이다.

이 자리를 빌려 부족한 남편에게 칭찬과 격려를 아낌없이 나누어 주는 사랑하는 나의 아내 정미에게 고맙다는 말을 전하고 싶다. 전문 작가가 아닌 내게 있어 책을 쓴다는 것이 시간이 참으로 많이 걸리는 일이었음에도 오랫동안 남편의 이런 바쁜 일정을 묵묵히 이해해 준 것에 대해 정말 고맙게 생각한다. 앞으로 더욱더 사랑하는 가족들과 행복한 시간을 많이 누리며 멋진 남편, 멋진 아빠가 될 것을 약속한다. 소중한 두 딸 수아, 지아에게도 늘 사랑을 듬뿍 주는 아빠가 되겠다.

2018년 여름에,

신준섭(사월)

차례

부동산 투자를 시작하기에 앞서

돈이 돈을 버는 시대   021

돈을 많이 버는 것은 좋은 것이다   024

PART 1 | 부동산 투자의 시작

서른다섯, 내 삶의 변화   031

외벌이 인생의 시작   039
부동산 경매 책을 읽게 되다   042
만나는 사람이 우리의 인생을 바꾼다   046

PART 4 | 데이터를 활용한 부동산 투자

부동산 투자를
시작하기에 앞서

"잠자는 동안에도
돈이 들어오는 방법을 찾아내지 못한다면,
당신은 죽을 때까지 일해야만 할 것이다."

– 워렌 버핏

돈이
돈을 버는 시대

누구나 빨리, 게다가 쉽게 큰돈을 벌기 원한다. 많은 사람이 복권에 열광하는 이유이다. 나 역시 그것을 바랐지만, 직장 생활을 하며 느낀 현실의 벽은 높고 단단했다. 월급만으로 우리가 원하는 만큼 빠르게 돈을 모을 수 없다는 사실을 깨닫는 데는 그리 오랜 시간이 걸리지 않았다.

사실 월급은 내가 가진 시간을 돈과 바꾸는 일이다. 만약 월급을 통해 이미 충분히 많은 돈을 벌고 있다면, 필요한 건 돈이 아니라 오히려 자유로운 시간일 수도 있다. 돈을 많이 벌더라도 시간적 여유가 없다면 삶이 그리 행복하지 않을 것이기 때문이다. 최종적으로 경제적 풍요로움과 시간적 여유, 이 두 가지가 우리를 진실로 자유롭게 한다.

많은 부자들의 공통점이라면 월급 이외의 다양한 소득원을 가지고 있다는 점이다. 그들은 돈이 돈을 벌어다 줄 수 있음을 누구보다 잘 이해하는 사람들이다. 돈이 돈을 버는 시대, 사실 우리는 그것이 가능한 시대에 살고 있다. 자본주의의 또 다른 이름이기도 하다. 아마 부자들은 이러한 자본주의의 속성을 그렇지 않은 사람들보다 명확하게 이해하고 있는 부류일 것이다.

부자들이 그러하듯이 나 역시 내가 가진 돈이 돈을 벌게 하고 싶었다. 돈이 돈을 벌게 하는 수단을 우리는 재테크라고도 하고, 투자라고 부르기도 한다.

우리가 투자하는 이유는 단순하다. 빨리 부자가 되고 싶기 때문일 것이다. 월급은 늘 부족하고 돈에 대한 사람들의 욕망은 크다. 이것이 사람들이 월급 이외의 수입을 꿈꾸는 이유이고, 나 역시 이러한 이유로 투자에 관심을 갖게 되었다. 그리고 가급적 빠른 시간에 큰돈을 벌고 싶었다. 내가 가진 돈이 부족했기에 그런 열망은 더욱 컸다. 그리고 부동산 투자는 이런 나의 욕망을 채워 줄 더없이 좋은 수단이었다. 내 돈이 적더라도 남의 돈을 크게 이용해서 투자할 수 있기 때문이다.

부동산은 다른 어떤 재테크 수단보다 남의 돈을 크게 이용할 수 있다. 남의 돈이라고 한다면 은행 대출일 수도 있고, 세입자의 보증금일 수도 있다. 이러한 부동산 투자의 장점이 빠르게 부자가 되고 싶은 나의 욕망을 자극했던 것이다. 다른 모든 이유를 제쳐 두고 내가 부동산 투자의 매력에 빠진 것은 바로 이것 때문이라고 말하고 싶다.

처음에는 내가 돈을 위해 일했다면, 나중에는 돈이 나를 위해 일하게 만들어야 한다. 다양한 소득원을 갖는다는 것은 그 출발점이라고 할 수 있다. 꼭 부동산 투자일 필요도 없다. 중요한 것은 바야흐로 돈이 돈을 버는 시대임을 기억하는 것이다.

선택과 집중

지난 3년, 내 삶은 크게 변했다. 돈에 대한 내 생각이 바뀌었고, 부동산에 대한 내 생각이 바뀌었다. 그리고 나의 생활 습관부터 시작하여 만나는 사람들까지도 전부 바뀌었다. 다행히 그것은 긍정적인 변화였다. 짧은 시간이지만 나는 내가 원하는 것을 이루기 위해 집중했고, 수많은 시행착오를 거쳐 많은 것을 이루어 냈다.

부동산 투자를 잘하기 위해 어떤 특별한 능력이 필요한 것이 아니다. 결코 그런 것은 존재하지 않는다. 그것보다 더욱 중요한 것은 지금까지 살아왔던 내 삶을 변화시키는 것이다. 내 말을 믿어라. 그것이 가장 중요하다.

부동산 투자를 잘하고 싶으면, 자신의 삶에서 부동산 투자를 우선순위로 두면 된다. 다른 것들은 잠시 뒤로 미루자. 부동산 투자 공부를 시작하고 나서 TV는 물론 영화 한 편도 제대로 본 적이 없었다. 프로야구를 좋아했고, 해외축구에 푹 빠져 있던 나였지만, 하이라이트조차 보지 않았다. 친구들과의 만남도, 쓸데없는 회식 자리도 가급적 자제했다. 오로지 부동산 공부에만 열을 올렸었다.

내가 그랬듯이 여러분에게도 선택과 집중이 필요하다. 그 선택 하나만으로 내 삶은 변할 것이다. 그것도 아주 크게 말이다. 긍정적인 변화로 자신의 삶을 바꾸자.

돈을 많이 버는 것은
좋은 것이다

부동산 투자에 대한 오해와 진실

흔히들 부동산 투자를 한다고 하면 투기꾼이라는 인식이 강하다. 우리의 소중한 보금자리를 투자의 대상으로 여긴다는 사실에 많은 사람이 불편해한다. 하지만 누가 뭐라고 해도 부동산은 투자재임이 틀림없다. 우리가 인정하든 인정하지 않든 그 사실 자체는 변함이 없다. 과거에도 그랬고 앞으로도 그 사실은 변하지 않을 것이다.

주위를 둘러보아라. 우리가 거닐고 있는 거리의 상가들, 빌딩들 그리고 수만 채의 아파트들. 이미 그 많은 부동산들의 주인은 존재한다. 부동산을 소유한다는 것에 대한 여러분의 생각이 어떻든 그건 중요하지 않다. 변하지 않는 건 그 부동산의 소유주들은 계속해서 부자인 상태로 자신들의 자산을 지키기 위해 고군분투할 것이라는 사실이다.

그런 의미에서 부동산 투자를 부정적인 시선으로 바라보는 것은 전혀 도움이 되지 않는다는 것을 가장 먼저 말해 주고 싶다. 오히려 부동산 투자는 내 삶을 풍요롭게 해 줄 수 있는 매우 좋은 것이라는 생각을 했으면 한다.

하지만 안타깝게도 우리 주변에서 실제로 부동산 투자를 하는 사람들은 생각보다 적다. 특히, 젊은 층의 숫자는 훨씬 더 적다. 아마 상당수의 사람들이 부동산 투자는 돈 많은 사람의 전유물이라고 생각하기 때문일 것이다.

투자라는 것이 기본적으로 종잣돈이 있어야 하고, 부동산 투자는 큰돈이 필요하기 때문에 아예 나와는 상관없다는 식으로 치부해 버리기도 한다. 하지만 꼭 그런 것만은 아니라고 말해 주고 싶다. 때론 소중한 보금자리를 마련하는 것만으로도 충분하다. 특별한 투자 없이 내 집 마련만으로도 충분히 멋진 부동산 투자자가 될 수 있다. 누구에게나 집은 필요하고, 그런 의미에서 우리 모두에게 부동산 투자는 선택이 아닌 필수라고 할 수 있다.

부동산 투자는 정말 돈이 많아야만 할 수 있다고 생각하는가? 그렇다면 얼마가 있어야 할 수 있을까? 1,000만 원? 5,000만 원? 1억? 아니면 5억? 10억? 사람마다 그 기준이 다 다를 것이다. 분명한 건 정해진 금액은 없다는 사실이다. 어떤 사람에게는 5억 원도 부족하고, 또 어떤 사람은 5,000만 원이면 충분할 것이다. 그 기준 자체를 누가 정하는 걸까? 바로 스스로 정하는 것이다. 돈이 없어 부동산 투자를 못한다는 그 기준 역시 본인 스스로 정한다는 사실을 알았으면 한다.

모든 것은 생각하기 나름이다. 부동산 투자에 대한 여러분의 태도에도 그것은 예외 없이 적용된다. 가진 돈이 적다면 남들보다 조금 더 남의 돈을 활용하는 법을 잘 익히면 된다.

한 가지 확실한 건 경제적으로 여유롭고 넉넉하기 때문에 부동산 투자나 해야겠다는 사람들보다는, 대부분이 돈이 없지만 부동산 투자를 통해 돈을 많이 벌고 싶어서 부동산 투자를 한다는 사실이다. 나 역시 부모님으로부터 아무것도 물려받지 않은 채 지금까지 달려왔다.

우리는 돈이 없기 때문에 투자한다. 지금 가진 돈보다 더 많은 돈을 갖기 위해 투자를 한다는 사실을 꼭 명심했으면 한다.

2018년 현재의 내 모습

내 나이 이제 서른아홉. 지난해 10월에 다니던 회사를 그만두었다. 11년간의 직장 생활이었으니 짧다면 짧고, 길다면 긴 시간이다. 남자들은 알 것이다. 군대 전역하는 날의 그 해방감을. 실로 오래간만에 그 감정을 다시 느껴 보았다.

3년 전에는 결코 상상할 수 없는 일이었다. 회사가 힘들거나 직장 상사가 나를 괴롭혀서 그만둔 것이 아니었다. 내가 사회 초년생부터 10년 넘게 근무한 곳은 미래에셋 금융그룹이었는데, 금융권에서도 업계 1위를 지키고 있는 안정적인 곳이었다. 내 인생에 있어 부동산 투자가 전부였다면 결코 나는 회사를 그만두지 않았을 것이다. 나는 그저 더 하고 싶은 일이 생겨서 그만두었을 뿐이다.

새로운 곳에서 일하고 있는 요즘, 나는 시간이 많다. 평일 낮 시간, 조용한 카페에 가서 책을 읽을 수도 있고, 다섯 살 딸아이와 예전보다 더 많은 시간을 보낸다. 일하는 시간이 줄었으니 월급 또한 줄어들었다. 하지만 재정적으로 힘든 건 없다. 예전에는 나 혼자 돈을 벌었다면, 이제는 내가 받는 월급뿐만 아니라 내가 갖춰 놓은 시스템이 돈을 벌고 있기 때문이다.

이 모든 것을 가능하게 해 준 것이 바로 부동산 투자였다. 투자 초기, 2년이라는 시간 동안 그것을 위해 집중했다. 남들보다 조금 더 부지런했을 뿐이다. 그리고 이제는 투자를 잠시 쉬고 있다. 다시 올 좋은 때를 기다리고 있는 것이다. 그동안 그저 내가 하고 싶은 일을 하면 된다.

투자는 90% 이상이 기다림의 연속이다. 내가 지난 몇 년간 알게 된 가장 큰 깨우침이 바로 그것이다. 내가 원하는 시스템은 완성되었고, 10년 후 나는 더 큰 부자가 된다. 20년 후에는 더욱더 큰 부자가 될 것이다. 자본주의 세상의 원리를 깨우치면 누구나 할 수 있는 일이다.

지금의 내 모습이 될 수 있었던 중요한 비밀 두 가지를 고백해야겠다. 나는 여러분이 이 말을 다른 어떤 것보다 잘 들어 주었으면 한다. 이것을 자신의 삶 안으로 끌어들일 수만 있다면, 내가 해낸 그 모든 것을 뛰어넘을 수 있을 것이다. 그것은 바로 간절함과 꾸준함이다. 다시 한번 말해야겠다. 간절함, 그리고 꾸준함이 그 비결이다.

이 두 단어를 보고 어떤 생각이 드는가? 너무 뻔한 말이다. 너무 흔한 말이다. 하지만 나는 확신한다. 내가 변할 수 있었고 투자에 성공할 수 있었던 가장 큰 동력이 바로 저 두 가지임을 말이다. 어떤 것을 얻기 위해 절실한 마음이 있고, 또 그것을 해내기 위해 꾸준히 무언가를 하고 있다면 분명 여러분의 삶은 변할 것이다. 그것이 자연의 순리이고, 인생의 섭리라고 생각한다.

"쉽게 얻는 것은 없다"는 말을 들어 보았을 것이다. 요즈음 내 머릿속을 가득 채우고 있는 말이기도 하고, 지난 몇 년간 성공한 부동산 투자자들을 보며 느낀 것도 바로 그것이다.

우리는 성공한 사람들의 성공 이후의 모습만 대부분 보게 된다. 그리고 마냥 부러워하기만 한다. 쉽게 성공한 것처럼 보이는 그들과 나의 차이는 무엇일까?

그들은 운이 좋아서 혹은 출발선이 나와는 달랐겠지라고 생각할 수도 있다. 맞다. 정말 그렇다. 인생이 불공평함은 빨리 깨우치자. 하지만 그것보다 더욱 중요한 것이 있다. 그들이 성공할 수 있었던 진정한 이유는 끈질기게 매달리면서 어떤 것을 갈구했기 때문이다. 그들이라고 실패와 시련이 왜 없었겠는가. 하지만 결국 해내겠다는 마음가짐이 성공을 불러온 가장 큰 이유가 아니겠는가.

부동산
투자의 시작

확신이 있으면 강하고 고집스럽게 밀어붙여라.

– 앙드레 코스톨라니

서른다섯,
내 삶의 변화

어떻게 하면 부자가 될 수 있을까

"응애응애."

2014년 봄. 평온했던 우리 집에 아기 울음소리가 처음 울려 퍼진
다. 누구보다 평범한 일상을 즐기고 있던 우리 부부에게 그 울음소리
는 마치 새로운 인생의 서막을 알리는 전주곡이었음을 이제 와서 느
낀다.

새로운 식구의 탄생은 한 가정에 있어 많은 변화를 가져왔다. 특히,
가장으로서 남편인 내가 느끼는 무게는 더할 나위 없이 무거웠다. 아
내는 임신과 동시에 직장 생활을 그만두었기에 우리 집에서의 돈 버

는 행위는 온전히 내 몫이었다. 그렇기에 서른다섯 내 인생의 경제적 고민은 더 깊어만 갔다.

'어떻게 하면 부자가 될 수 있을까?'

밤낮으로 고민해도 답이 잘 나오지 않았다. 혹시 누군가 나에게 그 방법을 알려 주면 참 좋을 것 같다는 생각을 했다. 돈을 많이 버는 방법. 아마도 많은 사람들이 가장 궁금해하는 질문이 아닐까 한다.

우리는 태어나서 대부분 일정한 교육을 받고 경제 활동을 시작하게 된다. 그리고 그때부터 돈의 세계에 빠져든다. 좋든 싫든 누구나 살기 위해 돈을 벌어야 한다.

처음 시작은 우리의 노동력을 바탕으로 돈을 버는 것이다. 그러고 나서 운이 좋아 종잣돈이라고 불릴 만한 목돈이 모인다면, 우리는 그 것을 더 불릴 생각을 하게 된다. 바로 재테크라는 것을 통해서 말이 다. 왜냐하면 직장에서 몇 년만 일해 보면 결코 월급만으로는 우리가 원하는 만큼의 돈을 만질 수 없음을 깨닫게 되기 때문이다. 나 역시 그런 이유로 재테크에 많은 관심을 가지게 되었다.

돈은 열심히만 일하면 자연스럽게 따라오는 거라고 생각했다. 하지 만 현실은 전혀 그렇지 않았다. 월급은 조금씩 오르는 것 같은데, 그 만큼 더 소비하게 되는 기이한 일이 펼쳐졌다. 그래서 월급이 오른 만 큼 더 많은 돈이 필요했다. 우리 가족이 단순히 먹고사는 것 이상의 돈 말이다. 태어난 아이를 위해 미래를 준비해야 했고, 우리 부부의 노후도 준비해야 했다. 그래서 절대적으로 재테크가 필요했다. 하지 만 내가 재테크에 대해 알고 있는 것이 아무것도 없다는 사실이 다시 금 나를 슬프게 했다.

아파트 언제 어디를 살까요

서른다섯까지 내 인생에 있어 부동산은 항상 다른 사람들의 얘기였다. 결혼은 했지만 집을 꼭 사야겠다는 마음도 없었다. 전세라는 좋은 제도가 있기 때문이다. 그리고 집은 그저 내가 가진 형편에 맞는 집을 구하면 그뿐이란 생각이었다. 특히, 서울에 내 집 하나 있었으면 하는 생각은 한 번도 해 본 적이 없었다.

아파트에 살고 싶은 마음은 있었지만, 내가 가진 돈에 비해 전셋값조차 너무 비쌌기 때문에 빌라에서 첫 신혼집 생활을 시작했다. 원래 살던 곳도 경기도였고, 처가도 경기도였기 때문에 서울은 그저 직장이 있는 곳일 뿐이었다. 1시간이 넘는 통근 시간은 이미 십여 년 전부터 내 삶에서는 자연스러운 일이었다.

그리고 부동산 계약이라고 해 봤자 신혼집 전세 계약을 한 게 다였다. 결혼하기 전까지 부모님 곁을 떠나 단 한 번도 살아보지 않았기에 서른이 넘는 나이가 되도록 부동산 계약이라는 것을 해 볼 기회가 없었다. 우리 주변에서 흔히 볼 수 있는 수많은 부동산 중개업소들이 있었지만, 나는 여기에서 무슨 일이 일어나고 있으며, 어떤 사람들이 여기를 들락날락하는지 전혀 관심이 없었다.

스물일곱 살에 회사 생활을 시작하며 선배들이 집 하나 사 두라는 말을 많이 했다. 그때가 2007년도였으니 한창 부동산 상승기였던 탓도 있다. 이제 막 사회생활을 시작한 나로서는 선배들의 말이 도통 이해가 가지 않았고, 별 감흥도 없었다. 오히려 "돈이 있어야 부동산 투자를 하죠"라고 되묻고 싶었다. 그렇게 '부동산은 돈 많은 사람이 할 수 있는 것'이라는 틀에 박힌 생각을 한 채 시간을 보냈다.

부동산 거래를 처음으로 경험하다

서른세 살, 결혼하기 전까지 전체 내 인생에 있어서 이사라는 것을 단 한 번밖에 해 보지 않았었다. 그러다 보니 자연스럽게 집이라는 것은 한곳에서 오랫동안 사는 것이라 생각했다. 어떻게 보면 집에 대한 걱정이나 고민 없이 지냈던 소중한 시간이 아니었나 싶다. 그런 의미에서 우리 부모님께 감사드린다. 사실 신혼집도 부동산을 통해 정식으로 알아본 것이 아니었다.

신혼집은 처가 근처에 자리 잡기로 결혼 전 이미 아내와 약속을 했었다. 그래서 자연스럽게 처갓집 주변을 중심으로 집을 알아보았다. 그러다가 우연히 처가가 위치한 아파트 바로 코앞에 건축 중인 빌라를 발견하게 되었다. 일하고 있던 인부에게 언제 완공되느냐고 물어

보았더니, 마침 우리가 생각한 시기와 맞아떨어져 여기다 싶어서 건축주 연락처를 얻어 내 계약하게 되었던 것이다.

그렇게 얻은 신혼집은 일산에 있는 작은 신축 빌라였다. 방 2개짜리 집을 전세금 9,000만 원에 계약하였다. 당시 내가 가진 예산도 딱 그 정도였다. 결혼하

일산에 얻은 전세금 9,000만 원짜리 신혼집

아파트 언제 어디를 살까요

기 전까지는 부모님 집에서 살아 내 집 마련이라는 것에 대한 개념이 없었는데, 결혼을 하려고 보니 내가 모은 돈이 참으로 턱없이 적은 돈이라는 것을 느꼈다.

스물일곱의 나이에 회사에 입사해서 서른두 살까지 6년간 나름 알뜰하게 돈을 모았던 나였다. 입사 첫해에는 3,000만 원이라는 목돈을 악착같이 모으며 회사 사람들에게 짠돌이라는 소리를 듣기도 했다. 그렇게 6년 동안 모은 돈이 1억 5,000만 원이었다. 다만, 서른 초반에 3,000만 원이라는 큰돈을 들여서 내 생애 첫차를 사게 되었는데, 그 돈을 제하고 나니 결국 결혼을 앞둔 시점에 신혼집을 구하기 위해 가용한 돈이 1억 원 남짓이었던 셈이다. 월급만 가지고 큰돈을 모은다는 것이 참 어렵다는 것을 느끼지 않을 수 없었다. 그때가 2012년 봄이었다.

한편, 그때까지 단독 주택에만 살았던 나는 결혼하게 되면 꼭 아파트에서 살아보고 싶다는 바람이 있었다. 아파트에 산다고 하면 부자라는 생각을 했던 것 같다. 그래서 중학생 시절에도 아파트에 사는 친구네 집에 놀러 가면 그렇게 부러울 수가 없었다. 아마도 아파트에 산다는 것에 대한 내 맘속의 로망이 있었던 듯싶다. 하지만 우리 부모님은 아파트 청약만 넣으시면 번번이 떨어졌기에 내 삶은 아파트와는 참 인연이 없었다.

그런데 내가 가진 돈으로는 내 바람이 턱도 없었다. 더욱이 장인어른과 장모님은 대출에 대해 매우 부정적인 의견을 고수하셨기에 신혼집을 위해 대출을 받아 소형 아파트 전세로 들어가려고 했던 나의 계획은 완전히 물거품이 되고 말았다. 그래서 그냥 내가 가진 예산 내에서 신혼집을 구하기로 아내와 합의를 했다.

신혼 때 맞벌이를 했던 우리 부부는 차곡차곡 저축하며 우리의 자산을 불려 나가기 시작했다. 아내는 나보다도 절약이 몸에 밴 사람이었다. 지금까지 6년 넘게 결혼생활을 하며 외식은 물론 배달 음식을 집에 시켜 먹은 것이 열 손가락에 꼽힌다고 하면 아무도 믿지 않을 것이다. 대형마트에 가서 쇼핑하는 것도 우리 부부에게는 낯선 풍경이다.

신혼 초기 경제적 주도권은 아내가 가지고 있었다. 나는 처음에는 50만 원가량의 용돈을 받고, 회사 생활을 하며 주식 투자를 통해 매달 용돈 정도 되는 금액을 벌 때도 있고 그렇지 못할 때도 있었다. 이때까지만 해도 내 인생에 있어 재테크라고 하면 바로 주식 투자였다. 하지만 투자가 무엇인지 잘 모른 채 막연하게 회사 선배들이 좋다고 하는 추천 종목을 따라서 사는 정도의 투자를 했다. 당시는 회사 선배들이 정말 멋있게 보였다. 나도 금방 돈을 벌 수 있을 거란 착각에 빠져들었다. 지금 생각하면 참으로 철없던 시절이 아닐 수 없다.

그렇게 겉으로 평화로워 보이는 시절을 보내던 우리 부부에게 변화가 있었으니, 바로 아내의 임신 소식이었다. 우리 부부는 새로 태어날 아기를 위해 조금 더 넓은 집으로 이사를 하고 싶었다. 마침 얼마 안 있으면 현재 사는 집의 전세도 만기가 되는 시점이었다.

때마침 우리에게 내 집 마련의 첫 번째 기회가 있었는데, 바로 처갓집 아파트 바로 옆집이 매물로 나왔던 것이었다. 더욱이 처형네는 우리가 구매하려는 바로 그 집에 월세로 살고 있는 세입자였기에 집주인과 관계도 좋았다. 우리는 잘 됐다 싶어서 서둘러 그 집을 매수할 계획을 세웠다. 그리고 또 하나의 제안이 있었는데, 처형네가 그 매물을 함께 구매하자고 했던 것이었다. 자금이 넉넉지 않았던 우리에게 좋은 제안이었던지라 흔쾌히 그 제안을 수락하였다. 바로 옆에서 장모님께 육아 도움도 받고 주거비용도 아낄 수 있었으니, 그보다 더 좋은 환경은 없겠다는 생각이 들었다.

그래서 처갓집과 그 옆집을 합쳐 3가구가 적당히 방을 나누어 살기로 합의를 하고 옆집 주인과 얘기를 진행하였다. 그리고 당연히 우리가 계획한 대로 옆집을 사는 것이 쉬울 거라 생각했다. 그때까지 제대로 된 부동산 거래를 한 번도 해 본 적이 없었던 나로서는 계약이 파기된다는 건 상상조차 할 수 없었다. 그런데 변수가 있었으니 집주인과 얘기가 잘 안된 것이었다. 아마도 다른 부동산에서 부추겨서 돈을 더 받아 주겠다고 집주인에게 얘기한 모양이었다. 그리하여 갑작스럽게 모든 계획이 물거품이 되었다. 부동산을 전혀 알지 못하는 나에게 있어서는 무척이나 당혹스러운 상황이었다.

그러다 보니 우리 부부는 급하게 전세를 구해야만 했다. 그런데 부동산 중개업소에서 전세 물건이 없다는 게 아닌가. 처음에는 무슨 상황인지 전혀 파악이 되질 않았다. 황당한 얘기라고만 생각했고, 그 말을 믿지 않았다. 하지만 그것은 현실이었다.

부동산 중개업소에서는 내가 사는 동네만 없는 게 아니고 일산 전체가 다 그렇다고 했다. 부동산 경험이 전혀 없었던 나로서는 어리둥절해서 무슨 일인가 의아했지만, 정말 그런 시절이었다. 그것이 수도권 전세 대란이 있었던 2013년 가을의 일이었다.

결국 울며 겨자 먹기로 우리는 전용 면적 134㎡(48평) 아파트 전세를 겨우겨우 구했다. 그것도 하나밖에 없는 매물이라서 전혀 의도하지 않았던 넓은 평수에 살게 된 것이다. 게다가 버스정류장 바로 앞에 있는 집이었고, 3층에 동향이라서 온종일 어두운 집이었다. 그나마 그 넓은 집의 전셋값이 1억 9,000만 원이었으니 가격만 보면 우리로 서는 나쁘지 않은 거래였다. 사실 우리에겐 다른 선택의 여지가 없기 도 했다.

불행 중 다행인 건 처형네가 방 4개 중에서 2개를 쓰는 조건으로 전세금의 반을 보태 준다고 했다. 처형네의 경우, 실제 생활은 처가에 서 하고 우리 집에는 짐만 가져다 놓는다고 하니 우리로서는 잘됐다 싶었다. 바로 이 집에 머물며 나는 어느 정도 목돈을 굴릴 여유를 가 지게 되었고, 부동산 투자의 기반을 다지는 계기를 만들었다.

그렇게 우리는 48평 아파트로 이사를 갔고, 그 집에서 2014년 초 아내가 출산을 하게 되었다. 아기가 태어나니 내 삶에 무언가 변화가 생긴 느낌이었다. 지금 생각해 보면 부모라면 누구나 느끼는 가족에 대한 책임감이었다. 내 맘속에 조금은 더 경제적 자립에 대한 갈망이 싹터 오르게 된 직접적인 계기였다.

아파트 언제 어디를 살까요

외벌이 인생의
시작

"여보, 나 회사 그만두어도 될까요?"

어느 날 아내가 내게 말했다.

"네? 그, 그럼요. 그렇게 해요."

나는 얼떨결에 대답했다.

그렇게 아내는 임신하고 나서 몇 달이 지나 다니던 직장을 그만두었다. 어차피 출산 후에 아기 돌봐 줄 사람이 없어 그만두려고 서로 얘기를 한 상태였는데, 때가 온 것이다. 당시 아내가 회사에서 조금 과다한 업무를 맡다 보니 조금이라도 일찍 그만두고 태교에 집중하는 편이 좋겠다고 판단했다. 졸지에 외벌이 인생의 시작이었다. 오 마이 갓.

외벌이 생활이 시작되고 그다음 해에 아기가 태어나니 내 머릿속엔 이런 생각으로 가득 찼다. '어떻게 돈을 많이 벌 것인가?' '월급만 모아서 가능한가?' '직장인으로서 10억 정도 모으면 노후와 자녀 교육에 충분할까?' '그럼 10억 원을 모으기 위해서는 얼마의 기간 동안 얼마만큼의 돈을 저축해야 할까?'

매월 300만 원씩 저금을 한다고 가정해 보면, 1년에 3,600만 원이고, 10년이면 3억 6,000만 원. 30년이면 10억 8,000만 원. 이렇게나 오래 걸리는 걸까? 가뜩이나 젊을 때 주거비용 때문에 빡빡한 삶인데, 외벌이로 매월 300만 원이라는 큰돈을 과연 저금할 수 있겠느냐는 생각도 들었다. 원래 소득이 늘면 지출도 늘어나는 법이다. 내가 앞으로 회사에서 승진하고 월급 인상이 된다고 해도 절대 쉽지 않아 보였다. 그리고 서른 중반인 내가 공무원도 아니고 정년이 짧기로 유명한 금융권에서 앞으로 30여 년을 더 버틴다는 것이 과연 가능한 일이겠느냐는 생각 또한 머리를 스치고 지나갔다. 무언가 돌파구가 필요했다.

며칠 동안 고민이 계속되었다. '그래, 바로 그거야!' 내 머리를 스쳐 지나간 것이 과연 무엇이었을까? 그것이 '부동산 투자였으면 얼마나 좋았을지' 이제 와서 생각해 본다. 하지만 현실의 내가 선택한 것은 바로 주식 투자였다.

초심자의 행운이랄까? 몇 달 동안은 수익이 꽤 괜찮았다. 투자금 대비해서 수익도 높고, 앞으로 계속 이렇게 수익이 난다면 10억 자산을 모으는 시간도 대폭 줄일 수 있을 것 같았다(10억 원이라는 돈은 경제적 측면에서 내가 정한 1차 목표였다). 약간의 신용대출까지 더해 자신만만하게 투자를 이어 나갔다. 그다음의 암울한 이야기는 쉽게 예상하실 수 있으리라 본다.

투자가 항상 우리가 예측한 방향대로만 흘러간다면 얼마나 좋을까? 내가 투자한 종목의 움직임이 어느 순간부터 내 예상을 빗나가기 시작했다. 나에게는 버틸 수 있는 충분한 시간과 돈이 필요했고, 그 당시 나는 충분히 기다릴 수 있는 상황이었지만, 내 인내심은 그렇지 못했다.

손해를 보기 시작하니 초조함과 불안감이 밀려 왔고, 결국에는 더 이상 버티지 못하고 보유하고 있던 종목을 손해를 감수하고 정리했다. 그것이 2014년 여름의 일이다. '준비되지 않은 투자는 늘 좋지 못한 결과를 낳는다'는 투자 세계의 냉정한 진리를 새삼 느낄 수 있었던 순간이었다.

그런데 비록 손해를 보긴 했지만, 여전히 주식으로 돈을 벌 수 있다는 희망의 끈은 마음속에 남아 있었다. 그렇다면 계속 주식 투자를 할 것인가 아니면 다른 방법을 찾아볼 것인가? 고민의 시간이 다시 찾아왔고, 그 해답은 머지않아 우연한 기회를 통해 만나게 된다.

부동산 경매 책을
읽게 되다

2014년 가을 무렵, 아직은 아기가 어렸기 때문에 우리 부부에게는 시간적 여유가 조금 있었다. 물론 신혼 때만큼 시간이 넉넉한 건 아니었지만, 절실함이 더 강한 시절이었기에 일말의 시간도 소중하게 느껴졌을지도 모르겠다.

우리 부부는 결혼할 때, 집에 TV를 두지 말자고 한 아내의 의견을 반영해 집에 TV가 없었다. 그래서 다른 사람들보다는 평소 책 읽는 시간이 조금 더 주어졌고, 종종 동네 도서관에서 책을 빌려 와서 읽곤 했다. 주식 투자의 손실 때문에 마음이 복잡했던 나는 대부분 재테크 관련 책을 많이 빌려 와 읽었다. 그러다 정말 우연히 부동산 경매 책을 한 권 집어 들었다. 그 책은 원래 빌리려고 골랐던 책도 아니었고,

신간을 따로 모아 놓은 코너에 있어 그냥 무심코 집어 든 책이었다. 책이 그냥 새 책인 거 같아 집어 든 것뿐이었다. 그 한 권의 책이 내 인생을 완전히 바꾸는 계기가 될 것을 그때는 상상조차 하지 못했다.

"사람은 두 가지 방식으로 배운다. 하나는 다른 사람을 통해, 다른 하나는 책을 통해서다." 투자의 귀재라고 불리는 짐 로저스의 말이다. 책이 과연 우리 삶을 얼마나 변하게 해 줄 수 있을까? 내 생각에 좋은 책을 읽는다는 것은 저자의 삶을 엿보는 것이다. 그리고 때때로 어떤 책을 읽고 머릿속에 스파크가 일어나기도 하는데, 내가 빌려 온 경매 책이 나에게 있어 바로 그런 역할을 했다. 첫 장부터 마지막 장까지 숨죽이며 단번에 읽어 버렸고, 부동산 경매라는 것에 대해 처음으로 진지하게 생각하게 했다. 마치 미지의 세계로 새로운 모험을 떠나기 전날의 벅찬 감동이 밀려오는 기분이었다.

부동산에 대해서 잘 모르고, 더더욱 경매에 대해서는 단 한 번도 관심이 없었던 내게도 저자가 들려주는 성공담은 마치 나도 할 수 있을 것 같은 기분이 들게 했다. 부동산 투자라고 하면 돈 많은 사람의 전유물이라고만 생각했는데, 적은 돈으로도 투자할 수 있다는 사실 또한 처음 알았다.

하지만 이런 나의 격앙된 마음과는 다르게 며칠 흐르자 관심도는 뚝 떨어졌다. 내가 느낀 이 기분을 다른 사람들은 어떻게 생각할지 궁금해서 평소 부동산 투자에 관심이 많았던 장모님께 똑같은 책을 넌지시 건네 드리며 한번 읽어 보시라고 말씀드렸다.

장모님께서도 나와 비슷한 느낌을 받으시긴 했지만, 실제로 경매를 해야겠다는 결심이 들지는 않았던 듯했다. 나 역시 이제 경매를 본격적으로 해야겠다는 마음까지는 들지 않았다. 그저 조금의 관심 정도가 생긴 것뿐이었고, 그 관심은 조금씩 내 마음에서 누그러졌다. 그런 내 맘속 잔잔한 호수에 커다란 돌멩이 하나를 던져 준 사람이 있었으니, 바로 내 아내였다.

"여보, 그때 읽은 경매 책 괜찮다고 하지 않았어요? 그냥 읽고 끝인 거예요?"

나는 번뜩 정신이 들었다.

그 책 안에는 저자가 활동하는 온라인 재테크 카페가 소개되어 있었고, 그 카페에 가입해서 조금 더 적극적으로 정보를 얻으라는 말을 내게 해 준 사람이 바로 아내였던 것이다. 막연하게 생각만 했지 소극적인 태도를 보였던 나였고, 자칫하면 그냥 지나칠 뻔한 상황이었지만, 곁에 있던 소중한 사람의 진실한 조언 한마디가 다시금 나를 움직이게 하는 원동력이 되었다.

그래서 나는 해당 인터넷 카페에 가입하여 그 책의 저자를 비롯한 많은 전문가들의 글을 읽게 되었다. 미지의 세계로의 첫발을 드디어 내딛은 것이었다. 이후로 나는 틈만 나면 재테크 카페에 접속해서 거기에 올라온 많은 글들을 읽으면서 조금씩 부동산 경매에 대한 관심을 높여 갔다.

그러던 와중에 카페 운영자가 올린 공지사항 하나가 내 눈을 번쩍 뜨게 했다. 바로 내가 읽은 그 책의 저자가 6주 과정으로 정규 강의라는 것을 처음으로 개설한다는 소식이었다. 그것도 초보자를 위한 강의라고 했다. '오 예, 좋았어!' 나는 속으로 환호성을 질렀다. 딱 나를 위한 강의란 생각을 했던 것도 무리가 아니었다. 평소 온라인 커뮤니티 같은 것에는 관심이 전혀 없었던 내가 이렇게 한 권의 책을 통해 재테크 카페에 가입하게 되었고, 오프라인 강의까지 신청하게 될 줄이야 불과 몇 달 전까지만 해도 상상할 수도 없었던 일이었다. 내 삶에 변화가 조금씩 찾아오고 있다는 증거였다.

지성이면 감천이라고 했던가. 워낙 회원 수가 많은 커뮤니티라 노심초사해 가며 강의 신청일을 기다렸는데, 수많은 경쟁자를 제치고 무사히 등록을 할 수 있었다. 강의 신청에 실패한 많은 사람들의 아쉬움 가득한 글을 읽다 보니, 그제야 사람들이 이토록 부동산 투자 쪽에 관심이 많다는 것을 절실하게 깨닫게 되었다.

나만 몰랐던 것이었을까? 하지만 내 주변에서 부동산 투자를 한다는 사람을 들어 본 적이 없는데……. 아마도 내가 관심이 없었기에 스치듯 여러 번 듣긴 했지만, 나와는 전혀 상관없을 일로 치부하고 넘어갔으리란 생각이 들었다.

그렇다. 사람이란 원래 자신이 관심을 두게 되고서야 그것이 눈에 들어오는 법이다. 나의 경우만 하더라도 몇 년 전 자동차를 구매하려고 알아볼 때는 거리에 지나다니는 차들만 쳐다보았고, 시간이 날 때마다 자동차 관련 정보만 인터넷에서 찾아보곤 했으니깐 말이다. 어찌 됐든, 강의를 듣게 되었다는 사실 그 자체로 마치 내가 성공을 반쯤 이룬 듯한 착각을 했다는 것이 아마 그 당시의 솔직한 심정이 아닐까 한다.

만나는 사람이
우리의 인생을 바꾼다

때는 바야흐로 2014년 10월. 두근거리는 마음으로 첫 강의를 듣게 되었다. 책 읽기와는 다르게 강사로부터 직접 얘기를 들을 수 있는 강의의 매력은 참 컸다. 그만큼 머리에도 쏙쏙 들어오고 생동감이 넘쳤다. 내용 역시 기대했던 만큼 매우 유익했다. 그리고 강의가 끝나고 비슷한 지역에 사는 사람들 4~5명 정도를 묶어 조 편성을 해 주었다. 조별 과제도 있다니 왠지 학생 때로 돌아간 기분도 들었다. 신나고 흥분 되는 경험이었다.

그리고 몇 주간 강의를 들으며 나보다 경험이 더 많은 같은 조 사람들에게서 듣고 배운 것도 참 많았다. 그 사람들과 함께 지역 탐방이랍시고 생전 처음 가 보는 낯선 지역들을 방문하기도 하였는데, 모든 것이 처음인 나로서는 그냥 동네 구경 수준이었다. 그래도 당시엔 참 유쾌한 경험이었다. 막연하게 부동산 투자 공부를 혼자서 했다면 분명히 한계가 있었을 텐데, 이런 강의를 통해서 사람들도 알고 같이 여러 곳을 돌아다니다 보니 나에게도 약간의 자신감이라는 것이 생겼다.

사람을 변하게 하는 가장 확실한 방법이 어떤 것인지 아는가? 바로 주변에 만나는 사람이 변하는 것이다. 그러면 사람은 가장 빠르게 변한다. 정말 확실한 방법이 아닐 수 없다. 지금 내가 이 자리에 올 수 있었던 것은 사실 내가 처음 만난 사람들 때문이라고 해도 과언이 아닐 것이다. 그리고 그 당시의 인연은 내가 부동산 투자를 본격적으로 하게 되었을 때 직접적인 효과가 나타났다.

재야의 고수들

이렇게 부동산에 대해서 조금씩 알아 가던 나에게 있어 또 다른 스승이 있었으니, 바로 수많은 재야의 고수들이다. 실제로 만난 적은 없지만, 나는 다양한 방법으로 그들의 이야기를 접할 수 있었다.

부동산 초보인 내게 그들의 이야기는 마치 무협지 소설에 나오는 주인공의 재미난 무용담처럼 흥미진진했다. 그중에는 부동산 투자 책을 낸 사람도 있었고, 부동산 투자 관련 유명 블로거로 활동 중인 사람도 있었다. 그들은 재테크 카페에서 나름의 명성을 쌓으며 사람들이 공감할 수 있는 글들을 올리곤 했다.

그중에서도 유독 내 눈에 띈 사람이 있었는데, 그는 '청울림'이라는 닉네임을 쓰는 사람이었다. 투자의 세계는 냉철함만 있는 줄 알았는데, 그의 글에는 따스함이 있었다. 세입자의 마음을 헤아리는 따뜻한 그의 마음에 난 감동했다. 또 지방 부동산을 소액으로 투자하는 방식은 나에겐 신세계였다. 최대한 내 돈을 적게 들이고 최대한 많은 수의 부동산을 취득하는 것이 부동산 투자를 통해서 큰 부를 쌓을 수 있는 매우 강력한 방법이라는 것이었다. 시세 차익이 아닌 현금 흐름을 계속 크게 키우는 전략이었다(여기서의 현금 흐름은 월세 수입을 뜻한다). 이대로만 따라 하면 왠지 나도 금방 부자가 될 것 같은 느낌을 받았다.

투자에 있어서나 인생에 있어서나 내가 본받고 따르고 싶은 누군가가 있다는 것은 참 도움이 된다. 우리는 그런 사람을 '멘토'라고 부른다. 그때부터 나는 청울림이라는 사람을 내 투자 멘토로 생각했다.

멘토는 그 존재 자체로 우리에게 큰 동기부여가 되는 사람이다. 이미 성공한 사람이기에 그 사람의 길을 그대로 따라 밟아 나가면 되는 편리함도 있다. 물론 그것이 말처럼 쉬운 일은 아니지만 말이다.

부동산과의 첫 만남은 경매 책이었고, 부동산 재테크의 첫 수업으로 경매 수업을 들었지만, 왠지 나는 경매보다는 일반 부동산 투자에 더 관심을 두었다. 왜냐하면 위에서 말한 재야 고수들의 사례를 읽으며, 경매라는 것은 단지 부동산을 매입하는 하나의 방법이라는 것을 깨달았기 때문이다. 이들은 이미 경매, 일반 매매 등을 가리지 않고 다양한 투자를 병행하고 있었다.

나 역시 경매를 통해 부동산에 입문했지만 굳이 경매라는 틀에 얽매여 부동산 투자를 하고 싶은 생각이 들지 않았다. 오히려 지역 흐름을 잘 파악해서 오르는 지역에 투자하는 방법이 나에게는 더 쉬워 보

아파트 언제 어디를 살까요

였다. 더 쉬운 길을 택하리란 판단이 내 투자 인생의 중대한 방향을 결정하게 될 줄은 이 당시에는 알지 못했다.

또 다른 고수와의 만남

그리고 6주 과정의 경매 수업이 중반으로 넘어서는 시점에, 나를 변화시킨 큰 사건이 발생한다. 드디어 첫 부동산 투자의 직접적인 계기가 생긴 것이었다.

당시 부동산 강의를 마치고 종종 뒤풀이 자리에 참석하곤 했는데, 그때 범상치 않은 누군가를 발견했다. 사람들이 귀를 쫑긋 세우고 그 사람의 이야기에 귀 기울이고 있었다. 처음에는 멀리 떨어진 테이블에 앉았기에 크게 신경 쓰지 않았다. 그러다 우연히 내 옆자리가 비었을 때 그 사람이 내 옆에 앉게 되었는데, 굉장히 편한 옷차림을 하고 있어 나잇대도 가늠하기 어려웠다. 정말 겉모습만 보았을 때는 정체불명의 사나이였다.

알고 보니 그는 부동산 투자 경험이 굉장히 많은 젊은 전국구 투자자였다. 사람들이 묻는 모든 질문에 자신만의 소신으로 척척 답하는 모습이 꽤나 인상적이었다. 그리고 전반적인 부동산 흐름을 이야기하면서 당시 수도권 부동산 시장이 얼마나 저평가되었는지를 여러 차례 강조했다.

공감한 부분이 많았던 나는 마침내 실전 투자의 의지를 굳히게 되었다. 내 마음속에 투자에 대한 확신을 가져다준 짧지만 고마운 만남이었다. 부동산 고수와의 그날 만남 이후 나는 보름도 되지 않아 두 건의 부동산 계약을 했다. 돌이켜보면 2014년 늦가을 수도권은 조금 과장해서 그냥 아무 물건이나 막 사도 오르는 시기였으니, 첫 투자의 타이밍 자체도 참 좋았다고 할 수 있다.

아파트 평균 매매가격 추이(서울)

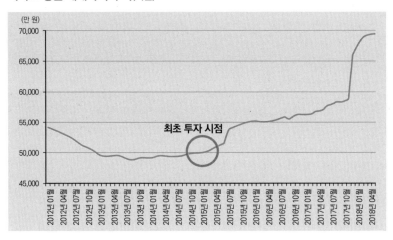

아파트 평균 매매가격 추이(경기도)

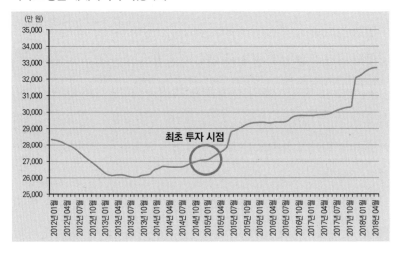

아파트 언제 어디를 살까요

본격적인
투자의 세계로

뒤풀이 자리에서 나와 같이 투자 고수의 이야기를 들었던 사람들은 모두 과연 실제로 투자를 했을까? 전혀 아니다. 부동산 투자를 하면서 가장 중요한 게 무엇일까? 그건 바로 타이밍이다. 그리고 더욱 중요한 건 실행력이다.

그래서 나는 보통 첫 투자를 망설이는 사람을 보면, 무리하지 않는 범위 안에서 투자를 과감히 실행하라는 조언을 한다. 이때의 소중한 경험을 바탕으로 한 충고이다. 실력이라는 것은 결국 경험이 쌓인 것의 또 다른 이름일 뿐이라는 것을 나는 안다. 많이 경험하라. 그리고 많이 실패하라. 그러면 어떤 위기의 순간이 와도 견딜 수 있는 강철 갑옷을 입고 있다는 것을 깨닫게 될 것이다.

젊은 전국구 투자자와의 그 소중한 만남 이후 내 삶은 완전히 달라져 있다는 것을 나는 어렴풋이 느꼈다. 내 머릿속이 그 어느 때보다 맑아졌다. 그리고 더불어 내 마음은 바빠졌다. 본격적으로 투자 물건을 찾아야 하는데, 어디를 투자해야 할지 고민이 들었기 때문이다.

'부동산 투자'라는 것을 한 번도 해 보지 않은 나에게 있어서 그나마 내가 잘 아는 지역을 투자하는 것이 맞겠다는 생각을 했다. 모든 투자의 기본은 내가 잘 아는 상품에 투자하는 거라 생각했다. 부동산 투자 역시 내가 잘 아는 동네를 투자하는 편이 나에게 익숙한 지역이라 편하기도 하고, 어떤 단지가 살기 좋은 곳인지 아예 모르는 지역보다는 그래도 판단이 설 듯하였다. 그래서 당시 살고 있었던 일산 지역을 첫 투자 대상으로 마음먹었다.

그럼 지금은 어떻게 생각할까? 많은 지역에 대한 공부를 한 현재는 내가 잘 아는 지역이나 모르는 지역이나 큰 상관없이 흐름이 좋은 지역, 돈 되는 지역에 투자하는 것이 올바르다는 생각을 한다. 하지만 부동산 투자가 처음인 사람에게는 본인이 사는 지역, 혹은 본인이 잘 아는 지역부터 관심을 두는 것은 여전히 좋은 방법이다.

그렇게 투자 지역을 선정하고 나서 다음날부터 나는 열심히 투자 물건을 검색하기 시작했다. '음, 어떻게 투자를 하는 것이 좋을까? 시세 차익? 현금 흐름? 그래, 시세 차익보다는 현금 흐름이 중요하지! 월세 수익이 나는 물건 위주로 찾아보자!' 이렇게 나는 월세를 받는 것을 목표로 대출 이자를 내고도 나에게 순수한 월세 수익이 나는 물건을 찾아보기로 했다.

'계속 월세 물건을 늘리다 보면 언젠가 월급보다 월세가 더 많아지는 때가 오겠지'라는 정말 막연한 생각으로 월세 투자를 결심했다. 그리고 투자 금액이 적게 들면서도 위치적으로는 사람들이 선호하는 지

아파트 언제 어디를 살까요

역이라면 더욱 좋겠다는 순진무구한 생각을 했다.

생애 첫 부동산 투자

그러던 어느 날, 강의를 통해 알게 된 형님과 저녁을 먹기 위해 약속을 잡았다. 둘 다 일산에 살고 있었기 때문에 자연스럽게 일산에서 보기로 했다. 형님이 신혼 시절에 살았던 화정동이라는 동네에 오랜만에 가 보고 싶다 하여 그쪽을 약속 장소로 정했다.

내가 고양시 화정동에 대해 알고 있는 것이라고는 아내가 결혼 전 언니와 함께 살았던 동네라고 언젠가 한 번 말해 주었던 기억뿐이었다.

퇴근 후, 지하철 3호선을 타고 도착한 화정역. 나는 역에서 나와 화정역 주변의 상권을 보고 놀라움을 금치 못하였다. 역을 중심으로 굉장히 잘 발달한 항아리 상권이었다. 더군다나 깨끗하게 잘 정리된 택지지구였기에 부동산 초보자인 나는 첫눈에 반해 버리고 말았다.

형님과 만나 저녁을 먹는데, 형님 왈, "여기 참 좋지? 신혼 때 살았던 단지가 바로 저기 보이는 곳인데, 지하철역뿐만 아니라 편의시설도 가깝고 많아서 살기 참 좋았었지."

이 말에 나는 귀가 번쩍 뜨였다.

"형님 말씀대로 여기 정말 좋아 보이네요. 그런데 투자처로도 괜찮게 보나요?"

"투자자들뿐만 아니라 실수요자들의 수요도 항상 많은 곳이라 괜찮긴 하지."

"정말요? 그럼 여길 좀 더 연구해 봐야겠네요. 요즘 제가 첫 투자를 하기 위해서 일산 쪽을 공부하고 있었거든요."

"아 그래? 잘 됐네. 열심히 해 봐!"

이렇게 형님을 통해서 화정이라는 곳에 올 수 있었고, 운명처럼 나는 화정동을 나의 첫 번째 투자 지역으로 생각했다. 이것이 2014년 11월 중순의 일이었다.

나는 그날 집에 가자마자 '네이버 부동산'을 열어 화정동에 대한 정보를 밤새도록 찾았다. 역 주변에 있는 단지들 정보를 하나하나 모으고 수집하던 중, 형님이 신혼 생활을 했던 단지가 소형 평수 위주로 구성된 것을 확인했고, 투자에도 딱 안성맞춤이라는 생각을 했다.

처음부터 월세를 꾸준히 늘려 나가는 투자를 하기로 마음먹었었기에 해당 단지에서 실제로 월세 거래가 빈번한지 확인이 필요했다. 그래서 전월세 실거래 내역도 조회해 보았는데, 실제로도 월세 거래가 많은 것을 눈으로 확인하고는 안심했다(아파트 실거래가 조회는 국토교통부 실거래가 공개시스템(http://rt.molit.go.kr)을 통해 확인 가능하다).

다음 날 아침 나는 네이버 부동산에 나와 있는 매물 중 가장 싼 가격으로 올라와 있는 부동산 중개업소에 전화를 걸었다. 내 생애 부동산 투자를 위해 부동산에 전화했던 첫 번째 통화였다. 어떤 상황이 펼쳐질지 모르는 나였지만 덤덤하게 네이버를 보고 전화했노라고 말했다.

"네~ 사장님~ 저희가 투자하기 좋은 물건들을 많이 가지고 있으니 소개해 드릴게요. 가격도 잘 해 드리고요. 언제 시간 있으실 때 한번 방문해 주세요."

나를 사장님이라고 부르는 부동산 실장들의 목소리는 한결같이 친절했다. 그리고 정말 내가 투자할 수 있는 물건들이 많이 있었던 상태였다. 그러나 그중에서, 특히 저렴한 물건은 동향이라는 것을 알 수 있었다. 속으로 나는 생각했다.

'동향이라…… 살기에는 남향이 좋은데 동향을 투자해도 될까? 동향 집을 턱 하고 샀다가 월세 살겠다고 들어오는 사람이 없으면 어떡하지?'

이런저런 고민이 많았다. 동향 물건은 남향보다 1,000만 원 이상 가격이 저렴했고, 부동산 중개업소에서도 동향 역시 전세나 월세 모두 잘 나간다고 적극 매수를 권하였기에 마음이 많이 흔들렸다. 나름 거래를 잘 성사시켜 보겠다고, 초보인 주제에 부동산 중개료를 더 드리겠노라 말했다.

내가 며칠간 고민하며 주저주저하자, 한 부동산 실장은 복비 더 주겠단 약속은 아예 신경 쓰지 말라며 매수를 강력하게 권했다.

하지만 조심스러운 첫 투자이다 보니 그래도 좋은 물건을 사는 것이 나중에 부동산 하락기가 와도 버틸 수 있겠다는 생각이 들어 안정적으로 남향 물건에 투자하기로 마음을 굳혔다.

지금도 이왕이면 '남향에 로열층을 산다'는 원칙을 지키려고 노력한다. 다만, 아파트 자체가 연식이 얼마 안 된 새 아파트인 경우에는 동향이나 저층이든 상관없이 투자한다.

부동산 투자는 환금성이 매우 중요하다고 늘 생각하는데, 내가 보유한 물건이 같은 단지 내에서도 경쟁력이 뛰어나다면 내가 돈이 필요해서 물건을 팔고 싶을 때, 그래도 조금은 더 수월할 것이라고 믿었다. 내겐 남향 물건이 그랬다. 특히나, 부동산 하락기에는 분명 도움이 더 될 것으로 생각했다.

이렇게 하여 나는 로열동, 로열층 중에서도 중간 라인인 아파트를 투자 물건으로 골랐다. 어차피 잔금까지 치르고 인테리어 올수리를 해서 월세를 놓을 생각이었기에 물건의 현재 상태는 고려 대상이 아니었다. 오히려 현재 수리 상태가 안 좋아서 가격을 조금이라도 더 깎을 수 있다면 좋겠다고 생각했다. 이때는 높은 전세가율을 활용한 전세 투자라든지, 실제 투자를 하며 내 돈이 들어가는 것을 최소화해야겠다는 등의 개념이 별로 없었다. 그냥 어렴풋이 지난 한 달간 듣고 보고 느낀 바를 통해 지금은 사야 할 때라는 것 정도만 머릿속에 있었다.

그리고 이런 확신을 하게 된 또 하나의 근거라 하면, 지난 몇 년간 수도권 부동산 시장이 상당히 좋지 않아 가격이 오랫동안 정체되거나 떨어졌다는 사실이었다. 그 사실 하나만으로도 가격 거품이 없겠다는 생각을 할 수 있었다.

결국 큰 경쟁 없이 매물로 나온 몇 곳의 물건을 살펴본 후, 두 개의 물건이 마음에 들어 둘 다 계약하기로 했다. 어차피 투자 가치가 높다고 생각한 단지에서 꼭 하나의 물건만 투자하란 법은 없었기에 두 개의 물건을 동시 진행하기로 했던 것이다.

그리고 같은 부동산 중개업소를 통해 두 건의 계약을 모두 진행했더니, 내가 거래한 부동산 중개업소의 실장을 온전히 내 편으로 만드는 보너스를 얻었다. 한 단지에 두 채 이상 투자해 보자. 부동산에서는 한 채만 투자한 사람은 기억하지 못해도 두 채 투자한 사람은 100% 기억한다. 그렇게 2014년 12월, 부동산 투자로는 처음으로 계약서에 도장을 찍었다. 새로운 도전을 향한 첫걸음이었다.

내 경우에는 이전에 살고 있던 세입자가 나가면, 새롭게 인테리어를 해야 했기에 잔금 일자는 최대한 이른 시일인 2015년 1월로 맞추었다. 부동산 강의라는 것을 처음으로 듣고 두 달 만의 일이었다. 첫 번째 물건은 2억 3,200만 원에, 두 번째 물건은 1억 8,600만 원에 매입하였다. 아파트담보대출을 받았기에 두 채를 투자하는 데 든 실제 투자금은 약 6,000만 원이었다. 한 채당 3,000만 원꼴이었다. 그 돈들은 수중에 가지고 있던 돈으로 치렀다.

첫 투자 이후, 3년이 지난 현재 시점에 나는 그 물건들을 여전히 보유하고 있을까? 한 채는 세입자가 1년이 조금 지난 시점에 나간다고 하여 새로운 세입자를 구하지 않고 매도했다. 그것이 2016년 봄이었는데 1년 만에 4,200만 원의 시세 차익을 거두었다. 그때는 오를 줄 알고 투자한 게 전혀 아니었다. 내게 찾아온 초심자의 행운은 결국 실행의 힘이었다. 그리고 나머지 한 채는 여전히 보유 중인데, 현재 전세를 놓은 가격이 매입 금액 이상이기 때문에 내 돈은 전혀 묶이지 않은 상태이다.

화정동 아파트 투자 내역 1(79㎡)

매입가	2억 3,200만 원
중개수수료(매매+임대)	140만 원
취득세, 법무사비	310만 원
인테리어 비용	800만 원
보증금	4,000만 원
월세	65만 원
매입가 수익률	4.06%
대출	1억 5,500만 원
이자(3.3%)	43만 원
순수 월세	22만 원
실투자금	4,950만 원
시세 차익	4,200만 원
첫 해 재산세	27만 원
물건 현황	매도
매도가(2016년 4월)	2억 7,400만 원

화정동 아파트 투자 내역 2(69㎡)

매입가	1억 8,600만 원
중개수수료(매매+임대)	120만 원
취득세, 법무사비	250만 원
인테리어 비용	450만 원
보증금	4,000만 원
월세	50만 원
매입가 수익률	4.11%
대출	1억 2,700만 원
이자(3.3%)	35만 원
순수 월세	15만 원
실투자금	2,720만 원
첫 해 재산세	17만 원
물건 현황	준공공임대주택 등록(전세)
임대 가격(2018월 7월 현재)	1억 9,000만 원

인테리어 하나로만 승부해도 된다

막상 부동산 계약을 하고 나니 새로운 도전이 나를 기다렸다. 바로 아파트 인테리어였다. 평생 살면서 집수리라는 것을 해 본 기억이 없었기 때문에 고민하던 찰나, 집 꾸미기에 일가견이 있으신 한 사람이 생각났다. 바로 우리 어머니셨다.

원래 인테리어는 여자의 영역이기도 하다. 아무리 눈썰미가 좋다고 해도 남자가 보는 것과 여자가 보는 것은 천지 차이다.

우선 부동산을 통해 근처 단지에서 인테리어 잘하는 업체를 좀 소개해 달라고 하였다. 그리고 그중에서 몇 개 업체를 어머니와 함께 방문해서 둘러보던 중, 어머니께서 맘에 쏙 들어 하신 업체를 발견했다. 그곳은 사장님이 훈남이셨다.

부동산 투자자들 가운데 직접 인테리어를 하는 사람들도 많다. 아무래도 비용도 아낄 수 있고, 그런 경험이 꼭 필요하다고 강조하는 얘기를 여기저기서 많이 들었기 때문일지도 모르겠다. 하지만 내 경우에는 내 손으로 투자한 집을 수리해 본 경험이 전혀 없다. 무조건 인테리어 업체에 통으로 맡긴다. 인테리어 업체도 내 기준에 크게 벗어나지 않으면 적당한 조건에서 쉽게 선택을 한다. 그래서 독한 페인트 냄새를 맡으며 몇 시간씩 고생한 경험이나 밤을 새우며 집수리를 한 적이 없다.

둘 중 무엇이 옳고 그른 것의 문제는 아니라고 생각한다. 그런데 우리는 투자를 하는 사람이지, 집수리를 하는 사람이 아니라는 점은 꼭 기억해야 한다. 최고의 카레이서가 최고의 자동차 수리공이 될 필요는 없다는 말이다. 본인이 의욕이 있고 능력이 되면 당연히 하는 것이 좋다. 시간적 여유가 있다면 말이다. 비용 절감은 당연하고 나중에 업체에 맡기더라도 중간에서 내가 아는 것이 많으니 조금 더 세심하게 요구를 할 수 있다.

하지만 내 경우에는 비용이 들더라도 그냥 전문가에게 맡겨서 좀 더 나은 결과물이 나오는 것이 더 좋을 것 같기에 그냥 편하게 맡긴다. 집수리하느라 너무 힘이 들고, 지치고, 스트레스 받는다면 그냥 맘 편히 인테리어 업체에 맡기자. 대신 본인은 그 시간에 좋은 물건을 고르는 실력을 갖추는 것에 집중하면 된다.

사실 꼼꼼하고 만족스럽게 일 처리해 주는 인테리어 업체를 찾는 것도 쉬운 일은 아니다. 가격 또한 합리적이어야 하니 더욱 힘든 일일 것이다. 그건 아마 몇 번의 수리를 통해 내 맘에 드는 업체 사장님을 만날 때까지 과정이 필요할 것이다. 내 경우에도 몇 번의 수리를 통해 어떤 업체가 잘하는지 알게 되었고, 다른 업체가 아닌 그 업체 사장님께 수리할 일이 있으면 계속해서 일을 맡기고 있다.

결국, 모든 것은 경험으로 배울 수밖에 없다. 경험을 통해 실력을 기르는 것이 가장 확실하고 빠른 방법이다.

나는 임대를 줄 것이었지만 적당히 싼 가격에만 인테리어를 하고 싶은 생각은 없었다. 그래서 두 물건 모두 전체 특올수리 수준의 공사를 진행했다. 또, 우리 가족이 실제로 들어가 살 것이라는 마음으로 좋은 자재를 썼다. 결국 인테리어는 한 번만 잘해 놓으면 계속해서 다음 세입자에게도 좋은 인상을 줄 수 있기 때문에, 한 번 할 때 무리가 되지 않는 선에서 돈을 아끼지 말고 할 것을 강력하게 추천한다. 많은 경우에 있어 인테리어 하나로 더 빨리 세입자를 구하거나 집을 쉽게 매도한 경험 때문이다.

아니나 다를까, 두 개 중 하나의 물건은 인테리어 공사 도중, 월세를 구하려는 세입자가 업체 사장에게 어느 정도로 공사하는 건지 물어보더니 바로 계약하겠다는 의사를 보여서 일사천리로 계약이 완료됐다. 더군다나 두 물건 모두 시세보다 보증금을 조금 더 높였음에도 불구하고 인테리어 상태가 좋다 보니, 모두 내가 원하는 보증금과 월세 금액으로 임대 계약을 맺을 수 있었다.

이처럼 인테리어는 어찌 보면 세입자 입장에서는 때론 층과 향 등의 다른 조건들을 능가하는 강력한 무기가 될 수 있기 때문에 다소 무리해서라도 잘해 놓는 편이 마음 편하다.

실제 인테리어 공사 사진들

아파트 언제 어디를 살까요

투자는
타이밍이다

약간의 무모함으로 도전했던 첫 번째 투자 두 건은 임대 계약도 순조롭게 진행되었고 슬슬 마무리 단계였다. 우리는 가끔 농담으로 어떤 것에 대한 확신이 있으면, "달러 빚을 내서라도 해야 한다"는 말을 한다.

2015년 1월, 당시 내가 바라본 수도권 부동산 시장이 바로 그랬다. 장기간 침체가 지속되었고 공급 또한 몇 년간 부족했다. 여기서 굉장히 중요한 부동산 투자의 핵심 원리가 하나 나온다. 그것은 바로 '장기간 침체가 지속되었다'는 사실이다.

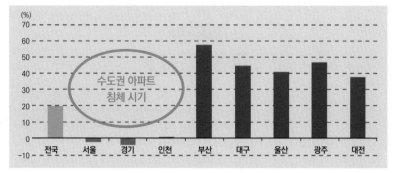

전국 아파트 가격 변동률(2007년 12월~2014년 12월)

출처 : KB부동산

만약 당시 수도권 시장이 큰 상승기 이후였다면 나는 그렇게 확신을 하지 못했을 것이다. 하지만 큰 침체기를 겪는다는 말 자체가 곧 거품이 사라졌음을 뜻한다.

이 말은 우리가 흔히 말하는 저평가된 물건들이 시장에 많다는 의미와도 같다. 더욱이 기준 금리는 내려갔고, 정부에서도 부동산 완화 정책을 발표하던 시절이었다. 사실 부동산 투자에 대해 아직 잘 모르는 나였지만, 결국 투자라는 것에 있어 타이밍이 절대적으로 중요하다는 것은 그간의 경험을 통해 알고 있던 터였다. 그렇기에 정말 달러빚이라도 내서 투자해야겠다는 결심을 하게 되었다.

그래서 어디에 투자해야 할지도 모른 채, 우선 두 건의 투자 후 내가 가용할 수 있는 돈이 얼마나 되는지 한번 따져 보았다. 내 수중에 있는 돈 말고도 저축이나 보험을 해지하지 않고, 담보로 대출받을 수 있는 금액까지 따져 보았다. 신용대출은 얼마나 받을 수 있는지 은행에 알아보기도 했다. 회사에서 내 집 마련 시 신청 가능한 대출금도 확인해 보았음은 당연하다.

이리저리 굴릴 수 있는 돈을 다 따져 보았고, 이사 계획까지 세우며 현재 전세 보증금까지도 다 포함해서 계산해 보았던 것 같다. 누구든 투자를 결심한 사람에게 내가 가장 먼저 해 보라고 하는 것이 바로 이것이다. 본인이 융통할 수 있는 돈의 규모를 정확하게 계산해 보는 것. 그래야 본인에게 맞는 투자 대상과 범위를 정할 수 있다.

이렇게 내가 활용 가능한 자금에 대한 것이 모두 정리되었을 때, 비로소 어떤 지역에 투자할 것인지를 생각하는 단계로 넘어갔다.

9호선 강서구 투자(두 번째 투자)

내가 첫 번째 투자를 마무리하고 다음 투자처를 찾을 때, 중점을 가장 많이 두었던 부분은 직장과의 접근성이었다. 그런 입지의 부동산은 가격이 떨어지지 않을 것 같았다.

그렇게 해서 내 관심을 끈 것이 바로 여의도와 강남을 지나는 황금노선인 9호선 라인이었고, 그중에서도 염창역, 가양역, 등촌역 등이 속한 강서구에 관심이 갔다.

지하철 9호선 노선도

여의도가 직장이었던 주변 친구들이 강서구에 많이 살았던 영향도 컸다. 그리고 더욱 중요한 사실은 내가 그나마 가장 잘 아는 지역이 강서구였기 때문이다.

아무래도 평생 살았던 지역이 부천과 일산이다 보니, 그 지역과 인접해 있었던 강서구에 관한 관심이 컸다. 또한 '잘 아는 것에 투자한다'는 내 투자 철학과도 어긋나지 않았다. 부동산으로 치면, 내가 잘 아는 동네 그리고 내가 익숙한 동네에 투자하는 것이다.

그 당시 나에게는 부동산 투자에 대한 개념도 별로 없었고, 어느 지역이 투자자들에게 인기가 있는지도 전혀 알지 못했다. 그저 출퇴근이 편한 지역이 투자 매력이 높겠다는 단순한 생각으로 지역을 선정했다.

그렇다. 때론 단순함이 최고의 무기이다. 많이 안다고 꼭 투자를 잘하는 것도 아니다. 오히려 본인의 감이나 느낌에 충실할 때 투자에 더 도움이 될 때가 많다. "투자 수익을 결정하는 것은 끊임없는 불확실성이다. 스스로의 확신과 판단에 힘을 실어라." 세계 3대 투자가로 불리는 조지 소로스의 충고를 기억하자.

택지지구에 관심을 두자

강서구에 관심을 갖고 살펴보다 보니 염창역 주변과 가양역 주변이 다름을 느꼈다.

염창역의 경우 도심에서 더 가깝다는 장점이 있지만 대단지가 형성되어 있지 않고, 역세권보다는 마을버스를 타고 조금 들어가야 제대로 된 아파트 밀집 지역이 나타난다. 반면, 가양역 주변은 깨끗한 택지지구라서 지형이나 도로가 아주 반듯하게 잘 정돈되어 있고 걸어서도 충분히 단지까지 접근이 가능한 역세권 단지들이 눈에 많이 띄었다. 가양역 주변은 택지지구였던 것이다.

부동산 투자 시, 택지지구라면 조금 더 관심을 두자. 아마 신도시를 가 보면 알 수 있을 것이다. 전깃줄도 안 보이고, 바둑판처럼 잘 정리된 도로며 구획들 말이다. 분명 내 눈에도 좋아 보이지만, 다른 사람들 눈에도 좋아 보일 것이란 생각이 들었다. 그렇게 택지지구인 가양역 남쪽에 있는 등촌동 아파트들을 두 번째 투자처로 결정하게 되었다.

등촌동 택지지구

당시 내 투자 기준은 지하철역을 걸어서 갈 수 있고, 거기에다가 전용 면적 59㎡(24평), 그리고 초등학교가 바로 근처인 아파트였다. 이 세 가지는 아직도 내가 투자를 하면서 반드시 체크하는 투자 원칙이기도 하다.

이때도 단순히 아파트를 사서 월세를 놓아야겠다는 생각을 했다. 하지만 그건 무지한 나의 오판이라는 것을 금세 알아차릴 수 있었다. 바로 대출이라는 장벽에 막혔기 때문이다. 은행에서 개인에게 무한정으로 대출해 주지 않는다는 사실을 이때 알게 되었고, 이때가 월세 투자에서 전세 투자로 전향한 결정적인 순간이었다.

2,000만 원 투자로 2억 원 넘게 벌다

여기서 잠깐 전세 투자에 대해 설명하겠다. 예를 들어 내가 3억 원짜리 아파트를 매수했는데, 전세 가격이 2억 5,000만 원이라고 해 보자. 그렇다면 해당 아파트에 대해 내가 전세 투자를 할 때 필요한 돈은 얼마일까? 정답은 5,000만 원이다(취득세 및 기타 부대비용은 쉬운 이해를 위해 생략한다).

어떻게 그럴 수 있는가 의아해할 수도 있지만 돈의 흐름을 살펴보면 간단하다. 처음 아파트 매수 계약을 할 때는 전체 매매 금액의 10%가 필요하니, 일단 내 돈 3,000만 원을 매도자에게 지불해야 한다. 그리고 나머지 90% 금액인 2억 7,000만 원은 몇 달 후 잔금을 치를 때 매도인에게 주면 된다. 그때 내 돈만으로 잔금을 치르는 것이 아니라 잔금 일자에 맞추어 내가 매수한 집에 들어올 전세 세입자를 구해 잔금을 치르는 것이다. 결국 잔금일에 신규 세입자의 전세금과 내 돈을 합쳐 잔금을 치르는 것이다. 즉 세입자의 전세금 2억 5,000만 원과 내 돈 2,000만 원을 합쳐 잔금 2억 7,000만 원을 매도인에게 지불하면 되는 것이다.

그러면 최종적으로 5,000만 원(계약금 3,000만 원+잔금일에 필요한 돈 2,000만 원)만 있으면 전세 투자가 가능해진다(단, 중도금 조항이 있을 경우에는 중도금만큼의 돈은 지급할 준비가 되어야 한다).

전세 투자를 마음먹고, 처음으로 등촌동에서 전세 투자를 하게 되었는데, 이내 관심이 드는 물건을 발견했다(투자 초기에는 모든 물건이 좋아 보인다). 해당 아파트는 매입 금액이 2억 8,800만 원이었다. 다만, 내가 사고자 하는 물건은 6개월 뒤에 전세 만기가 되는 물건으로, 소위 말하는 '전세 낀 물건'이었다. 당시에는 전세 낀 물건이 무슨 의미인지도 몰라, 계약하는 도중 그 의미를 깨닫고 많이 당황했었다. 나는 매수 잔금도 전세 만기 때 같이 하면 되는 줄 착각했던 것이다(어쩐지 많이 싸더라니 이유가 있었다).

다시 정리하자면, 전세 낀 물건은 세입자의 만기가 많이 남아 있어 매수 계약을 하며 당장 세입자를 구하지 않아도 되는 거래이다. 그러기에 매매 금액과 기존 전세 금액의 차이만큼 내 투자금이 필요하다(통상 매수 잔금은 3개월 이내에 치르면 된다).

전세 낀 그 물건은 당시 시세에 비해 약 1,000만 원 이상 쌌다. 당장은 2억 원에 전세 세입자가 살고 있었기에 9,000여만 원이라는 목돈이 투자금으로 들었지만, 6개월 후에 2억 7,000만 원 시세대로 전세를 맞추면 2,000만 원으로 서울에 24평 아파트를 투자할 수 있었기에 과감하게 진행했다.

투자금은 6개월만 한시적으로 필요한 돈이었기에 마이너스 통장과 내가 가진 투자금을 반반씩 활용하여 충당했다.

2018월 7월 현재 등촌동은 마곡지구의 영향으로 시세가 크게 상승하여 해당 아파트는 5억 원 이상의 호가를 형성하고 있다. 2,000만 원 투자로 2억 원 넘게 벌었으니 대단한 수익률이라고 할 수 있지 않은가.

등촌동 아파트 투자 내역(전용 59㎡)

매입가	2억 8,800만 원
중개수수료	115만 원
취득세, 법무사 비용	370만 원
전세 보증금	2억 7,000만 원
실투자금	2,285만 원
첫 해 재산세	33만 원
시세(2018월 7월 현재)	5억 원 이상

등촌동 아파트의 매매가 추이

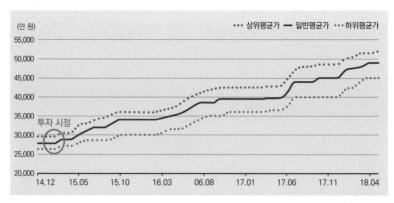

출처 : KB부동산

아파트 언제 어디를 살까요

투자 겸
실거주 집 구하기

집은 우리 모두에게 필요하다. 그저 소중한 보금자리의 의미 자체로
도 집의 의미는 크다. 본인의 자산을 늘리는 수단으로 부동산 투자에
조금이나마 관심이 있다면 다음 나의 이야기에 귀를 기울여 보자. 부
동산 투자 없이 부동산 투자를 하는 기막힌 방법이 있으니 말이다.

부동산 투자에 관심을 두게 된 이후 나 또한 내 집 마련에 대한 생
각을 끊임없이 갖게 되었다. 명색이 부동산 투자를 한다는 사람이 내
집도 없다는 게 앞뒤가 좀 안 맞는 것 같다는 생각이 들었기 때문이
다. 그렇다고 모든 부동산 투자자가 내 집 마련이 먼저란 말을 하는
건 아니다. 본인의 사정에 맞게 주거 형태를 정하면 될 뿐이다.

2015년 초, 일산에 48평 대형 아파트에 전세를 살고 있었던 나는

아직 계약 만료가 10개월이나 남았음에도 내 집 마련 계획을 짜기 시작했다. '이왕이면 서울에서 내 집 마련'이란 목표를 세우고, 어디를 우리의 터전으로 정해야 할지 고민하였다. 그러다 보니 역시나 회사 근처를 우선적으로 알아보는 나 자신을 발견했다. 당시 내 직장은 을지로에 있었다.

이렇게 해서 본격적인 내 집 마련에 나선 나는 집을 알아보기 위한 발걸음을 이리저리 재촉했다. 최대한 회사에서 가까운 곳에 내 집 마련을 해야겠다는 생각으로 집을 보러 다니기 시작했다. 미리 말하자면, 정말 많이 돌아다녔다.

서울의 대표적인 중심업무지구인 강남, 여의도, 광화문 근처의 주거지역은 늘 인기가 좋다. 이런 데에 학군까지 뒷받침된다면 투자 가치는 더할 나위 없이 좋다. 많은 사람이 살고 싶은 지역이기 때문이다. 물론 그런 지역은 가격이 비싸다. 하지만 부동산 침체기가 장기적으로 지속된다면 분명히 이런 지역에서도 투자 기회는 있을 것이다.

수도권에서 집을 구할 때 가장 먼저 들여다보게 되는 것이 바로 지하철 노선도이다. 나 역시 지하철 노선도를 중심으로 회사로부터 최대한 가까운 역세권 지역들을 살펴보았다. 회사가 2호선 을지로입구역에 가깝게 있다 보니 우선 자연스럽게 2호선에 눈길이 갔다. 가장 내 눈길을 끈 지역은 마포구와 성동구였다.

좋은 집을 찾는 확실한 방법이 하나 있다. 바로 내가 관심을 둔 지역에 있는 모든 물건들을 전수 조사하는 방법이다. 사실 말이 전수 조사지, 역세권에 초등학교나 중학교가 근처에 있고 전용 면적 59㎡(24평)라는 조건을 추가하게 되면 실제로 이런 조건을 모두 만족하는 단지는 생각보다 많지 않다는 것을 알 수 있다. 이 중에서 내 여건에 맞는 단지를 고르는 일만 이제 남은 것이다.

우리 가족이 살 집이라고 생각하니 선택하는 데 조금은 더 신경이 쓰인 것이 사실이다. 그래서 회사 점심시간을 이용해 하루에 한 단지씩 직접 둘러보기도 하고, 주말마다 아내와 이제 갓 돌 지난 아기를 데리고 열심히 후보 아파트들을 돌아다녔다.

그렇게 한 달가량을 열심히 돌아다니다 보니 어느 날 문득, 마포구 안에서 내 맘에 딱 맞는 단지를 찾을 수 있었다. 여느 때와 다름없이 점심시간을 이용해 아파트 단지를 둘러보러 갔는데, 단지의 분위기며 내가 본 집의 느낌이 정말 따사롭고 정감이 갔던 것이다.

그리고 이어지는 중개업자의 한마디.

"여기 이 집 주인을 내가 잘 아는데, 500만 원 더 싸게 협의해 볼 테니 계약해요. 다른 부동산은 절대 못 깎아요. 내가 친분이 있어 그나마 깎는 거예요."

부동산 중개업소 사장의 말은 너무 달콤했다. 그리고 바로 집주인에게 전화를 하더니 정말 500만 원을 깎는 것이었다. 계약하지 않고 그냥 돌아간다면 모든 것이 허투루 되는 순간이었다. 나는 망설였다. 그리고 결심했다.

내가 본 물건을 놓칠세라 나는 아내에게 그 즉시 전화를 해서 계약을 하고 싶다는 의사를 전달했다. 평소였으면 주말에 함께 아내와 다시 와서 둘러보고 결정을 했겠지만, 첫눈에 반한 것처럼 그날은 내 마음이 동했던 것 같다. 단지 내 역대 최고가라는 것이 조금 신경이 쓰였지만, 내가 둘러본 그 집이 해당 단지에서 가장 선호하는 로열동에 로열층이었고, 기존에 살고 있던 주인이 5년 전에 깨끗하게 인테리어를 한 집이라서 계약하기로 마음을 굳혔다. 그 자리에서 바로 매수 의사를 표시하니, 근처에서 장사를 하던 매도인이 바로 부동산으로 넘어 왔고 계약까지 순조롭게 하였다. 점심시간이라는 짧은 시간에 이루어진 얼떨떨한 생애 첫 내 집 마련의 순간이었다.

부동산에도 인연이 있는가 보다. 내가 살 물건이면 어떻게든 사게 되고, 그렇지 않으면 내가 사고 싶어도 놓치는 경우가 있다. 부동산 거래를 할 때는 잔금 치르기 전까지 워낙 변수가 많기 때문이다. 그래서 혹시나 투자하려다가 놓친 물건이 있어도 그저 나와 인연이 아니었나 보다 생각하길 바란다. 세상에 좋은 물건은 넘쳐 난다.

그나저나 그때가 2015년 2월이었는데, 당시 서울 및 수도권 아파트 시장은 금방이라도 상승세를 타서 계단식 상승이 시작할 것 같은 느낌이 들었기에 2월 안에는 집을 꼭 구해야겠다는 조급한 마음도 있었다. 그리고 지금 와서 돌아보면 그때 그 느낌은 무섭게 들어맞았다.

사실 투자도 다르지 않다. 실거주 집을 구한다고 생각하고 투자 물건을 고른다면 좋은 물건을 구할 수 있다. 우리 소중한 가족이 살 보금자리를 구한다는 것은 단순히 아파트를 돈 주고 사는 의미보다 우리 가족의 삶의 터전이 되는 곳을 고르는 것이기 때문에 더욱 신중해지고, 정말 살기 좋은 환경을 구하려 하기 때문이다.

집은 잘 골랐는데, 사실 한 가지 문제가 있었다. 앞서 말한 대로 기존에 살고 있던 집의 전세 기간 만료가 아직 10개월이나 남아 있었던 것이다. 집주인에게는 새로 집을 구했다고 말하는 대신에 이러저러한 이유로 좀 일찍 이사를 나가게 되었다고만 말하였는데, 다행히도 집주

아파트 언제 어디를 살까요

인으로부터 새로운 세입자를 구하는 대신에 본인 아들이 들어와 살 계획이라는 답변을 들었다. 그리고 내가 이사 나가는 날에 맞추어 전세금을 돌려주기 위해 본인 비자금이었던 주식을 팔아 우리 전세금을 돌려준다는 말도 하였다. 참으로 넉넉한 마음씀씀이에 감사드릴 뿐이다.

만약 집주인이 돈이 없어 새로운 세입자를 구한 다음에 전세금을 돌려줄 수 있다고 말했다면, 자칫 모든 일정이 어긋날 수도 있었다. 나 역시 앞으로 부동산 투자를 하며 세입자에게 이런 넉넉한 집주인이 되리란 마음을 다지는 계기가 되었다.

부동산 투자 역시 사람과의 관계가 중요하다. 그중에서 내가 중요하게 여기는 것은 세입자에게 좋은 집주인이 되는 것이다. 그래서 나의 경우, 임대를 놓을 때 내가 보유한 부동산의 수리 상태가 좋지 않다면 부동산 중개업소에 이렇게 말한다. "손님이 어떤 요구사항을 말하더라도 무엇이든 들어줄 준비가 되어 있습니다." 그리고 계약할 때는 세입자에게 이 말을 꼭 빼놓지 않는다. "내 집처럼 그냥 편하게 사세요. 못질하셔도 되고요, 그리고 아주 작고 사소한 것이라도 불편한 것이 있으면, 주저하지 말고 연락 주세요."

이런 수리비가 아깝다고 생각하지 않는다. 내 집을 내 돈을 들여서 가치를 더 좋게 만드는 일에 돈이 아까울 이유가 전혀 없는 것이다. 실제로 세입자에게 집수리 관련해서 연락이 오면, 부동산을 통해 업체를 알아보고 잘 고친 다음에 비용만 알려 달라고 말하고 있다. 자재는 저렴한 것이 아닌 좋은 걸로 하라는 말도 꼭 빼놓지 않는다.

임대 사업도 사업이다. 그것도 매우 경쟁이 치열한 사업 중의 하나이다. 그런 치열한 경쟁 속에서 세입자는 고객이라는 생각을 갖는다면 결코 소홀히 할 수 없을 것이다. 이것뿐만이 아니다.

설날과 추석 때는 세입자에게 매번 작은 선물을 보낸다. 이렇게 내가 먼저 좋은 집주인이 되면 세입자와의 관계가 안 좋아지고 싶어도 안 좋아질 수가 없다. 나중에 이사를 나가게 되어 집을 보여 줄 때나 재계약 의사를 보일 때도 굉장히 편안한 분위기에서 진행할 수 있다. 물론 그렇지 않더라도 그냥 내가 손해 보고 내가 감수하면 되는 것이지, 세입자에게 피해를 주게 하는 건 아니라는 생각이 든다. 우리 모두 좋은 집주인이 되는 데 동참하는 건 어떨까?

내 집 마련에 들어간 금액

한편, 서울에 집을 구하며 들어간 내 돈은 과연 얼마였을까? 내가 고른 마포구 아파트를 4억 6,500만 원에 매수하였는데, 당시는 은행 대출이 70%까지 나왔다. 그래서 3억 2,000만 원을 주거래 은행을 통해 대출을 받았다. 그리고 주택 구입을 할 때 5,000만 원까지 회사 대출을 이용할 수 있었기에 이 또한 최대한 이용했다. 결국 서울에 내 집 마련을 하는 데 들어간 순수한 내 돈이 1억 원가량이었으니 집 사기에 정말 좋은 시기였던 것이다.

지금은 정부에서 주택 대출에 대해 규제를 심하게 하고 있지만, 언젠가는 다시 대출을 완화해 주는 시절이 올 것이다. 그런 시기가 온다면 적극적으로 내 집 마련을 할 시기로 봐도 무방하겠다.

지금은 마포구 아파트는 4억 5,700만 원에 전세를 주고 다른 곳으

아파트 언제 어디를 살까요

로 이사를 한 상태이다. 2018월 7월 현재 해당 아파트의 시세는 7억 원 이상 형성하고 있다. 내 돈은 겨우 800만 원 묶여 있는 상태이니 실거주와 투자를 정말 잘 활용한 경우라고 할 수 있다.

공덕동 아파트 내 집 마련 내역(79㎡)

매입가	4억 6,500만 원
중개수수료(매매)	186만 원
취득세, 법무사비	610만 원
인테리어비용	-
보증금	-
월세	-
매입가 수익률	-
은행 대출	3억 2,000만 원
회사주택기금	5,000만 원
원리금 + 이자(2.88%)	115만 원
실투자금	1억 296만 원
첫 해 재산세	65만 원
물건 현황(2018월 7월)	준공공임대 등록(전세)
임대 가격(2018월 7월 현재)	4억 5,700만 원

공덕동 아파트의 매매가 추이

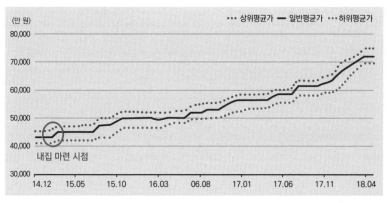

출처 : KB부동산

TIP 내 집 마련을 활용한 2가지 부동산 투자 전략

내 집 마련. 사실 그 자체가 훌륭한 부동산 투자이다. 그런데 내 집 마련이 말처럼 쉬운가? 절대로 그렇지 않다. 순수하게 내 돈만을 가지고 내 집 마련하기란 하늘의 별따기이다. 그만큼 우리가 버는 소득에 비해 집값은 비싸다. 그래서 많은 사람이 부족한 부분에 대해서는 은행 대출을 활용해 내 집 마련을 한다. 매우 현명한 방법이라 생각한다. 안정된 직장이 있다면 은행 대출은 언제나 적극 활용하는 편이 유리하다. 내 집 마련만 계속하는 방법을 통해 자연스럽게 적극적인 부동산 투자자가 될 수도 있다. 여기에는 두 가지 전략이 있다. 다주택자가 되는 전략과 비과세를 우선시하는 전략이다.

① 다주택자 전략

처음에는 대출을 최대한 활용해 내 집 마련을 한다. 그러고는 실거주하면서 전세 가격이 매매 가격과 비슷해지면 이사를 가는 것이다. 전세가 오르는 지역에서 적극 활용 가능한 방법이다. 이때 기존의 집을 파는 것이 아니라 임대를 놓는다. 전세 가격이 매매 가격과 비슷해졌기에 해당 부동산에 묶이는 내 돈은 거의 없다. 이런 방법을 반복하다 보면 어느새 임대를 준 부동산의 개수가 늘어날 수 있게 된다. 이왕이면 장기로 보유하는 것이 바람직하다.

② 1주택 비과세 전략

'1세대 1주택 비과세'라는 말을 들어 보았을 것이다. 주택에 대해서는 1세대당 1개의 주택을 소유한 사람에게는 나중에 집을 팔더라도 양도세 비과세 혜택을 주겠다는 말이다. 절세 방법 중에서 가장 강력한 것이 바로 이 비과세 혜택이다. 할 수만 있다면 비과세 전략을 적극 활용해야 한다.

혹시 '일시적 1세대 2주택'이라는 말은 들어 보았는가? 기존에 1주택이었던 사람이 새로운 집을 매수해서 본의 아니게 2주택이 되었을 때 3년 이내에 기존 집을 팔 경우, 1주택과 동일하게 비과세 혜택을 주겠다는 말이다.

일시적 1세대 2주택

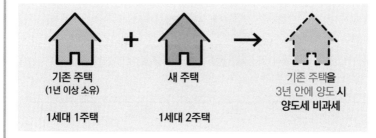

1세대 1주택 비과세 요건

일반 지역	1세대 1주택	2년 이상 보유	×
조정 대상 지역			2년 이상 거주

이렇게 내가 산 집의 시세 차익을 노리면서 동시에 양도세 비과세 혜택을 누리는 것이 내 집 마련을 활용한 적극적인 부동산 투자라고 할 수 있다. 이미 많은 사람이 이 방식을 잘 활용하고 있다.

둘 중 어떤 방법이 더 좋다고 말할 수는 없다. 본인이 느끼기에 더 좋다고 생각하는 방식을 고수하면 된다. 내 경우에는 집을 계속 모아 가면서 임대사업 물건으로 등록하는 방식을 선택했다.

이 방법을 통해 전세 투자를 하면 좋은 이유는 세입자를 구하려고 전전긍긍할 필요가 전혀 없다는 것이다. 그저 전세를 내놓고 내가 원하는 가격에 세입자가 구해질 때까지 느긋하게 살면서 기다리면 된다. 다만, 아이가 있는 집의 경우에는 학교 때문에 자주 이사 가는 것에 대한 부담이 있을 수 있다. 그럴 경우, 아이가 초등학교 입학하기 전까지만 적극 고려해 보면 좋을 방법이 아닐까 한다.

세상에 마냥 쉽고 편한 길은 없다. 때론 내가 불편을 감수해야 앞으로 나갈 수도 있을 것이다.

〈내 집 마련 팁〉

• 직장과 가까운 곳부터 찾아본다.　　　　　• 여러 후보지 중에 비교해서 골라라.

• 내가 살고 싶은 것은 기본, 남들도 살고 싶은 지역을 선택하라.

• 당신의 선택지에서 가장 좋은 물건으로 골라라.　• 많이 돌아다니며 눈으로 확인하라.

서울 30평대
아파트 투자

부동산 투자에 관심을 둔 이래 3개월도 안 되어서 3건의 투자 물건을 매수했고, 실거주 집까지 총 4건의 아파트 매수 계약을 진행하였다. 참으로 놀라운 결과가 아닐 수 없었다. 아마 경매 투자에 초점을 맞추었다면 낙찰받고 명도하느라 이렇게까지는 속도를 내지 못했을 거라고 생각한다. 일반 매매든 경매든 부동산 매입 방법 중의 하나라는 유연한 생각이 나를 여기까지 이끌었다.

투자에 있어 더욱 중요한 것은 큰 흐름이다. 흐름을 정확히 알게 되면 투자의 기회, 돈 벌 기회가 눈앞에 펼쳐진다. "게임의 룰이 바뀔 때 큰 기회가 온다"고 조지 소로스 역시 말했다. 항상 부동산 흐름을 잘 이해하는 투자자가 되어야 한다. 3개월간 조금 속도를 내어 투자하다 보니 내 투자금도 서서히 마르고 있었다. 그러다 문득 이런 생각이 들었다.

'아무리 소형이 강세라지만, 언젠가 다시 중대형이 좋아지는 시기가 오지 않을까? 그렇게 되면 중소형 평형만 투자한 나는 닭 쫓던 개처럼 멍하니 바라보고 있게 되진 않을까?' 하는 불안감이었다. 그래서 남은 투자금을 탈탈 털어 서울의 30평대 아파트를 분산 투자의 개념으로 하나 투자해야겠다고 결심했다.

이때도 투자를 어떻게 해야겠다는 큰 방향성이나 확실한 투자 원칙이 있었던 것은 아니었다. 투자를 계속 진행하면서 이런 방향이나 원칙들이 하나둘씩 자리 잡은 것이다. 그래서 무엇보다 경험이 중요하다. 자전거 타기나 운전을 책으로만 배울 수 없는 것처럼 투자 역시 실전 경험이 전부라고 해도 과언이 아니다.

일단 투자하기로 마음먹으니 실행 역시 빨랐다. 다섯 번째 투자 물건의 투자금은 정확히 1억 원이 들었다. 소액 투자라고는 할 수 없다. 하지만 이때는 많은 개수의 부동산을 모아야겠다든지, 투자금을 최소화하는 투자 방식을 고수해야겠다는 생각이 별로 없었을 때였다. 그저 수도권 부동산 흐름이 좋으니 이른 시일 내에 내가 가진 모든 투자금을 탈탈 털어서 투자를 마무리해야겠다는 생각이 앞섰던 것이다. 그것이 바로 나를 움직인 힘이었다.

돌아보면 남들이 좋다는 곳을 따라다니며 소액 투자만 고집한 것이 아닌, 나 스스로 투자처를 발견하고 고민했던 투자 물건에서 큰 수익을 냈기에 자신감이 생겼다고 말할 수 있다.

일단 30평대 서울 아파트 투자를 결심했으니 또다시 어떤 지역에 투자할지 조사하는 단계를 거쳤다. 하지만 이번에는 새롭게 모든 조사를 한 것이 아니라, 이미 한 건의 투자를 진행했던 강서구에서 또 하나의 물건을 찾아보기로 마음을 먹었다. 애써서 내가 좋은 지역이라고 조사한 지역을 버리고 하나의 투자를 끝냈다고, 새로운 지역을 찾는다는 것이 어리석은 일이라고 생각했다. 그렇게 쉽게 쉽게 투자처를 정하고 투자 물건을 정하며 투자를 한 것이 지금으로서는 무척 잘한 일이라고 생각한다.

또 30평대를 투자 후보로 놓기는 했지만, 여전히 20평대 물건 중에서도 좋은 물건이 있지 않은지 함께 찾아보았다. 그리하여 최종 결정하기 전, 마지막 후보 물건을 살펴보니 30평대 물건 3개, 그리고 20평대 물건 3개가 있었다.

투자 물건을 비교해 보기 위해 만든 아파트별 현황표

단지명	매매가	전세가	전세실투자금	전세비율	보증금	월세	월세수익률	대출70%	월세실투자금	대출이자	실월세	수익률	건축연도	세대수	현관구조	방수/욕실수
금호/옥수/마포																
약수 하이츠 32평(107)	57,000	43,000	14,500	75%	5,000	150	3.5%	38,100	14,400	107	43	3.6%	1999	1598	계단식	방3/욕실2
약수 하이츠 28평(92)	44,000	36,000	8,500	82%	8,000	110	3.7%	29,400	7,100	83	27	4.6%	1999	1598	복도식	방3/욕실1
약수 하이츠 24평(80)	40,000	32,000	8,500	80%	6,000	100	3.5%	26,800	7,700	75	24	3.9%	1999	1598	복도식	방3/욕실1
금호 두산 31평(104)	45,000	32,000	13,500	71%	6,000	120	3.7%	30,100	9,400	85	35	4.5%	1994	1267	복도식	방3/욕실2
금호 두산 24.8평(82)	34,000	26,500	8,000	78%	5,000	90	3.7%	22,700	6,800	64	26	4.6%	1994	1267	복도식	방2/욕실1
금호 롯데 아파트 34평(114)	48,000	38,000	10,500	79%	7,000	130	3.8%	32,100	9,400	90	39	5.1%	2003	249	계단식	방3/욕실2
옥수동 삼성 아파트 25평(85)	45,000	34,000	11,500	76%	4,000	120	3.5%	30,100	11,400	85	35	3.7%	1999	1114	복도식	방3/욕실1
금호 1차 푸르지오 23.8평(78)	44,000	35,000	9,500	80%	9,000		0.0%	29,400	15,100	83	-82	-6.6%	2005	336	계단식	방3/욕실1
금호 자이 1차 25.3평(84)	52,000	43,000	9,500	83%	10,000	115	3.3%	34,800	7,700	98	17	2.7%	2012	401	계단식	방3/욕실2
청구 이편한 세상 25평(84)	55,000	43,000	12,500	78%	12,000			36,800		103			2011	895	계단식	방3/욕실2
중림 삼성 사이버 빌리지 24평(77.58)	46,500	34,000	13,000	73%	4,000	120	3.4%	31,100	11,900	87	32	3.3%	2001	712	계단식	방3/욕실1
신공덕 삼성 래미안 1차 24평(81)	46,200	34,000	12,700	74%	8,000	120	3.8%	30,900	7,800	87	33	5.1%	2000	833	계단식	방3/욕실1

아파트 언제 어디를 살까요

단지명	매매가	전세가	전세실투자금	전세비율	보증금	월세	월세수익률	대출70%	월세실투자금	대출이자	실월세	수익률	건축연도	세대수	현관구조	방수/욕실수
성북구(종암동)																
종암 아이파크 1차 24.6평(81.5)	34,000	23,000	11,500	68%	5,000	100	4.1%	22,700	6,800	64	36	6.4%	2004	513	계단식	방3/욕실2
종암 래미안 세레니티 25.4평(84)	37,500	30,000	8,000	80%	10,000	90	3.9%	25,000	3,000	70	19	7.9%	2009	955	계단식	방3/욕실2
종암 삼성 래미안 24평(80.89)	32,000	26,000	6,500	81%	5,000	90	4.0%	21,400	6,100	60	29	5.9%	2003	1168	계단식	방3/욕실2
강서구9호선라인(염창동, 등촌동, 가양동)																
등촌동 라인 26평(87.42)	27,000	24,000	3,500	89%	8,000	70	4.4%	18,000	1,500	51	19	15.6%	1997	317	복도식	방2/욕실1
등촌 주공 8단지 17평(56)	20,500	15,000	6,000	73%	2,000	55	3.6%	13,700	5,300	38	16	3.7%	1994	445	복도식	방2/욕실1
강나루 현대 24평	33,500	26,000	8,000	78%	8,000	85	4.0%	22,400	3,600	63	22	7.4%	1999	642	계단식	방3/욕실2
염창 롯데 캐슬 33평(109)	53,000	40,000	13,500	75%	15,000	120	3.8%	35,500	3,000	100	20	8.1%	2005	284	계단식	방3/욕실2
염창 우성 3차 31평(104)	37,000	28,000	9,500	76%	15,000	100	5.5%	17,300	5,200	49	51	11.9%	1993	196	계단식	방3/욕실2
염창 1차 한화 꿈에그린 25평(84)	43,500	33,000	11,000	76%	10,000	110	3.9%	29,100	4,900	82	28	6.9%	2005	422	계단식	방3/욕실2
염창 2차 한화 꿈에그린 25평(84)	37,000	30,000	7,500	81%	8,000	110	4.6%	24,700	4,800	69	40	10.2%	2006	163	계단식	방3/욕실2
가양 6단지 15평(51.9)	19,000	14,000	5,500	74%	4,000	50	4.0%	12,700	2,800	36	14	6.1%	1992	1476	복도식	방2/욕실1
염창동 태진 한솔 24평(79.25)	28,500	23,000	6,000	81%	7,000	80	4.5%	19,000	3,000	53	26	10.7%	1994	356	복도식	방3/욕실2
등촌 주공 3단지 24평	29,000	20,000	9,500	69%	5,000	75	3.8%	19,400	5,100	54	20	4.8%	1995	1016	복도식	방3/욕실1
등촌 주공 10단지 24평(79.1)	30,500	23,000	8,000	75%	5,000	80	3.8%	20,400	5,600	57	22	4.9%	1995	566	복도식	방3/욕실1
가양동 성지 2단지 21평(70)	24,000	18,000	6,500	75%	4,000	75	4.5%	16,000	4,500	45	30	8.0%	1992	1624	복도식	방2/욕실1
염창동 무학 26평(88)	28,000	23,000	5,500	82%	4,000	90	4.5%	18,700	5,800	53	37	7.8%	1999	273	복도식	방3/욕실1
염창동 동아 3차 21.8평	29,500	26,000	4,000	88%	5,000	80	3.9%	19,700	5,300	55	24	5.6%	1999	570	복도식	방3/욕실1
등촌동 서광 24평(79)	29,500	25,000	5,000	85%	7,000	70	3.7%	19,700	3,300	55	14	5.3%	1999	430	계단식	방3/욕실1
태진 한솔 23.97평	29,500	24,000	6,000	81%	5,000	90	4.4%	19,700	5,300	55	34	7.9%	1994	356	복도식	방3/욕실1
삼성 관음 24.55평	32,500	25,000	8,000	77%	7,000	90	4.2%	21,700	4,300	61	29	8.1%	1997	350	계단식	방3/욕실1
한사랑 삼성 2차 31.31평	36,500	25,000	12,000	68%	9,000	90	3.9%	24,400	3,600	69	21	7.2%	1999	339	계단식	방3/욕실1
영등포/구로																
문래 자이 35평(115)	63,500	43,000	21,000	68%	5,000	150	3.1%	42,500	16,500	119	30	2.2%	2001	1302	계단식	방3/욕실2
영등포 푸르지오 25.7평(85)	39,000	27,000	12,500	69%	3,000	110	3.7%	26,100	10,400	73	36	4.2%	2002	2462	계단식	방3/욕실2
신도림 태영 데시앙 24평(81.1)	37,000	29,000	8,500	78%	5,000	100	3.8%	24,700	7,800	69	30	4.7%	2000	1252	계단식	방3/욕실1
구로 롯데 24평(80.96)	31,000	26,000	5,500	84%	5,000	100	4.3%	20,700	7,800	58	41	6.4%	1999	718	계단식	방3/욕실1
당산동 4차 현대 5차 24평(74.98)	37,000	29,000	8,500	78%	5,000	100	3.8%	24,700	7,800	69	30	4.7%	1999	430	계단식	방3/욕실1
부천7호선라인(중동/상동)																
부천 중흥 6단지 16.6평(54.8)	14,500	12,000	3,000	83%	2,000	50	4.8%	9,700	3,300	27	22	8.3%	1995	863	복도식	방2/욕실1
부천 중흥 6단지 25.4평(83.9)	23,500	20,000	4,000	85%	6,000	90	3.9%	15,700	3,300	44	15	5.8%	1995	863	복도식	방2/욕실1
부천 미리내 롯데 24.8평(81.9)	27,000	22,000	5,500	81%	6,000	80	4.6%	18,000	3,500	51	29	10.1%	1993	756	계단식	방2/욕실1
부천 포도 삼보 23.1평(76.4)	27,500	22,000	6,000	80%	6,000	70	3.9%	18,400	3,600	52	18	6.1%	1994	1836	계단식	방3/욕실1
상동 한아름 한국 19평(64.2)	18,500	16,250	2,750	88%	3,000	65	5.0%	12,300	3,700	35	30	9.9%	1996	500	복도식	방3/욕실1
중동 미리내 동성 20평(66.3)	20,500	17,000	4,000	83%	1,000	75	4.6%	13,700	6,300	38	36	7.0%	1993	970	복도식	방2/욕실1

이렇듯 투자에 있어 많은 물건을 비교하는 일은 중요하다. 비슷한 지역에서 투자하는 것이기 때문에 일전에 매수 계약을 했던 부동산 중개업소를 통해서 또 알아보았다. 그리고 그 중개업소 실장의 도움을 받아 좋은 물건을 또다시 계약할 수 있었다.

느낌 좋은 집(다섯 번째 투자 물건)

우리가 어떤 사람을 만났을 때, '느낌이 참 좋다'는 생각이 들 때가 있다. 부동산도 마찬가지다. 유독 '아 이 집 느낌이 괜찮네'라는 생각이 드는 집들이 종종 있다. 물론 살고 있는 사람이 세심하게 관리를 해서 그럴 수도 있지만, 햇살도 참 밝고 집 안의 공기조차 다르게 느껴질 때가 있다. 참 좋은 느낌이다. 나는 이런 집을 나와 인연이 있는 집이라고 부른다.

"안녕하세요, 잠시 실례지만 집 좀 보겠습니다. 우와~ 집이 굉장히 깨끗하네요. 제가 당장 들어와서 살고 싶은 마음이 들어요. 집 관리를 어떻게 이렇게 잘하시는지 좀 배워야겠네요." 인상 좋은 중년의 세입자 부부가 웃으며 나를 맞이했다.

내가 받은 좋은 느낌은 분명 그 집을 임대 목적으로 보러 오는 사람에게도 그대로 전해진다고 생각한다. 그래서 이런 집들은 십중팔구 계약하는 편이다. 내가 계약한 30평대 집 역시 이런 느낌을 받은 집이었다. 동이랑 층수, 향도 좋을뿐더러 관리도 참 잘해서 집이 깨끗했다. 더 좋았던 건 세입자였는데, 본인들이 다시 재계약해서 살고 싶다는 의사를 표명하였다. 그 부분도 나의 최종 결정에 참고가 많이 되었다. 임대차 계약은 시세보다 조금 싸게 했지만, 내가 생각했던 투자 금액 범위 안에서 이루어진 투자였기에 전혀 문제가 없었다.

결국, 투자는 내 맘에 들어야 후회가 없다. 조금이라도 의심이 되는 부분이 있거나 아무 이유 없이 느낌이 좋지 않다면, 다시 한번 재고해 보는 것도 현명한 방법일 것이다. 사람도 집도 당신이 느끼는 그 느낌을 믿어 보자.

당시 내가 투자한 등촌동 30평대 아파트의 경우, 매입가가 4억 3,000만 원이었다. 전세는 3억 2,000만 원이었으니 1억 예산을 조금 초과했지만, 세입자가 전세 기간을 1년으로 계약하길 원해서 그다음 해 3억 6,000만 원에 다시 전세 계약을 했다.

나는 이 아파트를 정확히 3년 보유하고 나서 5억 중반에 매도했다 (2018년 7월 현재 시세는 6억에 형성되어 있다). 대략 1억 원을 투자해서 1억 원의 이익을 본 셈이다.

1억 4채
프로젝트

2015년 여름은 그 어느 해보다 나에게 뜨거운 여름이었다. 무엇에 푹 빠져 있는 나 자신을 발견할 수 있었고, 그것은 바로 부동산 투자였다.

내 머릿속은 온통 부동산뿐이었다. 친구와의 만남도 지인들과의 술자리도 모두 뒤로 미룬 채, 뜨겁게 달아오른 열정 하나만을 가지고 부동산 투자에 몰입했던 시기이기도 했다. 그리고 새로운 투자 계획을 구상하게 된다. 일명, '1억 4채 프로젝트'이다.

소액 투자라는 것을 한 번도 해 본 적이 없기에 나에게 있어서는 모험이자 크나큰 도전이기도 했다. 1억에 4채라니, 그럼 한 채당 2,500만 원으로 집을 갖게 되는 것이었다.

아파트 언제 어디를 살까요

이처럼 적은 돈으로 투자가 가능한 것은 바로 높은 전세가율 때문이다. 매매 가격에 거의 근접한 전세 가격을 뜻한다. 전세가율이 높은데에는 그만한 이유가 있다. 부동산 경기가 안 좋은 시기에는 많은 사람이 전세를 선호한다. 살기에 편하고 좋으나 집값은 절대 오르지 않을 거 같다. 임대 수요만 많고 매매 수요는 없는 시기이다.

그럼에도 매수를 하는 사람들은 집값이 떨어지는 것에 대한 위험을 떠안고 사는 것이라고 볼 수 있다. 내 돈은 적게 들지만, 그만큼 큰 위험을 짊어진다는 사실 자체를 잊어서는 안 된다.

투자금은 늘 부족하다

투자를 하다 보면 늘 돈이 부족하다. 나 역시 단기간에 많은 투자를 진행하다 보니 약 3억 원 가까이 되었던 투자금이 모두 소진되었다(3억이라는 투자금은 우리 부부가 결혼 전 모은 1억 중반의 돈이 출발점이다. 그리고 거기에 신혼 3년간 허리띠를 졸라 매고 모은 1억여 원의 돈과 몇 천만 원의 신용대출 금액이 포함되었다). 더는 돈 나올 곳이 없을 걸로 생각하고는 '나의 투자는 끝나게 되는 걸까?'라며 잠깐 동안 허탈해하기도 했다.

그런데 어떻게 '1억 4채 프로젝트'를 진행할 수 있었을까? 물론 1억이라는 큰돈이 하늘에서 뚝 떨어진 것은 아니었다. 일단 전세 끼고 투자를 진행해서 6개월 동안 돈이 묶였던 등촌동 아파트에서 시세대로 전세 계약을 진행하며 6,000만 원이라는 돈을 회수할 수 있었다.

또 우리 부부가 각각 가지고 있었던 청약통장에서 담보대출로

2,000만 원 정도의 돈을 마련했다. 그리고 마지막으로 아내가 처녀 시절부터 10년 넘게 납입한 장기주택마련저축 통장에서 역시나 담보대출을 받았더니 2,000만 원을 융통할 수 있었다. 물론 해당 상품들을 해지하지 않고 담보로 대출을 받은 것이었기에 대출에 대한 이자만 내면 되는 상황이었다.

그렇게 해서 겨우 1억 가까운 돈을 다시 투자금으로 충전했다. 정말 있는 돈, 없는 돈 다 쥐어짰다고 해도 과언이 아니었다.

그런데 설령 돈이 없어도 투자를 위해 친척이나 부모님의 돈을 빌리는 것은 말리고 싶다. 가까운 사이라고 할지라도 부부가 아닌 이상 돈 거래를 하는 것은 조심해야 할 부분이다. 사람이 무서운 게 아니라 돈이 무서운 존재이기 때문이다. 나 역시 아무리 힘든 상황이 와도 내가 감당하고 처리할 수 있는 범위 내에서만 투자할 것이다. 그 이상은 사람의 욕심이라고 생각한다.

투자라는 것은 잘될 수도 있지만, 그렇지 않을 확률도 높다. 혹시나 잘못되어 돈이 오랫동안 묶이게 되는 상황이 발생하면 그때 문제가 될 가능성이 매우 높다. 투자는 그래서 아주 오래 기다릴 수 있는 돈으로 하는 것이 맞고, 그 돈은 100% 내가 제어할 수 있는 돈일 때 가능할 것임은 분명하다. 공동 투자가 위험한 이유도 이와 비슷하다.

수도권 소액 투자 시대

소액 투자라는 것 자체가 그만큼 큰 위험성을 떠안고 있다는 것을

아파트 언제 어디를 살까요

명심해야 한다. 소액 투자는 보통 전세가율이 높은 시기에 가능하다. 2014년 수도권이 그랬다.

서울의 전세가율 추이(2013년 1월~2018년 5월)

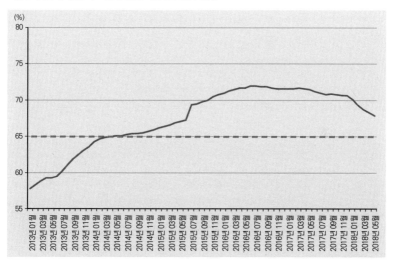

그렇다면 언제 전세가율이 높아질까? 집값은 그대로거나 떨어지는데, 전세 가격은 오를 때이다. 즉 보통 사람들이 집을 사기보다는 집값 하락을 예상하고 전세를 선호하는 시기이다. 집주인 입장에서는 굉장히 우울한 시기이다. 전세금이 오른 만큼 돈이 들어오지만, 언젠가는 다시 세입자에게 돌려줄 돈이니 집값이 오르지 않는 이상 좋은 일이 아니다. 수도권 역시 2008년부터 기나긴 침체의 시간이 있었기에 전세가율이 올랐던 것이다.

여기서 내가 하고자 하는 말은 아주 명확하다. 집주인 입장에서는 어찌됐든 집값이 올라야만 좋은 것이다. 하지만 전세 투자의 핵심은 집값이 오르는 것이 전혀 아니다. 오히려 그 반대이다. 어떤 지역이든 상승 초기에는 집을 매수하는 것에 대해 호의적이지 않은 분위기를 형성한다. 부동산 투자, 특히 전세 투자를 할 때는 이것만 기억하면 된다. 첫째도, 둘째도, 셋째도 전세 가격이 오르는 곳에 투자한다는 단순한 논리이다. 집값이 오르든 떨어지든 전혀 중요하지 않다. 전세 가격이 꾸준히 오르는 곳에 투자하면 100% 성공이다. 그렇게 되면 초기에 들어간 비용 대비해서 나에게 돈이 더 생기면 생겼지, 내 주머니에서 돈을 빼앗기지는 않기 때문이다. 전세 투자의 원리를 잘 알고 투자하자.

전세 투자는 세입자의 전세 보증금을 이용하는 투자 방식이다. 그렇다면 남의 돈을 이용하는 것이 꼭 나쁜 일일까? 은행을 한번 생각해 보자.

당신은 은행이 어떻게 돈을 버는지 잘 알고 있을 것이다. 우리가 예금한 돈을 가지고 남에게 빌려주는 것이 그들이 돈을 버는 방법이다. 예대마진이라고 하는 예금 금리보다 대출 금리가 항상 높아서 은행은 절대로 망하지 않는다. 심지어 누군가 맡긴 돈이 1억인데, 은행은 그 이상의 돈을 빌려줄 수 있다. 없는 돈도 빌려준다는 말이다. 지급준비율이라는 거창한 말로 없는 돈도 창조하는 세상이다(* 지급준비율 : 예금자의 인출 요구에 대비하여 은행 금고에 남겨 놓거나 중앙은행에 예금으로 예치한 금액의 비율).

돈이란 과연 무엇인지 곰곰이 한번 생각해 보자. 금융자본주의 사회에서 내 돈만으로 모든 것을 한다는 것은 미련한 일이다. 차곡차곡 월급을 모아 집을 살 수 있는 세상이라면 응당 위와 같은 행위가 나쁘다고 비난받아야 한다. 하지만 어디 그런 세상인가? 부자가 더 부자가 되는 부의 양극화가 전 세계적으로 심해지고 있다. 부자들은 누구보다 남의 돈을 잘 활용할 줄 아는 사람들이다.

이런 가정을 해 보자. 만약 50억짜리 빌딩을 사는 데, 그 빌딩을 담보로 은행에서 50억을 빌려준다면 당신은 어떻게 할 것인가? 그리고 대출이자 빼고 순수하게 임차료를 받아 남는 돈이 2,000만 원이라고 하면? 결국 내 돈 한 푼 없이 한 달에 2,000만 원이라는 돈이 생기는 것이다. 이런 기회가 온다면 당신은 어떻게 하겠는가? 정중히 거절할 것인가? 말도 안 되는 헛소리라고 생각할 수도 있고, 이런 불편한 진실이 듣기 싫을 수도 있을 것이다. 하지만 남의 돈을 지혜롭게 활용할 수 있다는 것은 금융자본주의를 사는 우리에게 있어서는 크나큰 능력이 아닐 수 없다. "어떤 거래에서 자신의 판단이 옳다고 생각되면 그때가 바로 레버리지를 써야 할 때이다." 투자의 귀재, 조지 소로스 회장 역시 이를 잘 알고 있었다.

소액 투자의 핵심은 남의 돈을 얼마나 잘 활용하느냐에 따라 달려 있다. 어떤 지역의 부동산 경기가 오랜 시간 침체를 보이면 보통 사람들은 집을 사지 않는다. 대신 전세를 선호하게 되고, 그에 비례해 전세가 귀해지기 때문에 전세 가격은 점점 올라간다. 매매 가격은 정체인데 반해 전세 가격이 상승하기 때문에 바야흐로 소액 투자의 기회가 찾아오는 것이다.

2013년 말까지 수도권 시장 역시 오랜 부동산 침체를 겪었고 그로 인해 사람들이 주택 매수를 선호하지 않았다. 미국 서브프라임 사태 이후 급격히 하락 전환한 분위기가 몇 년째 이어지고 있었던 것이다. 그러다 보니 사람들이 집을 사지 않고, 전세로만 거주하려고 해 전셋값이 가파르게 오르기 시작했다. 가히 수도권 소액 투자 시대가 열린 것이었다.

수도권의 소액 투자 시기는 2014년도부터 나타났고 2016년까지 지속되었다. 짧은 시기에 부동산을 통해 부자가 된 사람들이 많아진 시기였고, 나 역시 이 시기에 부동산 투자에 편승한 사람 중 한 명이라고 할 수 있다. 소액 투자가 부동산 투자에서 늘 정답이라고는 할 수 없지만, 소액으로 투자한다는 것은 좋은 일이다. 내 돈이 그만큼 묶이지 않기에 오래 버틸 수 있다. 오래 버틸 수 있다는 의미가 바로 가격이 충분히 많이 오를 때까지 버틴다는 의미이기도 하다.

2018년 현재는 소액 투자가 다시 힘들어진 시기이다. 소액 투자의 핵심인 전세 가격 상승이 주춤하기 때문이다. 부동산 시장이 오르기 시작하자 많은 사람들이 집을 매수하기 시작했고, 그래서 전세 가격보다 매매 가격이 더 많이 오르게 됨으로써 이제는 다시 매매가와 전세가의 차이가 벌어지고 말았다. 하지만 이거 하나만은 기억하자. 전국의 부동산이 다 같이 오르고 다 같이 떨어지는 것은 아니라는 사실을 말이다. 과거로부터 살펴보아도 분명한 사실이다. 지역별로 부동산 사이클은 다 다르다. 이 사실 하나만 명확하게 알고 있어도 당신은 남들보다 앞서 나갈 수 있다.

중동신도시에서 두 건의 투자 성공

1억 4채 프로젝트를 결심하고 실행한 첫 번째 소액 투자의 기회는 1기 신도시 중의 하나인 중동이었다. 당시에는 매매 가격과 전세 가격의 차이가 1,000만 원도 안 되는 물건들이 허다했다. 작정하고 투자 금액이 적은 동네를 찾다 보니 이전에 투자했을 때에는 관심이 없었던 동네들이 하나둘씩 눈에 들어오기 시작했다. 이 당시에는 서울에서도 아주 적은 돈으로 투자할 수 있었는데, 왜 나는 중동이라는 도시에 관심을 두게 되었을까? 그것은 내가 부천에서 거의 20년 동안 살아서 그쪽을 잘 알고 있었기 때문이다.

만약 내가 서울 및 경기도의 부동산에 대해서 전체적으로 공부가 된 상태였다면, 아마도 내가 투자한 지역들이 아주 달라졌을 것이다.

사람은 보통 자신이 놀던 곳에서 노는 습성이 있다. 부동산도 마찬가지다. 맘먹고 여러 지역을 돌아다니지 않는 이상, 내가 아는 범위 안에서만 맨날 맴돌게 된다. 더 좋은 곳도 많은 데 말이다. 그래서 지금 당장 투자를 하지 않더라도 부동산 투자에 관심이 있다면 여러 지역에 대한 사전 지식을 쌓아 두어야 한다. 여러 지역에 대해 잘 알고 있는 것, 그것이 바로 부동산 투자를 잘할 수 있는 기초 체력이다.

내가 잘 아는 지역에 좋은 부동산 흐름이 찾아왔다면 거기서 부동산 투자를 시작하는 것도 좋은 전략이다. 모든 투자에는 획일화된 정답은 없고 나만의 기준만이 있을 뿐이다. 더욱 중요한 사실은 좋은 흐름에 대한 본인만의 확신을 갖고, 과감하게 투자를 실행할 수 있는 용기일 것이다.

내가 잘 아는 지역인 중동에 마침 소액 투자의 흐름이 왔다고 판단했다. 이때 망설이지 않고 투자를 했다는 것이 가장 중요하다. 어물어물 눈치를 보고 고민만 했다면 아무것도 못 하고 그 좋은 흐름을 놓쳤을 것이다. 대신, 나만의 투자 기준인 역세권과 24평 아파트, 초등학교 인접이라는 3종 세트에 적합한지 기본적으로 확인하고 물건 검색을 했다.

그렇게 하다 보니 내 맘에 드는 단지를 하나 발견할 수 있었다. 투자 금액 자체도 1,000만 원이면 충분한 단지였으니 1억 4채가 아니라 10채도 가능했을 것이다. 물론 현실적으로 그렇게 하기는 매우 어렵다. 왜 그런가 하니, 일단 3억짜리 집이라면 계약금 10%를 내야 하니 초기 비용이 3,000만 원은 든다. 그럼 1억 가지고는 동시에 3채 진행이 최대이다. 또 한 번에 같은 단지에 여러 채를 투자한다고 생각해 볼 때, 전세 물건이 동시다발적으로 나오게 되니 전세를 맞추기가 어렵다는 것도 조금만 생각해 보면 알 수 있다.

아무리 전세가 귀한 지역이라도 결국 물량에는 장사가 없다. 다행히 중동의 경우에는 입주 물량이 앞으로 거의 없을 것이라 과감하게 투자를 할 수 있었다. 전세 가격 하락이라는 위험 회피를 위해서 입주 물량을 체크하는 것은 필수 점검 사항이라고 생각하면 된다. 입주가 많으면 새 아파트 입주 시 전세 물량이 많아지기 때문이다. 공급이 많으면 어떤 상품이든 가격은 약세를 보인다.

서울시의 아파트 입주 물량 추이(2011~2021년)

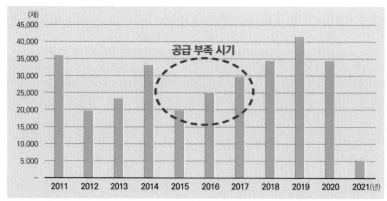

아파트 언제 어디를 살까요

경기도의 아파트 입주 물량 추이(2011~2021년)

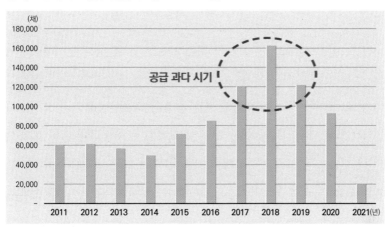

관심 단지를 발견하자마자 다음 날 아침 부동산 중개업소의 문 여는 시간에 맞추어 한 군데에 연락을 했다. 네이버 부동산에 올라온 물건이었고, 소액 투자 자체가 너무 신기해서 매매가와 전세가 차이가 별로 안 나는데 정말 맞는 거냐고 그 중개업소에 몇 번이나 물어봤다.

"실장님, 이거 정말 매매 가격이랑 전세 가격이 네이버 상에 올린 금액이 맞나요? 너무 차이가 안 나는데요?"

실장님 왈, "네 그 금액이 맞아요. 요즘 여기 시세가 그러네요. 그래서 소액 투자들을 많이 하세요."

그 부동산 실장은 이미 투자자들을 많이 상대했던 터라 나를 안심시켜 주었다. 그렇게 해서 소개해 준 물건에 대해 투자를 진행하기로 했다. 전세 가격은 매매 가격보다 딱 1,000만 원 아래였다. 빠르고 과감한 결정이었다.

매도자와도 얘기가 잘 돼서 계약을 바로 진행했고, 모든 것이 수월하게 흘러갔다. 이어 나는 곧바로 부동산 실장에게 다른 물건을 하나 더 계약하고 싶다고 말했다.

다만, 같은 단지는 아니고 내 기준으로 고른 또 다른 눈에 띈 단지가 있어 그쪽 단지 물건을 하나 더 추천해 달라고 말하였다. 그리고 며칠 후 추천받은 다른 단지 물건도 신속히 계약하였다.

단기간에 중동신도시에서 두 건의 투자를 진행하며 들었던 투자금은 가히 놀랄 만하다. 첫 번째 물건은 매매 가격에 전세를 놓을 수 있었는데, 취득세와 기타 부대비용만 약간 들었고, 내 돈이 하나도 묶이지 않은 투자였다. 매수 가격이 2억 3,000만 원이었는데, 전세를 2억 3,000만 원에 놓았던 것이다. 그리고 두 번째 물건은 2억 7,000만 원에 매수했는데, 전세를 2억 6,500만 원에 놓았다. 매매 가격에서 500만 원 차이 나는 금액으로 세입자를 구한 것이다.

투자한 중동 아파트 1의 매매가 및 전세가 추이(2013년 6월~2018년 4월)

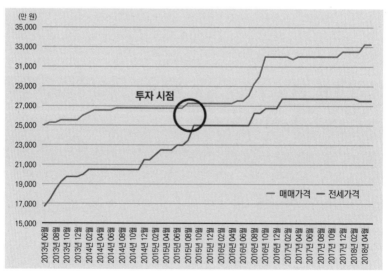

아파트 언제 어디를 살까요

투자한 중동 아파트 2의 매매가 및 전세가 추이(2013년 6월~2018년 4월)

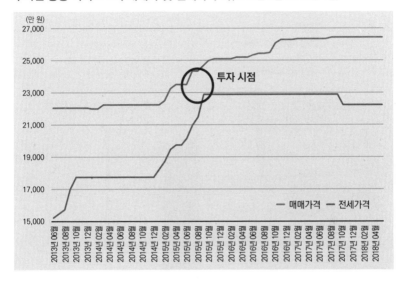

이 비용이면 두 개의 물건을 합해서 얼마나 적은 비용으로 투자했는지 짐작할 수 있을 것이다. 수도권에서 이런 적은 금액으로 투자할 수 있다는 것이 참 신기했다. 그러다 보니 1억 4채 프로젝트를 이 두 물건 때문에 정말 실현할 수 있겠다는 생각이 들었다.

하지만 여기에 숨겨진 비하인드 스토리가 있다. 첫 번째 물건은 매매 잔금 만기에 맞추어 세입자를 구하지 못해 잔금을 치르고 나서 깨끗하게 올수리로 인테리어를 했다는 점이다. 당시 그 지역에 투자자들이 너무 많이 몰렸던 탓이었다. 인테리어를 한 이후에야 그렇게 구해지지 않던 세입자를 비로소 구할 수 있었다. 세입자 문제로 마음을 졸였던 탓에 24평 아파트 수리를 하며 디근자 구조의 주방을 만들고 중문까지 설치하는 등 신경을 많이 썼다. 다행인 건 매매가와 동일한 금액으로 전세를 놓았다는 점이다. 인테리어 비용을 감안해도 실제 투자금은 크지 않았기에 괜찮은 소액 투자 사례였다. 하지만 전세를 못 맞추고 잔금을 치르는 것이 얼마나 맘 졸이는 일인지에 대해서 확실하게 느낄 수 있었다.

올수리로 인테리어 된 중동 아파트 내부 모습

2018년 7월 현재, 2억 7,000만 원에 매입한 물건은 3억 5,000만 원의 시세를 형성하고 있고, 2억 3,000만 원에 매입한 물건은 2억 7,000만 원의 시세를 형성하고 있다. 투자금만 생각해 본다면 수익률 높은 투자였다.

이렇듯 어떤 지역에서 매매 가격과 전세 가격의 차이가 거의 없어 소액 투자가 가능한 시점을 나는 '골든 타이밍'이 왔다고 말하곤 한다. 우리가 해야 할 일은 바로 골든 타이밍이 온 지역을 잘 찾아내어 투자하는 것이다. 골든 타이밍의 최적 조건은 오랜 기간 매매가가 정체되어 있고, 전세가는 꾸준하게 상승하는 지역이라고 할 수 있다. 그리고 향후 입주 예정 물량이 없어야 하고, 전세 수요가 강해 전세가 부족한 지역이라면 틀림없을 것이다.

위와 같은 조건이 형성된 지역이 있다면 좋은 타이밍이 온 것이니 과감하게 투자를 해도 좋다. 부족한 전세 물량 때문에 사람들이 하나둘씩 매매를 대안으로 선택하게 되고, 그렇게 될 때 꽉 찬 전세 가격이 매매 가격을 끌어올렸다는 말을 하기도 한다. 연식이 오래되었더라도 큰 상관이 없다고 생각한다. 지역 전반적으로 좋은 흐름을 같이 누릴 확률이 크기 때문이다. 기억하자. 언제나 어느 지역이나 상승 초반부를 알려 주는 확실한 신호는 전세가 매우 부족하다는 사실을 말이다.

한편, 부동산 투자를 하다 보면 내가 투자한 물건들의 시세가 짧은 시간 동안 몇 번 상승하게 되어 자만심에 빠질 때가 있다. 그럴 때 나는 늘 내 실력보다는 그저 큰 상승 흐름에 운 좋게 편승했다고 생각한다. 내가 한 것은 단지 약간의 실행력을 발휘한 것뿐이다. 그건 누구나 할 수 있는 일이다.

시장 앞에서는 항상 겸손한 것이 좋다. 너무 자신의 실력을 과신하면 안 된다. 당신이 수익을 냈다면 단지 운이 조금 따랐을 뿐이라고 생각하자. 반대의 경우도 마찬가지다. 조금 손해를 봤다고 혹은 너무 늦게 시작한 것은 아닐까 걱정할 필요가 전혀 없다. 시장은 계속 변한다. 그 변화를 잘 지켜보는 것만으로도 당신에게는 남들보다 더 큰 기회를 맞이할 확률이 매우 높다.

현재 시장이 어떤 시점인지는 사실 중요한 것이 아니다. 당신의 꾸준한 관심과 당신이 계속 성장하고 있는지 여부만이 중요할 뿐이다. 끊임없이 성장하라. 운이 좋아 한두 번 투자에서 돈을 번 사람에게도, 이제 막 투자를 시작하려는 사람에게도 진짜 중요한 것은 앞으로 다가올 예측할 수 없는 시장을 대하는 자세이다. 위기의 순간에 현명하게 대처할 수 있는 지혜와 기회가 왔을 때 바로 실행할 수 있는 혜안을 기르는 것이 무엇보다 중요하다. 다시 한번 말하지만, 그게 가장 중요하다.

시장은 항상 불규칙적이기 때문에 우리에게 위기도 기회도 언제 어느 순간 올 수 있다고 생각하는 것이 맞다. 투자의 세계에서, 돈의 세계에서 절대적인 법칙이나 규칙이란 없다. 아무리 뛰어난 전문가라고 할지라도 시장을 예측할 수는 없다. 운이 좋아 몇 번 맞출 수는 있지만, 맞춘 부분만 강조하고 틀린 부분은 그냥 어물쩍 넘겼을 수도 있다.

돈의 세계는 무질서하다. 질서가 없는 곳에서 질서를 찾는 어리석은 투자자가 되지 말자. 어쩌면 부동산 투자는 시장의 흐름을 잘 맞추는 사람보다는 어떤 시장 흐름 앞에서도 오래 버틸 수 있는 내공이 있는 사람이 승자가 될 확률이 높다.

지인 추천 물건

두 채의 투자를 마무리하고 나서 그다음 투자를 모색하던 중 고민이 생겼다. 중동신도시라는 소액 투자에 적합한 지역을 찾았는데, 같은 지역에 더 투자할지 아니면 다른 지역을 투자할지에 대한 고민이었다. 그때 같은 지역에 더 투자할 수도 있었으나, 우리가 모두 알고 있을 법한 얄팍한 금융 지식이 내 머릿속에 떠올랐다. 분산 투자하라.

나 역시 너무 한 지역에 몰아서 투자하는 것에 대한 부담감이 있어서인지 보통 2개 정도의 물건을 투자하면 다른 지역으로 눈을 돌리곤 했다.

그런 고민을 하던 중 예전에 같이 경매 수업을 들었던 친한 지인에게서 연락이 왔다.

"사월님, 좋은 투자 물건이 하나 있는데 투자 안 할래요?"

"굉장히 좋은 물건인가 봐요? 이렇게 전화까지 바로 주시는 걸 보면."

"네네, 놓치기 정말 아까운 물건이라 특별히 연락드리는 거예요. 이거 지금 계약 안 하면 놓칠 것 같아요. 어때요, 생각 있어요?"

투자 계획이 있으면 추천해 줄 물건이 있다는 것이었다. 본인은 이미 투자를 끝냈고, 물건을 하나 더 본 게 있는데 놓치기 너무 아깝다는 것이었다. 지역은 서울 강서구였고, 30평대 아파트였다.

2015년 여름 당시 강서구는 소액 투자가 가능해 투자자들이 많이 진입하던 시기였다. 이미 강서구에 2채의 투자를 했던 터라 조금 망설이긴 했지만, 서울이라는 점과 내가 투자한 타당한 이유가 분명히 있었기 때문에 다시 한번 투자하자는 결심을 순간적으로 하게 되었다. 연락을 받고 몇 시간 지나지 않아 가계약금을 전송했다. 물건도 보지 않고 아는 지인의 말만 믿고 덜컥 계약한 것이었다.

오르는 시기에는 결정이 빨라야 한다. 사실은 이미 잘 아는 동네라는 점 때문에 빠르게 결정할 수 있었다. 그렇지 않았다면 아마 그렇게 빨리 결정하지 못했을 것이다. 어찌 보면 투자를 참 쉽게 쉽게 하지 않았나 하는 생각이 든다.

이 물건에 대한 투자금은 2,000만 원 정도가 들었다. 당시 매입 금액이 4억 1,000만 원이었는데, 전세를 3억 9,000만 원에 놓았다. 서울 30평대 아파트를 2,000만 원으로 투자한 셈이었다. 참고로, 해당 아파트는 2018년 7월 현재 6억 원의 호가를 형성하고 있다.

1억 4채 프로젝트 중 3채가 마무리되었는데 3채 합쳐서 5,000만 원도 들지 않았으니 괜찮은 성과였다. 이제 나머지 한 채에 대해 5,000만 원 정도로 투자하면 되겠다는 생각을 했다. 그리고 네 번째 물건 역시 당시 흐름이 좋았던 강서구에서 하나 더 투자하는 것으로 결정했다. 다시 생각해도 참 쉽게 결정했던 것 같다. 누군가 내 투자의 비결을 묻는다면 쉽게 쉽게 했다는 점이 가장 큰 성공 비결이라고 말해 줄 수 있을 것 같다.

투자를 꼭 어렵고 힘들게 할 필요가 없다. 오히려 몸과 마음을 가볍게 해서 빠르게 행동하고 판단했던 것이 더 효과적이었다고 감히 말할 수 있다.

우리가 부동산 공부를 하다 보면 관심 지역이 생긴다. 만약 당신이 좋게 바라보고 있는 어떤 지역에서 나름의 타당한 이유와 어느 정도의 확신이 있다면 과감하게 실행하자. 100% 확신이 드는 때란 결코 오지 않음을 알고 있기 때문이다. '대다수의 결정은 정보를 70%쯤 얻었을 때 내려야 한다. 90%를 얻을 때까지 기다리면 대부분 늦는다. 느린 결정은 틀림없이 대가가 클 것이다.' 제프 베조스 아마존 회장의 말이다.

아직 확신이 크지 않다면, 충분히 공부한 이후에 투자를 하는 것도 현명한 선택이다. 기회는 언제 어디서나 올 것이고, 기회를 볼 수 있는 당신의 능력이 더욱 중요하기 때문이다. 조급하지 않아도 된다. 그리고 좀 더 수월하게 투자를 했던 또 하나의 이유가 인테리어가 잘된 집을 투자한 것이다.

전세 투자에서 세입자를 구하는 데 역시 이 만한 것이 없다. 당신의 투자에서 세입자 구하는 걱정을 조금이라도 덜고 싶다면 애초에 인테리어가 잘되어 있는 집을 투자하거나 잔금을 치르고 인테리어를 잘해서 전세를 놓는 것을 추천한다. 그것이 다른 어떤 요인보다 편하게 투자를 하는 길이다.

이번에도 마찬가지로 세 번째 물건을 거래한 부동산 실장을 통해 네 번째 물건을 추천해 달라고 말했다. 부동산 투자는 어떤 지역을 투자할지 결정하기가 어렵지, 일단 투자 지역이 정해지면 그다음에 투자할 물건을 찾기는 쉽다는 것이 내 생각이다. 그래서 투자 지역의 전체적인 흐름을 아는 것이 더 중요하다고 할 수 있다.

본의 아니게 30평대 아파트를 투자하게 되어서 이번에는 20평대 아파트 위주로 찾기 시작했다. 하지만 투자할 만한 물건이 좀처럼 나오지 않았다. 좋은 물건이 나오면 그 즉시 계약이 되는 분위기였기에 돈이 있어도 물건이 없어 투자가 어렵다는 말이 와닿는 시기였다.

두세 차례 거의 거래가 될 뻔하다가 매도자의 변심 혹은 매도 금액 변경 때문에 계약이 쉽사리 성사되지 못했다. 24평 아파트는 정말 품귀였다. 그럼에도 내가 원하는 물건을 조금 더 기다렸어야 했는데, 부동산 중개업소에서 이번에는 내가 원하는 20평대 말고 30평대를 추천했기에 그쪽으로 다시 범위를 넓혀 물건을 보기 시작했다.

스스로 조금은 조급한 마음이 들었던 것도 사실이다. 그리고 그렇게 구한 물건은 나름대로 해당 단지 내에서는 남향에 좋은 동과 층을 가진 물건이었지만, 연식 자체는 그 동네에서 오래된 아파트였다. 결국, 나중에 전세 구하는 데 애를 먹어서 잔금을 치르고 수리를 싹 한 다음에 세입자를 구하는 우여곡절을 겪기도 했다. 그 당시 점점 더 많은 투자자가 강서구에 몰려들어 전세 물량이 한 번에 풀린 탓도 있었다.

네 번째 물건은 매입 금액이 3억 9,000만 원이었고, 전세는 3억 4,000만 원으로 놓았다. 원래 생각했던 것보다 투자금도 많이 들었던 물건이었지만 좋은 경험이 아니었나 싶다. 2018년 현재 시세는 5억 원가량으로 형성되어 있기에 마음고생은 좀 했지만, 투자금 대비 괜찮은 투자였다.

이로써 2015년 6월 한 달에만 4건의 매매 계약을 하게 된다.

결국 이런저런 경험을 통해 실력이 쌓이는 것이니 투자를 하면서 힘든 경험을 겪게 되면 실력이 쌓이는 과정이라 생각하고 자신을 다독이는 것도 필요하다. 긍정적인 마인드 없이 부동산 투자는 불가능하다. 이 물건을 끝으로 2015년 여름부터 시작된 1억 4채 프로젝트를 무사히 마무리할 수 있었다.

마지막 물건의 전세까지 잘 맞추었을 때는 이미 한겨울이었다. 투자를 시작한 지 1년 만에 총 9채라는 어마어마한 투자를 한 셈이었다. 아무리 때가 좋았다고는 하나 내가 생각해도 참 무식하게 투자를 하지 않았나 싶다. 부동산 투자에 있어 가장 빠르게 실력을 쌓는 방법은 바로 실전 경험이다. 어떤 지역이 상승 시기라는 확신이 든다면 과감하게 투자하는 용기를 내자.

열 번째
투자

이렇게 빠른 속도로 투자를 하다 보니 두 번째로 투자금을 소진하게 되었다. 더는 돈 나올 곳이 전혀 없었다. 그리고 나 역시 그간의 투자에 대해 어느 정도 소기의 목적은 달성했다고 생각했기 때문에 더 투자를 곧바로 해야겠다는 생각을 멈추려고 했다. 그때 걸려 온 한 통의 전화가 내 마음을 흔들어 놓는다. 바로 대출 권유 전화였다. 그래서 1금융권의 시중 은행이라 어느 정도 추가 대출이 가능한지만 확인해 달라고 말했었다.

2015년 12월 당시 정부의 여신심사 선진화 방안이 발표되어 투자심리가 급격히 얼어붙었지만, 다시금 수도권 부동산 시장의 흐름이 다시 좋아질 것이라는 느낌은 있었다. 아직 지난 몇 년간의 침체기 동안 눌려 있던 에너지를 다 소진했다는 느낌이 전혀 들지 않았기 때문이다.

며칠 후 대출 한도를 확인한 은행에서 다시 연락을 주었고 몇천만 원 정도는 추가 대출이 가능하다는 답변을 들었다. 이 말을 듣자 고민이 시작되었다. 이왕 부동산 투자를 시작한 거 열 번째 물건을 빨리 투자해야겠다는 생각을 했다. 이미 투자를 많이 했지만, 여전히 마음이 조급했던 것이다.

사람 욕심이라는 것이 이런 것일까? 여전히 많이 부족하게만 느껴졌고, 나만 뒤처지지 않을까 하는 불안감도 들었다. 다른 사람들은 저만치 앞서가는 것 같았고, 나도 어서 빨리 부자가 되고 싶다는 생각이 들었다. 지금 생각하면 매우 자연스러운 걱정이었다. 그리고 그런 걱정이 들어야 더욱 집중할 수 있다. 당신에게 지금 그런 마음이 든다면 당신은 올바른 길로 가고 있는 것이다.

당시 나는 세입자의 요청으로 1년 전세로 계약한 30평대 물건의 만기를 앞두고 있어 그 돈이 들어오면 다시 투자해야겠다는 생각을 하고 있었다. 그런데 추가 대출 연락을 받고 보니, 현재 사는 집에 대해서도 추가 대출이 가능한지 먼저 알아봐야겠다는 생각이 들었다. 아무래도 신용대출보다는 담보대출 금리가 훨씬 더 저렴하여서 이왕이면 담보대출을 먼저 활용하고 그다음에 정말 급하게 돈이 필요할 때 신용대출을 이용하는 게 맞다. 그리하여 실거주하고 있던 집에 대해서도 추가 대출 가능 여부를 확인해 보았다. 다행히 1년간 시세가 상승한 부분이 있어 추가로 몇천만 원이나 대출이 가능하다는 답변을 받았다.

선택의 순간이 온 것이다. 우리는 인생이 던져 주는 끊임없는 선택의 순간과 계속 마주쳐야 한다. 그것이 인생이고 어느 순간 더 이상 미룰 수 없는 순간이 온다. 당신은 결정해야 한다. 본인의 선택을 두려워하지 말자. 어떤 선택을 하든 그 선택보다 중요한 건 그것을 대하는 우리의 마음가짐일 테니깐.

나 역시 다시 한번 도전을 해 보기로 했다. 위험을 두려워하지 말자. 당신이 가진 것이 없는데 부자가 되고 싶다면, 당신 스스로를 위험에 노출시키고 그것을 극복할 때 당신의 꿈이 그리고 당신의 소망이 이루어질 것이다.

부동산은 입지다

추가 대출을 통해 어느 정도의 돈을 확보하고, 전세금 상승분을 통해 회수된 돈까지 합치니 다시금 1억 가까운 돈이 내 수중에 들어왔다. 이제는 어느 정도 여러 채를 투자한 터라 더 이상 물건 개수를 늘리기보다는, 정말 입지가 탁월한 지역에 똘똘한 한 채를 열 번째 투자 물건으로 고르며 이번 수도권 투자를 마무리해야겠다는 생각을 했다.

어느 시점이든 소액 투자는 투자의 기본이라고 생각한다. 당신이 이제 막 투자를 시작하려 한다면 이러한 원칙을 더욱 깊이 새겼으면 한다. 소액 투자는 큰돈이 묶이지 않으니 한두 번의 실수가 만회되기 때문이다(나 역시 최초 투자 물건의 투자금은 3,000만 원이었다).

"부동산은 입지다"라는 말을 많이 들어봤을 것이다. 입지가 좋다는 말은 그만큼 중심지라는 말과 같다. 우리나라는 서울이 바로 그렇다. 서울 내에서도 강남이 가장 입지가 좋다고 할 수 있다. 왜 강남이 입지가 좋을까? 아마도 좋은 일자리가 많아서 그럴 것이다. 일자리가 많으니 사람들이 몰려들고 상권까지 발달한 것이다. 모두가 선호하는 곳이 바로 입지가 좋은 곳이 되며 부동산 투자에서도 1순위라 할 수 있다.

서울시 구별 사업체 총종사자 수(2015년)

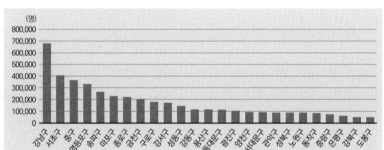

사람들이 특정 지역을 선호하는 데에는 여러 이유가 있다. 일자리가 풍부한 지역일 수도 있고, 상권이 매우 잘 발달했을 수도 있다. 좋은 학군이 갖추어졌거나 산책하기 좋은 공원이 근처에 있을 수도 있다. 다양한 이유로 사람들에게서 사랑을 받는 곳이 바로 입지가 좋은 곳이다.

다만, 입지가 좋은 곳은 사람들의 선호에 따라 바뀔 수 있다. 예전에는 어떤 곳이 입지가 가장 좋았다 하더라도 그것을 대체할 수 있는 지역이 생기면, 더는 최고의 입지를 자랑하는 곳이 아닌 구도심으로 불리게 될 수도 있다. 부동산은 입지가 중요하지만, 그 입지도 변한다는 것을 알아야 한다.

우연한 기회에 열 번째 투자처를 발견하다

한창 부동산 투자 및 공부에 열을 올릴 때 부동산 관련 커뮤니티에 들어가 많은 정보를 얻곤 했다. 커뮤니티에 올라온 글들만 어느 정도 섭렵하더라도 현재 부동산 시장의 주된 이슈가 무엇인지 쉽게 알 수 있다. 또, 특정 단지로 해서 검색해 보면 해당 단지에 대한 다양하고 솔직한 의견도 접할 수 있다. 시시각각 올라오는 수많은 글을 읽다 보면, 물론 옥석을 가려서 읽어야 할 필요도 있지만, 나는 오히려 사람들의 생각을 순수하게 알 수 있어서 좋았다. 그리고 가끔 글 중에는 투자에 직접 도움이 되는 매우 유익한 글도 발견할 수 있다. 그래서 내게 주어지는 조그만 자투리 시간에 곧잘 커뮤니티 카페에 올라온 글을 읽곤 했는데, 투자처를 막 찾는 시기에 우연히 읽은 글 하나에서 열 번째 투자 물건을 만나게 되었다.

흔히 우리가 가장 궁금한 것은 '어떤 아파트에 투자해야 할 것인가?'와 'A와 B라는 아파트 중에서 어느 아파트를 선택하는 것이 더 현명한 일일까?'이다. 늘 고민이 된다.

나 또한 어디에 투자할지 찾고 있는 와중에 어떤 단지가 참 좋다는 어느 회원의 추천 글을 커뮤니티 카페에서 읽게 되었다. 호기심이 발동한 나는 즉시 해당 단지를 검색해 보았고, 내 투자 기준에 정말 맞는 단지라는 것을 첫눈에 알 수 있었다. 그래서 곧바로 해당 단지의 부동산 중개업소에 전화해서 매수 가능한 매물이 있는지 확인하였다.

이렇게 머릿속에 온통 부동산 투자 생각으로만 가득 차 있다 보니 언제 어디서든 기회가 찾아오는 것 같다. 처음 부동산 투자를 마음먹으며 즐겨 보던 스포츠 경기들은 완전히 접었고, TV 시청과 영화 관람 등의 여가생활을 위한 시간 대신에 책을 읽고 강의를 찾아 듣는 시간으로 내 삶을 채우게 했다. 몰입하라. 아주 작은 시간도 오직 당신이 몰입한 일에 집중하라.

늘 시간은 부족하지만 당신이 절실한 마음으로 어느 한 가지에 몰입할 때 확실히 조금 더 성공의 문턱에 가까워질 것이다. 부동산 투자 역시 예외가 아니다. 선택과 집중이 어느 때보다 필요하다고 생각한다.

당시 나는 직장인이었기 때문에 내가 가진 시간은 정말 턱없이 부족했다. 게다가 퇴근하고 오면 육아가 나를 기다리고 있었다. 주말 역시 온종일 육아 때문에 쉴 틈이 없었다. 그래도 시간은 쥐어짜면 나오기 마련이다. 없는 시간도 만들면 생기는 법이다. 내가 그동안 휴식이라는 이름으로 즐기던 무의미한 시간만 모아도 무언가에 집중할 충분한 시간이 나온다는 것을 그때 깨달았다.

그렇게 우연히 나와 인연이 닿은 곳은 바로 양천구 목동의 구축 아파트였다. 재건축 이슈가 있던 아파트는 아니었고, 언제든 재건축으로 인한 이주 수요가 생기면 받아 줄 만한 연식의 아파트였다. 그래도 나름 좋은 입지에 있는 아파트임에도 4억 원대여서, 바로 '이거다!'라는 생각이 들었다.

아무리 봐도 정말 싸게 느껴졌다. 투자자들이 재건축 위주로 관심을 두는 지역이다 보니 거의 투자 청정 지역이었다. 투자금 자체도 소액이 아닌 억대 가까이 들었기 때문인 것도 한몫했다.

재건축 지역에서는 재건축 아파트보다는 인근 구축 아파트를 유심히 살펴보는 전략도 효과적이다. 강동구 역시 이주 수요 때문에 그 지역의 전세가가 어마어마하게 상승한 것을 지켜보았던 나였기에 아직 시기적으로는 먼 미래지만 목동 재건축이 본격적으로 시작되면 지금 내가 선택한 단지의 전세 가격이 얼마나 빠르게 올라갈지 예상할 수 있었다.

전세 투자의 핵심은 전세 가격 상승에 있다. 다른 요소는 보지 않아도 된다. 향후 입주 물량이 부족한데 멸실량이 증가하는 재건축 이주 수요까지 있는 지역이 있다면 전세 투자에 있어서는 최적의 조건을 갖추었다고 보면 된다.

2018년 서울·경기권 지역별 아파트 순공급 규모

단위 : 가구

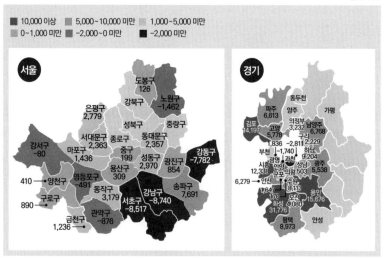

* 순공급 = 신규 입주 규모 − 멸실 규모

출처 : 부동산 114

아파트 언제 어디를 살까요

곧바로 해당 단지에 있는 부동산 중개업소에 전화를 걸어 나와 있는 매물을 확인했고, 결국 그 부동산을 통해 4억 9,000만 원에 물건을 매입할 수 있었다.

다행히도 기존의 전세 세입자가 계약을 연장해서 다시 살고 싶다는 의사를 보였기에 새로 전세 세입자를 구할 필요 없이 현재 전세 시세대로 증액분만 잔금일에 받으면 될 것이었다.

사실 이 물건을 투자하려고 맘먹은 결정적인 이유가 바로 세입자가 연장 의사를 보였기 때문이었다. 그리고 가계약금을 보내기 전에 부동산 중개업소를 통해서 세입자의 이런 의중을 확실하게 확인하고, 내가 원하는 전세 금액에 대해서도 세입자에게 말하였다. 당시 세입자는 고등학생 아들을 두었기 때문에 학교 때문에라도 이사를 하기 힘든 상황이었다. 잔금 치르지 않을 상황을 예상하면서 투자를 진행했던 것이다.

전세 투자에는 세입자를 맞추는 것이 굉장히 중요하다. 만약 지금 가진 종잣돈이 조금 부족하다고 생각한다면, 잔금 치르는 일을 최대한 피하는 방법으로 투자해야 한다.

특히나 전세 투자를 하면서 잔금을 치르기 싫다면 처음 투자할 때부터 수리가 잘된 물건을 공략하는 편이 낫다. 반면, 조금의 여유가 있다면 무조건 잔금을 치르고 깨끗하게 수리하는 전략을 짜라. 그리고 집을 수리한 대신 전세 가격을 높게 받아라. 둘 다의 경우에서 공통점은 당신이 가지고 있는 물건은 수리 상태가 매우 좋아서 앞으로 임대 놓을 때 다른 물건들보다 그만큼 경쟁력이 있게 된다는 것이다. 여기에 임대 가격까지 조금 낮추면 더욱 수월하게 세입자를 구할 수 있다. 먼 길을 떠날 땐 짐이 가벼워야 한다. 그래야 지치지 않고 멀리 갈 수 있다.

그리고 어떠한 경우이든 가격이 가장 중요함을 잊지 말아야 한다. 인테리어 상태가 그저 그런 수준이라면 전세 가격을 낮추더라도 전세를 못 맞출 확률이 높다. 반면에, 인테리어 상태가 상당히 좋은 물건을 매수하게 되면 새로 세입자를 구하는 상황에서도 잔금날 맞추어서 세입자를 구할 확률이 아주아주 높다. 이때는 말했듯이 가격 조정만 좀 해 준다면 더 쉽다. 전세가 매우 귀한 단지에 투자해야 하는 것은 두말할 것 없이 필수이다. 이게 무엇보다도 중요하다.

더불어 향후 해당 지역의 입주 물량은 필수적으로 먼저 체크해야 한다. 이건 더욱더 중요하다!

나는 사실 전세 투자가 가장 쉬운 투자라고 생각한다. 언제 어디서나 수요만 잘 따지면 절반은 성공이기 때문이다. 특히나 아파트만 투자하면 더욱 그렇다. 특별한 기술 없이도 그냥 하면 된다. 그래서 나는 전세 투자를 좋아한다. 공실 위험이 적기 때문에 안전하다.

암튼 4억 9,000만 원에 물건을 매입한 그 아파트는 기존에 살고 있던 세입자와 4억 원에 계약함으로써 잔금도 무사히 잘 치르고 또 하나의 투자를 일단락하였다.

2018년 현재 그 물건은 7억 원 호가를 형성하고 있으니 1억 원가량 투자하여 2억 원 이상의 이익을 낸 투자 사례다.

첫 매도,
그리고 장기 투자

2016년 3월, 나는 전화 한 통을 받았다.

"다른 게 아니라 저희가 이번에 집을 장만할까 해서요. 만기보다 조금 일찍 이사를 나가고 싶습니다."

"아 그러세요? 좋은 일이네요. 축하드립니다. 아무 염려 마시고 제가 부동산에 말해 놓을 테니 계획하신 대로 집 장만 잘하셔요. 다만 새로 세를 놓아야 하니 기간만 좀 넉넉히 부탁드릴게요."

"네 알겠습니다."

그렇다. 아직 만기가 1년 정도 남았는데 미리 나간다고 하는 세입자의 전화였던 것이다. 어떤 사정이든 이렇게 2년을 못 채우고 나가는 건 전세 투자를 하는 입장에서는 매우 좋은 기회가 될 수도 있다(반면에 공급이 많은 지역에서는 세입자의 전화가 두렵다). 만기가 되어 세입자가 나간다고 하는 것보다 이렇게 본인의 사정에 의해서 미리 나갈 경우, 집을 보러 오는 사람들에게 매우 협조적으로 잘 보여 주기 때문이다.

해당 물건은 내가 첫 부동산 투자로 매수했던 일산 화정동 아파트였다. 1년 동안이었지만 해당 지역의 매매가와 전세가는 수도권 상승기에 힘입어 많은 상승을 한 상태였다. 당시 전세가가 이미 내가 매수한 금액을 넘어섰기에 나는 전세로 세팅해서 투자금을 모두 회수할 것인지 아니면 매도를 해서 투자금과 더불어 시세 차익까지 챙길 것인지를 며칠 동안 고민하였다.

내가 투자할 당시에는 시절이 좋았기에 부동산을 샀다 하면 가격이 올랐음에도 누구나 다 투자를 망설임 없이 했느냐 하면 그건 또 다른 문제이다. 내가 어떤 물건을 샀다는 것은 누군가 그 물건을 팔았다는 얘기와 같은 것일 테니깐 말이다.

어떤 시기든 투자를 하기에 마냥 좋은 시기는 없다. 아무리 좋은 시기가 와도 나중에 지나고 나야 그때가 좋았다는 것을 알게 된다. 상승기의 초입이라는 말은 다른 말로 하면 길고 긴 하락장의 끝이라는 말과 같은 것이다. 과연 긴긴 하락기 동안 얼어붙은 심리를 무슨 수로 쉽게 녹일 수 있을 것인가. 그래서 투자라는 게 어렵다.

앞으로 시장이 어떻게 변할지 아무도 모르기 때문에 늘 잘 관찰해야 한다. 가격이 너무 오른 지역보다는 항상 오랫동안 침체된 지역에 관심을 두는 것이 현명한 투자자이다. 나 역시 그 당시 수도권 시장의 오랜 침체라는 사실 하나로 인해 투자를 결심한 것뿐이지, 그 이상도 그 이하도 아니었다. 내 실력보다는 시장의 사이클에 운이 좋게 맞아떨어진 것뿐이었다.

'내 투자 전략은 팔지 않고 꾸준히 한 채 한 채 모아 가는 건데…….
어떻게 해야 할까?'

고민을 내내 했지만 결론에 이르지 못해 일단은 매도와 전세 양쪽
으로 내놓기로 결정하였다. 하지만 얼마 안 있어 내가 어느 쪽에 더
마음을 두고 있는지를 확인하는 전화가 부동산 중개업소로부터 왔다.
그래서 난 일단 매도를 우선으로 하고, 혹시 전세 손님이 있거든 그들
에게도 집을 보여 주라고 말했다. 1년 전 아파트를 로열동, 로열층으
로 골라 샀고, '특올수리'를 한 상태였기 때문에 매도나 전세 모두 잘
되리라 생각했다.

반면에 부동산 중개업소를 통해 얘기 들은 바에 의하면 세입자는
굉장히 불안해했다고 한다. 혹시나 집 상태만 믿고 주인인 내가 너무
높은 가격만을 고집하면 어쩌나 하는 걱정이었다. 그래서 시세와 실
거래가를 확인한 후, 부동산에서 적당하다고 하는 가격까지 알아보고
는 세입자의 사정도 있고 해서 너무 높지 않은 수준의 금액으로 물건
을 내놓았다. 부동산 투자 업계에는 "항상 다음 사람이 조금 먹을거리
를 남겨 놓고 투자해야 한다"는 말이 있다. 언제나 욕심이 화를 부르
는 법이지만, 그대로 실행하기란 어려운 말이다.

부동산 투자에서 매도는 매수보다 몇 배 더 어렵다고 생각한다. 결
국 어떤 투자가 성공한 투자냐 실패한 투자냐를 판가름하는 것은 매
도할 때 이익인지 손실인지가 결정 나기 때문이다. 그래서 장기 투자
가 좋은 것이다. 이렇게 어려운 매도를 아주 긴 시간 동안 미루어 놓
을 수 있기 때문이다. 투자에 기다릴 수 있는 시간만 충분히 있다면

당신은 대부분 성공 투자를 할 확률이 높다. 수익은 바로 시간이라는 먹이를 먹으면서 조금씩 자라나기 때문이다.

부동산은 실물 자산이고, 인플레이션으로 인해 돈의 가치는 하락한 다는 것을 항상 기억하자.

소비자물가 대비 아파트 가격 변동 추이

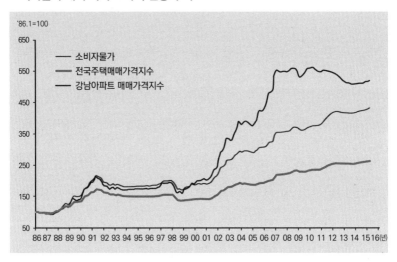

강남구 대치동 은마아파트도 1979년도에 분양할 당시 분양가가 31평 기준 1,800만 원이었다. 분양가 전체 금액이 말이다. 그래서 당 신이 지금 30년 된 아파트를 사더라도 입지만 좋다면 평생 가지고 있 어도 크게 걱정할 것이 없다. 입지의 중요성이 여기서 다시 부각된다.

당신이 투자함에 있어서 한 지역 안에서만 물건을 찾는다면, 투자 금은 적게 들지만 입지가 안 좋은 물건에 투자할 가능성도 있다. 입지 가 좋은 물건을 투자하기 위해서는 여러 지역을 같이 봐야 한다. 여러

아파트 언제 어디를 살까요

지역의 입지가 좋은 물건을 고르고, 그중에서 투자금이 적게 드는 물건을 비교해야 바람직한 방법이다. 내가 여러 지역에 걸쳐서 입지가 좋은 단지를 정한 후, 그것들을 꾸준하게 모니터링하는 이유이기도 하다. 나에게 있어 입지가 좋다는 말은 직장 출퇴근이 편리한 곳이라는 말과 동일하다고 보면 된다.

그런데 내가 입지가 좋은 화정동 물건을 매도하려고 했던 이유는 더 나은 투자 대안이 있다는 생각이 들었기 때문이다. 평생 보유하고 싶은 물건을 사기도 하지만, 때때로 더 좋은 기회가 있을 때는 파는 것도 훌륭한 전략이라는 것이 나의 생각이다. 당시 나에게 더 좋은 기회라는 것은 바로 서울에의 투자였던 것이다.

사람들은 항상 더 나은 생활환경에서 살기를 꿈꾸기 때문에 돈이 많다면 그런 지역으로 이동한다고 생각한다. 부동산 상승기에서 돈을 번 사람들이 결국 어디로 몰릴 것인가? 그런 사람들의 심리를 조금 생각해 보니 '서울이 조금 더 상승할 수 있지 않을까?' 하는 생각이 들었고, 내가 가장 중요하게 생각하는 일자리도 역시 서울에 가장 많이 있기 때문에 매도 결정을 조금은 쉽게 내릴 수 있었다. 그래서 나는 화정동 물건을 팔고 나면 서울에다 투자할 생각을 하고 있었다.

내가 팔면 꼭 오르는 부동산의 법칙

2016년 4월, 화정동 물건을 내놓은 지 대략 2주가 조금 지난 시점에 나는 물건을 내놓은 부동산 중개업소로부터 한 통의 전화를 받았다.

"내놓으신 물건을 매수하고 싶은 손님이 있어 연락을 드렸어요."

"아 그래요? 반가운 소식이네요."

물건 매수자가 나타났다는 전화에 반가운 마음이 들었다.

"네에~ 집을 봤는데 무척 맘에 든다고 하네요. 근데 매수자가 가격을 조금만 조정해 줄 수 있는지 물어보더라고요."

"그렇군요. 그런데 실장님께서도 잘 아시다시피 제 물건이 로열동, 로열층에다 중간 라인이고요. 1년 전에 올수리해서 완전 새 집이잖아요. 그래도 실장님께서 평소에 신경 잘 써 주셨으니까 실장님 봐서 제가 딱 100만 원 깎아 드리겠습니다. 더는 안 됩니다."

"고맙습니다. 매수인한테 한번 의사를 물어볼게요. 물건 상태 좋은 건 제가 잘 알죠."

어느 정도 부동산 중개업소 실장의 기분을 맞추어 주고는 통화를 끝냈다. 그리고 한 시간 후에 역시나 매수인이 그 가격에 매수하겠다고 말해서 계좌번호를 알려줬다. 그렇게 해서 투자를 시작하고 나서 첫 매도 거래가 일사천리로 순조롭게 이루어졌다. 생각보다 쉽게 첫 매도를 하게 되어 기분이 참 묘했다. 큰 욕심 부리지 않고 적당한 선에서 타협했기 때문에 쉽게 매도할 수 있었다고 생각한다. 이 매도로 투자금 회수와 함께 양도 차익으로 인한 수익금을 챙길 수 있었다. 새로운 투자를 위한 자금을 마련한다는 확실한 목표가 있었기에 미련 없이 매도할 수 있었다.

매도금액 2억 7,000만 원에서 대출 상환금 1억 5,000만 원, 세입자 보증금 4,000만 원, 그리고 양도세 500만 원까지 제하고 나니 매도 후 나에게는 7,500만 원 정도가 남게 되었다. 그리고 아직 조금의 여유가 있었던 신용대출을 통해 3,000만 원을 추가로 빌리기로 하였다.

대출이 점점 늘어나고 있었지만, 그보다는 시장에 대한 확신이 조금 더 컸다(내가 이렇게 조금은 공격적으로 대출을 받을 수 있었던 이유는 월급이라는 강력한 무기가 있었기 때문이다). 다시 투자금이 확보되었다. 1억이라는 큰돈을 밑천 삼아 기존과는 다른 전략으로 다시 새롭게 시작하고 싶었다. 그런데 매도 후 얼마 안 있어서 충격적인 일이 일어났다.

'고양시 북부 테크노밸리 최종 후보지 선정! 1조 6,000억을 투자하여 2,000여 개 기업 입주가 예상되고, 2만 명의 일자리 창출 효과가 예상된다'

이러한 내용이 각 언론사 경제면 메인뉴스로 딱 올라온 게 아닌가. 그러다 보니 매도하기로 계약한 화정동 아파트의 호가가 순식간에 2,000만 원 이상 뛴 것이었다.

'이거 뭐지? 아직 잔금도 안 치렀는데……. 아, 그냥 전세로 돌릴 걸 그랬나?'

이런 경험은 누구에게나 언제든지 일어날 수 있다고 생각한다. 그래서 장기 투자가 언제나 진리이다. 나는 개발 호재를 보고 투자를 결정하는 것이 아니기에 이런 호재들은 앞으로도 많이 놓칠 수 있다는 생각도 든다.

개발 호재에 대한 내 생각은 이렇다. 그냥 내가 투자해서 오래 보유하다 보면 그 지역에 언젠가 호재는 생길 수도 있고, 딱히 안 생길 수도 있는 것이다. 크게 신경 쓰지 않는다는 말이다. 결국 호재가 생기면 좋은 것이고, 안 생겨도 입지가 어느 정도 받쳐 주고 일자리 수요가 꾸준한 지역에 투자했다면 큰 걱정을 하지 않는다. 그래서 서울과 1기 신도시는 내 투자에서 늘 우선순위 상위권에 포진해 있다. 이건 옳고 그름의 문제가 아닌 개개인의 선호도일 뿐이라는 것을 모두에게 다시 한번 말한다.

현명한 투자자라면 부동산 투자를 하며 호재를 너무 무시해서도 안 되지만, 호재만 믿고 들어갔다가 무산되는 위험 또한 크다는 것을 꼭 명심하자.

춘천
나들이

따르릉~~

"동생아, 춘천 안 갈래?"

"네? 춘천요?"

"응, 춘천. 동네 좀 보러 가자."

2016년 5월 초, 나는 평소 친한 아는 동생에게 전화를 걸어 춘천에 가자고 하였다. 그러고는 춘천 퇴계동에 있는 한 부동산 중개업소에 미리 전화 예약했다.

그래서 춘천에 도착 즉시, 예약한 부동산을 방문해 지역 사람들이 살기 선호하는 동과 단지에 대해 자세히 물어보았다(부동산 초보자의 경우, 미리 예약하고 부동산을 방문하면 마음이 편하다). 그 중개업소에 따르면 춘천 퇴계동의 경우 내가 원하는 20평대보다는 30평대 수요가 더 많다고 하였다. 지역별 특성은 현지 부동산 중개업소 사장들이 가장 잘 아는 사항이다. 그래서 현장을 많이 가는 것이 중요하다. 결국에는 현장에서 모든 답을 찾을 수 있다.

"그럼 춘천에도 투자자들이 많이 왔다 갔나요?"

"그럼요. 여기도 2~3월에 다들 한차례 다녀갔어요. 좀 더 일찍 오셨으면 좋았을 텐데……."

그랬다. 춘천의 경우 이미 몇 달 전부터 부동산의 움직임이 심상치 않았기에 투자자들이 한차례 쓸고 간 후에 내가 방문한 것이었다. 그렇다고 너무 크게 실망할 필요도 없다. 반전은 항상 있는 법이니까 말이다.

"그래도 새로 나온 참 괜찮은 물건들이 있어요. 요즈음 전세가 없어서 난리니 투자금을 조금만 들여도 투자가 가능한 것들이 있어요. 한번 살펴보세요."

그곳 춘천의 중개업소에서 만난 실장은 참으로 일을 잘했다. 그는 내가 오기 전날 미리 투자하기 좋은 물건들에 대해서 한 장의 종이에 잘 정리해 놓았다.

이렇게 한차례 투자자들이 몰려와서 좋은 물건을 골라 갔다 하더라도, 내가 갔을 그 당시에 나오지 않은 물건들은 투자자들이 결국 살수가 없었던 것이다(그러니 조금 늦게 갔다고 절대 걱정하지 마라). 나처럼 두세 달 늦게 온 투자자들도 충분히 새로 나온 물건들에 대해서 투자가 가능하다. 그리고 이미 투자자들 때문에 전세가는 높게 올라가 있었다. 전세 물건 쌓인 것만 아니라면 충분히 투자를 진행해도 되는 상황이었다는 말이다.

내가 춘천을 방문하기 몇 달 전 투자자들은 500만 원 정도로 투자를 하였다고 한다. 하지만 내가 투자할 당시에도 1,000만 원 정도의 투자금으로 투자할 물건들이 몇 개 보였기에 나 역시 큰 실망은 하지 않았다. 물론 해당 지역에서 부동산을 오래 했던 실장의 입장에서는 이미 한차례 투자자들이 와서 가격대를 2,000만~3,000만 원 올려놓은 상황이었기에 현재 가격에 대해서 너무 많이 올랐다고 말하였다. 하지만 타지에서 온 내가 보기에는 아직 상승 여력이 충분히 남아 있어 보였다.

"가격이 올라도 너무 올랐어. 지금은 너무 올라서 '과연 더 오를까?' 하는 생각이 들기도 해."

부동산에서 이런 말을 들을 확률이 매우 높았던 때였다. 하지만 나는 한번 투자하고 나서 그것을 길게 가지고 갈 생각이었기 때문에 상승이 멈추었더라도 충분히 기다릴 수 있었다. 투자금이 많이 묶이지 않았고, 공급이 부족해서 전세 가격이 내려갈 위험도 어느 정도 없다는 전제하에 간 것이기 때문이다. 내가 생각한 투자 원칙에는 부합했던 것이다.

그렇게 오전 내내 춘천 퇴계동 물건을 둘러보고 오후가 되어서 후평동 쪽으로 넘어갔다. 후평동도 역시나 물건이 많지는 않았지만, 그래도 한두 개 정도는 투자할 만한 물건이 보였다. 그리고 온 김에 원주까지 한번 다녀오리라 마음먹고 동생과 함께 오후 늦게 그쪽으로 차를 끌고 넘어갔다(춘천과 원주는 80km 정도이다). 역시나 미리 연락해 둔 부동산 실장을 통해서 몇 개 단지를 둘러보았다.

원주에서는 구도심 물건을 둘러보고 혁신도시 쪽도 가서 물건을 보았다. 당시 원주는 투자금이 춘천보다는 많이 들었기에 춘천 쪽이 투자에는 더 적합했다. 그래서 저녁을 먹고 나서 다시 원주에서 춘천으로 넘어갔다(춘천 물건을 다시 한번 더 보고 싶었고, 실제 투자할 수도 있었던 상황이었다).

사실 하루에 두 지역을 보자니 조금 무리한 것도 있었지만 조금이라도 더 많은 지역을 보고자 하는 마음에 한번 그렇게 해 보았던 것이다. 부동산 투자에서는 일단 많이 돌아다니면서 보는 것이 기본이다.

전국을 레이더망으로 하든 수도권만 투자하든 상관없다. 기본은 많은 지역을 돌아다니면서 눈으로 보고 몸으로 느끼는 것이다. 데이터만 보고, 지도만 봐서는 사실 정확히 그 동네의 분위기까지 느끼기 힘들다. 좋은 물건을 찾고 싶은가? 그럼 많이 돌아다녀라. 나 역시 투자를 하며 많이 가 보는 것의 중요성을 누구보다 잘 알고 있고 절실하게 느끼는 바이다.

다시 춘천으로 넘어가서 투자 가능 물건을 정리해 보니 3개 물건이 참 매력적이었다. 각 물건당 투자금은 1,000만 원씩. 물건 상태도 정말 좋고, 단지도 선호도가 높은 단지였다. 투자를 실제로 실행하더라도 전혀 문제가 없는 물건들이라는 확신이 들었다. 그렇게 확신에 가득 차 있던 상황에서 실장에게 다시 연락하겠다는 말을 남기고 서울로 돌아왔다.

한순간의 선택이 투자의 성패를 좌우한다

따르릉~~
며칠 후, 방문했던 춘천 부동산 중개업소에 전화를 하였다.

"실장님, 토요일에 소개해 주신 물건은 일단 진행을 보류하겠습니다. 신경 많이 써 주셨는데 너무 죄송합니다. 다음에 꼭 다시 찾아뵐게요."

춘천 투자는 보류하기로 최종 결정을 내렸다. 나는 왜 이런 결정을 내렸을까? 투자를 할 때마다 최종 결정을 하기 전 늘 스스로 물어보곤 한다.

'이 투자가 정말 최선인가?' '지금 내가 가진 이 투자금으로 다른 투자를 했을 때 더 나은 선택은 과연 없는 것인가?' '지금 이 투자는 장기적으로 안정적인 투자가 맞는가?'

우리가 가진 돈은 매우 유한하여서 최종 결정에 앞서 이렇게 자문자답해 보는 것은 참 좋은 습관이다. 나 역시 기존에는 수도권에만 투자하다가 지방 투자로 영역을 새롭게 넓히려는 시도를 하는 것이었기 때문에 더욱 조심스러울 수밖에 없었다. 특히나 부동산 투자라는 것은 여러 번 시행착오를 겪으면서 계속 배울 수 있는 것이 아니라 한 번의 투자로 큰돈이 묶인다. 결국 내가 가지고 있는 카드는 몇 장 없어서 한 번 한 번의 투자에 매우 신중할 수밖에 없다.

아마 대부분의 사람이 그럴 것이다. 그래서 부동산 투자가 어렵다. 기회도 몇 번 없는 데다가 자칫 잘못 투자라도 하면 몇 년의 시간을 낭비하게 된다. 이런 일은 투자의 세계에서는 아주 흔하고 흔한 일이다. 그래서 사람들이 더 신중하게 되고, 신속한 결정이 필요할 때에도 과감하게 실행하지 못하는 것 같다.

부동산 투자에서 타이밍의 중요함을 알면서도 바로 이런 점 때문에 대세 상승기가 오더라도 과감하게 배팅하기가 어렵다. 그만큼 부동산 투자는 신중하게 접근하는 것이 바람직하기도 하다. 내가 준비가 덜 된 것처럼 느껴지면, 우선은 더 공부하고 투자하는 게 맞다. 큰 위험을 기본적으로 안고 투자를 진행하는 것이기 때문에 그것이 좋은 결과로만 이어진다면, 수익도 크다 하겠다. 하이 리스크, 하이 리턴(High Risk, High Return). 투자에서는 진리이다.

한편, 춘천 방문을 통해 내가 가고자 하는 투자의 방향을 다시 한번 생각하게 된 것은 나름의 성과였다. 이렇듯 어디에 투자하려고 할 때, 그 지역 말고 다른 지역도 함께 고려하면서 비교를 한다면 더욱 좋은 판단을 할 수 있다. 그 작은 노력이 당신의 투자에 있어 엄청난 차이를 가져올 것이다. 그런 의미에서 역시나 투자에 있어서 발품의 중요성은 수백 번 강조해도 지나치지 않는다.

2016년 5월, 나는 1억이라는 돈으로 어디에 투자를 하는 것이 가장 올바른 것일까를 생각하다가 내린 결론이 바로 춘천이 아닌 서울이었다. 서울은 아직 충분히 오르지 않았다는 느낌을 강하게 받았다. 찾아보면 여전히 싸게 느껴지는 지역도 많이 있었다. 게다가 서울의 공급은 늘 부족하다. 한 번의 투자를 하더라도 투자하고 나서 내 마음이 편안해지는 투자를 하고 싶었다.

물건을 사고 나서 바로 마음이 불안해지면 그것은 분명 잘못된 투자이다. 투자 물건의 개수 늘리기에 대한 욕심을 살짝 뒤로 내려놓고, 지금 이 시기에 서울을 사지 못하면 앞으로 그 기회는 점점 더 힘들 것이라는 생각이 강하게 들어 서울 투자를 결심하게 되었다. 조금 천천히 가더라도 잃지 않는 투자를 하고 싶었다.

'흠, 이제 투자 지역은 서울로 정했고…… 그렇다면 어디서부터 어떻게 투자 물건을 찾아야 할까?'

다시 서울

그동안 정부의 대출 규제 때문에 2015년 가을부터 얼어붙었던 부동산 시장에 다시금 봄이 오고 있었다. 2016년 5월부터였다.

2008년부터 5년 넘게 이어진 수도권 부동산 침체기에 비해서 제대로 된 상승을 보여 준 건 2015년 한 해뿐이었기에 아직 조금 더 수도권 시장에 상승 여력이 남아 있을 것이란 판단이 들었다. 특히나 과거 혹은 현재 진행 중인 지방 부동산의 상승장을 보더라도 2~3년 이상의 상승을 보여 주었기에 수도권은 아직 덜 오른 느낌이었다. 특히, 서울은 여전히 공급이 부족했고, 아직도 충분히 더 오를 것이라는 느낌이 강하게 들었다. 부동산 투자는 느낌인가 보다.

전국 주요 도시 아파트 상승률(2008년 1월~2016년 5월)

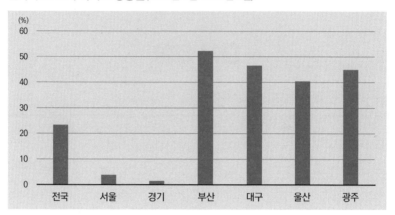

지방에서 그리고 경기도에서 부동산으로 돈 번 사람들이 결국 다음 투자처를 어디로 할 것인가를 생각해 보았을 때도 서울의 가치는 매력적이었다. '상반기 안에 투자를 끝내고 올가을 상승장을 즐겨야겠다.' 이런 생각으로 투자에 임했다. 서울 투자를 망설일 이유가 없었다.

'일단 24평 아파트에 투자하자. 오래 보유할 수 있게 연식은 2000년 이후의 아파트로 하고, 입지가 좋은 곳으로 하자. 투자금은 그래도 서울이니깐 너무 무리하지 말고 한 채당 4,000만 원을 목표로 접근해 보자.'

이렇게 어느 정도 대략적인 투자 가이드라인을 정했다. 투자는 거창한 것이 아니다. 단순하게 생각하고 행동으로 옮기자.

투자는 어려운 것

투자 물건을 검색하다 내 눈길을 사로잡은 지역이 구로구 신도림동이었다.

2호선 신도림역은 대표적인 환승역이다. 신도림역에서 2호선을 타면 강남 접근성도 좋고 을지로까지 나가기에도 참 편리하다. 게다가 여의도도 쉽게 갈 수 있다.

그런 의미에서 일자리 접근성을 중요시하는 나 같은 투자자에게 신도림은 어찌 보면 참 매력적인 투자 대상이다. 그리고 가격도 싸게 느껴졌다. 물론 2015년 봄부터 시작된 수도권 상승기 때 신도림 역시 전용 면적 59㎡(24평) 기준 3억 중반이던 가격대가 4억 초반까지 많이 오른 상태였다. 하지만 여전히 내게는 싸게 느껴졌다. 그래서 과감히 투자하기로 결정했다.

투자는 반드시 자신이 원하는 물건의 가격이 싸게 느껴지는 곳에 투자해야 한다. 그런 확신이 안 들면 비싼 것이다. 이 당시에 많은 투자자들은 '2015년 한 해 동안 수도권 아파트가 적게는 3,000에서 많게는 5,000만 원 이상씩은 올라서 지금 투자하기에는 좀 부담된다'고 생각하고 있었다. 그리고 2016년도 들어 대표적인 수도권 재건축 지역인 강남, 과천, 목동이 몇억씩 올랐던 시기였다. 나 역시 재건축 하나를 투자했어야 하는 아쉬움이 들었으니 말이다. "이미 너무 많이 올라서 지금 투자해도 될까요?"라는 질문들을 너무나도 많이 받았던 기억이 난다. 그만큼 상승기에서는 또 '이미 너무 많이 오른 게 아닐까?' 하는 두려움에 과감한 투자를 하기 힘들다.

투자라는 것이 이렇게 시기가 아무리 좋더라도 당장 앞으로 가격이 더 오를지 아니면 오를 만큼 오른 상태인지 가늠하기 어렵기 때문에 생각처럼 쉽게 결정을 내릴 수 없다. 반대의 경우도 마찬가지다. 하락기 때는 더 떨어질 것 같은 공포심이 크기 때문에 또 쉽사리 투자를 실행하기 어렵다. 지금이야 조금 더 가격이 내려가면 그때 사야지 하는 생각을 가질 수 있다. 하지만 매일같이 쏟아지는 부정적인 언론 기사들과 부동산 커뮤니티 카페의 부정적인 글들을 접하다 보면 아무리 강심장을 가진 투자자라도 심리적으로 크게 위축될 수밖에 없다.

'현시점은 어떠한가? 지금은 진짜 투자하기에 모호한 시기가 아닌가? 이미 너무 많이 오른 게 아닌가 하는 생각이 들지 않는가?'

지금 시점에 과감히 투자할 수 있는 사람이 얼마나 될지를 생각해 보면 이 점은 좀 더 명확해진다. 미래는 누구도 알 수 없기에 두려운 것이다. 지금이 바닥인지 상투인지는 지나고 나서야 알 수 있다. 올해 말에 가서야 지금 시장이 어땠다는 것을 알 수 있다. 그래서 투자는 늘 어렵다.

앞으로 부동산 대폭락이 오면 집을 산다는 사람들은 절대로 그때 살 수 없을 것이다. 대부분 사람들은 주변 사람들이 부동산으로 돈 벌었다는 소리를 두세 번 들었을 때, 심리적으로 조급해져서 투자를 결심하고 실제 투자를 한다. 투자는 소수의 편에 섰을 때 더 좋은 결과를 얻는 게임임을 늘 잊어서는 안 된다. 그리고 절대로 욕심을 부리면 안 된다. 한 번에 너무 큰 욕심을 부릴 때가 가장 위험하다. 상승기 때는 이미 많이 올라서, 하락기 때는 더 떨어질까 봐, 그래서 투자는 늘 어렵다.

한편, 상승하는 지역의 중요한 포인트 한 가지가 바로 매매 물건이고 전세 물건이고 매우 부족하다는 것이다. 바로 신도림 역세권 아파트들이 내가 방문한 당시에 그랬다. 한 단지에 투자할 물건이 하나 아

아파트 언제 어디를 살까요

니면 두 개 정도였고, 저층이나 탑층 등 좋지 않은 물건들만 남은 상태였다. 나 같은 경우에 타이밍을 노리고 투자 물건을 찾을 때에는 보통 급매를 기다리기보다 오히려 현재 나와 있는 물건 중에서 그래도 상태가 가장 좋은 것에 투자하는 편이다. 물론 가격이 가장 저렴하지는 않겠지만, 어차피 나중에 나 역시 그만큼의 가격을 높여서 매도를 하면 된다는 생각으로 조금 더 경쟁력 있는 물건을 투자하는 것을 선호한다.

당시 내 눈에 띈 물건 하나도 로열동에다 로열층 물건이었다. 매도인이 팔지 말지 고민하던 참이라 진행이 안 될 수도 있겠다고 생각했다. 하지만 매도인은 이미 많이 올랐다고 판단을 했는지 결국 나에게 팔기로 마음을 굳혔다. 그래서 나는 혹시 모를 매도인의 변심을 우려해서 가계약금을 500만 원 보냈다(가계약금이 200만~300만 원일 경우 매도인은 쉽사리 계약 파기를 외친다).

이 물건 역시 세입자가 살고 있었는데, 처음에는 이사를 나간다고 했다가 막상 본 계약을 하려니 그냥 재계약 의사를 보였다. 직전 전세 계약서를 보니 2년 만에 9,000만 원을 올리는 계약이었다. 그럼에도 전세가 워낙 귀했기에 내가 원하는 가격으로 재계약을 무난하게 할 수 있을 것 같았다.

그런데 본 계약을 하려니 갑자기 매도인이 딴소리를 하는 게 아닌가. 분명 가계약할 때 얼마에 매매하기로 했는데, 알고 보니 자꾸 옆 부동산에서 500만 원을 더 받고 팔 자신이 있다고 매도인의 심리를 자극한 것이었다. 그래서 매도인은 우리 쪽 부동산에 와서 가계약할 때의 금액으로는 절대 못 판다고 어깃장을 놓았다.

"이 금액으로는 못 팔아요. 500만 원 더 올려 주세요."

이미 가계약금까지 지불한 상태인데도 이리 말하는 매도인이었다.

"그럼, 계약 파기하겠습니다."

이 말을 듣고 나서 나는 처음에는 배액을 보상하고 계약 파기를 하자고 말했다. 그러고는 가계약금 500만 원 중에서 절반인 250만 원을 위약금으로 달라고 했다. 하지만 솔직히 이 물건을 놓치고 싶은 마음은 없었다. 그래서 가계약했을 때 말한 금액에서 200만 원을 더 올려서 본 계약을 하자고 다시 한번 제안을 했다. 그렇게까지 내가 양보하자 결국 매도인도 수긍하며 그렇게 하자고 했다. 그리고 본 계약 날에는 미안했는지 아이스크림을 사 오며 연신 고마워했다.

하나의 물건에도 이렇게 사연이 많다. 내가 중요하게 생각했던 부분은 역시나 계약은 잘 성립되어야 한다는 것이었다. 그리고 실제로 몇 달 만에 해당 물건은 3,000만 원 넘게 가격이 껑충 올랐다. 만약 내가 200만 원 때문에 이 물건을 놓쳤다면 두고두고 후회했을 것이다.

매입 금액이 4억 3,000만 원이었고 전세를 3억 8,500만 원에 맞추었으니, 이 물건의 실투자금은 대략 5,000만 원이었다. 2018년 현재는 5억 원 중반의 시세를 형성하고 있다.

당신도 부동산 투자 고수가 될 수 있다

내가 신도림 물건의 가격을 조금 양보할 수 있었던 것은 이와 동시에 눈여겨보고 있던 서대문구 가재울 뉴타운에서 4년 차 신축 아파트를 3,500만 원으로 투자할 수 있었기 때문이다. 가재울에서는 과연 어떤 일이 있었을까.

2016년도 5월 말, 문득 이런 생각을 해 보았다. '부동산 고수들은 과연 어떻게 투자 물건을 찾을까?'

일반적인 투자자로서 가장 궁금한 것 중의 하나가 바로 이것일 것이다. 그동안 많은 강의를 듣고, 많은 책을 읽었음에도 막상 내가 투자를 하려고 하면 막막하다.

지금 투자하려고 하는데 괜찮을까? 어디부터 어떻게 시작해야 할까? 부동산 투자 고수들은 그들만의 특별한 비법이나 노하우가 있지 않을까? 나도 그 방법만 알면 그들처럼 뛰어난 고수가 되지 않을까?

멋지게 데이터를 분석해서 지역을 찾아내고, 현장에서는 정말 최소한의 투자금으로 투자하는 모습! 상상만으로도 두근거린다. 어떻게 하면 좋은 물건을 이른 시일 내에 찾을 수 있을까?

그건 바로 경험의 차이일 것이다. 고수들은 오랜 기간에 걸쳐 여러 물건을 투자했을 것이다. 그 때문에 점차 실력이 쌓인다. 이건 명명백백한 사실이다. 그런데 여기 고수들을 이길 수 있는 특급 비책이 하나 있다. 그건 바로 '고수들보다 조금만 더 부지런하면 된다'라는 것이다.

전혀 특별하진 않지만, 당신은 분명히 이 방법으로 좋은 물건을 찾을 수 있다. 아무리 뛰어난 부동산 투자 고수라도 더 많은 지역을 비교하고 더 많은 물건을 비교하는 사람을 절대 당할 수 없다. 그건 정말 장담할 수 있다. 당신의 노력으로 그들을 이길 수 있다면 한번 해 볼 만하지 않은가? 그들보다 시간이 조금 더 많이 걸리면 어떠한가? 당신이 흘린 땀을 믿자. 그 자체로 당신은 성장할 테니까 말이다.

조급한 마음은 잠시 잊어두고, 남들보다 조금만 더 부지런해져 보자. 대부분의 고수들 역시 남들보다 더 치열하게 투자에 적합한 물건을 검색하고, 더 많은 지역을 돌아다니며 묵묵히 물건을 찾고 있을 뿐이다. 특별한 비법은 바로 그것이다. 그리고 당신과 고수 사이에 특별한 차이가 없다는 사실을 조금이라도 빨리 깨달을 때, 당신은 한발 더 나아갈 수 있다.

그리고 더 다행인 건 투자는 고수들과의 경쟁이 전혀 아니라는 사실이다. 부동산 투자라는 것이 특히나 개별성이 무척이나 크다는 것을 다시금 기억해야 한다. 어떤 하나의 단지를 10명의 사람이 관심을 두고 조사한다 하더라도 조사하는 시기에 따라 그 단지가 투자하기 좋을 수도 있고 나쁠 수도 있다. 좋은 물건은 갑자기 나오고 갑자기 사라지기 때문이다. 마치 살아 있는 생물과 같다. 그래서 아무리 고수가 오더라도 그 당시에 좋은 물건이 없을 수 있고, 당신이 조사하는 그 시기에 좋은 물건이 딱 맞추어 나올 수도 있다. 그래서 좋은 물건이란 결국 더 많이 비교하고 알아보는 사람에게 돌아갈 확률이 높다. 이 때문에 당신도 충분히 고수를 이길 수 있다. 내 경우에도 이렇게 많은 물건을 검색하다가 우연히 발견한 곳이 서대문구 가재울 뉴타운이었다.

사실 내가 한창 관심을 두고 여러 지역을 조사하고 있을 때, 가재울 뉴타운은 당시 부동산 시세에 의하면 매매가와 전세가의 차이가 평균 8,000만 원이나 나고 있어서 크게 기대를 하지 않았다. 만약 당신이 단순히 데이터만 믿고 투자를 한다면 이런 지역은 그냥 지나칠 것이다. 내가 본 단지 역시 입주 4년 차 신축 아파트 단지였기에 투자금이 많이 들 것으로 막연히 생각했다. 그런데 실제 네이버 부동산에 올라온 매물을 확인하고 나서 중개업소에 전화를 해 보니 실제 투자금이 5,000만 원도 안 되는 상황이었던 것이다.

'서울의 신축 아파트를 5,000만 원으로??'

어떻게 된 것인지 부동산에 알아보니 해당 단지의 전세 매물이 아예 자취를 감추었던 것이다. 전세 수요는 어마어마한데 전세 물건이 없다 보니 전세 가격이 엄청나게 올라가고 있었다. 다음 날 바로 현장으로 달려가서 실제 단지 내 분위기도 살펴보고 나와 있는 물건들도 부동산을 통해서 소개받을 수 있었다. 잔금도 4개월 이상 길게 가져갈 수 있는 물건들도 좀 있고, 저층이나 비로열동은 투자금을 더 줄일 수 있었다(잔금을 치러야 하는 기간이 길면 전세금 상승 가능성이 조금이라도 더 있어서 실투자금을 줄일 수도 있다).

며칠을 그렇게 더 좋은 물건은 없는지, 지금 나와 있는 물건들 중에서 가장 좋은 조건은 어떠한 것인지를 고민하던 차에 네이버 부동산에 새로운 물건 하나가 등록되었다.

좀 저층이긴 했지만 귀하디귀한 남향 물건이 나왔던 것이다. 가격도 거의 급매라고 할 정도로 저렴했다. 신축 아파트니 사실 물건 상태를 고민할 것도 없었다. 해당 물건을 등록한 부동산 중개업소에 바로 전화를 해서 진행 가능한 물건이 맞는지 일단 확인을 하였다.

"혹시 오늘 신건으로 등록된 ○동 ○호 물건 매매가 진행이 가능한 가요?

"그럼요. 몇 시간 전에 등록된 거라서 아직 거래 전입니다. 실입주하시는 건가요?"

"당장은 입주를 할 수 없어서 아마 전세를 한 번 놓아야 할 것 같아요. 그런데 전세 상황은 좀 어때요?"

"요즈음 여기 전세가 많이 부족해서 아마 쉽게 나갈 듯합니다."

"아 그럼 4억 4,000만 원에 전세를 놓는 것도 가능할까요?"

"전세가 워낙 귀하니 그 가격에 전세를 놓아도 금방 나갈 겁니다. 그런데 혹시 집은 직접 보셨나요? 제가 가서 봤는데 햇빛도 잘 들어오고 정말 좋습니다. 언제 한번 보러 오세요."

"아니오. 그냥 매도인한테 계좌번호를 바로 받아 주세요."

"네? 집도 안 보시고 그냥 계약하시려고요?"

"실장님 믿고 그냥 계약할게요. 사실 그쪽 단지에 관심이 있어서 최근에 여러 번 가 보았습니다."

"아 그랬군요. 진짜 좋은 가격에 거래하시는 거니까 절대 손해 안 보실 거예요."

"네, 그럼 매도인한테 물어보시고 바로 연락 좀 주세요."

이렇게 일사천리로 계약이 진행되었고, 결국 그날 바로 가계약금을 보낼 수 있었다. 그리고 얼마 뒤 신혼부부를 세입자로 잘 받았고, 최종 투자금은 3,500만 원이 들었다. 우연히 찾은 단지 내에서 투자한 물건의 매입 금액은 4억 7,000만 원이었고, 전세를 4억 4,000만 원에 놓았으며, 부대 비용은 약 500만 원이 들었다. 2018년 7월 현재 시세는 6억 중반대를 형성하고 있으므로 투자금 대비 수익이 큰 사례라 할 수 있다.

다시 한번 말하지만, 노력한다면 당신도 고수를 이길 수 있다. 즉 당신의 부지런함으로 부족한 경험을 채울 수 있다면 당신도 고수들만

아파트 언제 어디를 살까요

큼 충분히 좋은 물건을 찾을 수 있다는 말이다. 그것으로 정말 충분하다. 투자의 세계에 정답이란 없다. 스스로 투자 원칙을 잘 세우고, 특별한 비법과 지름길을 찾기보단 묵묵히 내 길을 가면 될 뿐이다.

　시장은 시시각각 변한다. 그리고 변화가 있는 곳에 좋은 기회도 늘 있기 마련이다. 그것은 인생에서도 그리고 투자에 있어서도 언제나 진리일 수밖에 없다. 아무것도 하지 않는다면, 결코 기회를 잡을 수가 없다. 부지런히 무언가를 하라. 설령 그 일이 아주 사소한 일이라 하더라도 말이다. 그리고 꾸준히 하라. 내가 투자에 있어서 가장 중요하게 생각하는 건 바로 간절함과 꾸준함이다. 당신도 부동산 투자 고수가 될 수 있다.

실거주 집을
적극 활용하라

2016년 6월에는 신도림과 가재울 뉴타운, 두 건의 매수 계약을 잘 성사시키고 나자 투자금이 얼마 남지 않은 상황이 되었다. 경기도의 한 채를 팔아 서울의 두 채를 샀으니 나쁘지 않은 거래임이 틀림없었다. 그럼에도 또 한 건의 서울 투자를 7월에 진행하게 되었는데, 마포구에서 500만 원에 전세 투자를 하게 된 것이었다.

'5,000만 원이 아니라 500만 원?? 서울 그것도 마포구에서 500만 원에 전세 투자를 했다고?'

어찌 된 일인지 궁금할 것이다. 지금부터 그 이야기를 시작하려 한다.

2016년 6월 초여름의 어느 날.

"여보, 우리 이사 갈까요?"

"응? 이사라니 무슨 말이에요?"

"지금 우리 사는 집 말이에요. 이 집으로 이사 온 지 1년밖에 안 됐지만, 지금 여기 전세 가격이 우리가 이 집 산 가격과 똑같아져서요."

"그래서 여길 전세 주고 이사 가자고요?"

"맞아요."

"아… 알았어요. 그렇게 해요."

아내의 양해를 구해 이렇게 실거주로 사는 집을 전세 투자로 세팅하기로 한 것이었다. 그래서 갭 차이가 바로 500만 원이란 소리이다. 알고 보면 참 싱거운 방법이다.

하지만 입지가 좋은 지역에 직접 거주하며 이런 방법으로 전세가 오르길 기다리면 때론 굉장히 멋진 기회가 온다. 2년을 굳이 기다리지 않아도 시기에 따라 1년 만에라도 가능하다. 그리고 또 전세 가격이 안 오르면 원래 계획대로 거기에 살면서 느긋하게 기다리면 된다. 얼마나 편리한 방법인가? 전세를 못 맞춰서 잔금 치를 위험도 없다. 세입자가 구해지면 천천히 집을 알아보고 이사를 준비해서 가면 된다.

부동산 투자자라면 본인의 실거주 집 역시 투자의 한 방편으로 삼고 현명하게 활용하면 좋다. 각자 상황이 다르기 때문에 모든 이에게 위와 같은 방법이 적용될 수는 없다. 특히 취학 연령층의 아이가 있기라도 하면 이사를 결정하기가 쉽지 않다. 하지만 모든 상황을 떠나서 평소에 이런 부분을 염두에 두고 실거주용 집을 구하면 좋다. 투자 옵션을 하나 더 가지는 것이니 활용하지 않을 이유가 전혀 없다.

이렇게 이사하기로 결정하고 나서 집 앞 부동산에 전세를 내놓았다. 그리고 또 새로 이사 갈 집을 열심히 알아보는 일도 시작했다. '이

번에는 어디로 이사를 가야 할까?' 즐거운 고민이었다. 이때의 핵심
은 바로 일자리 접근성이 좋은 지역을 선택하는 것이다. 매번 똑같다.
공급이 부족해 전세 수요가 풍부한 곳이면 어디든 이런 전략이 가능
하다. 꼭 수도권만 말하는 것이 아니다. 일자리 접근성이 좋은 주거지
역은 전국 어디라도 모두 해당된다. 앞으로 전세가가 오를 지역에 실
거주로 산다는 것은 이렇게 또 하나의 큰 무기가 될 수 있다.

2030년 서울의 광역교통축 구상 계획

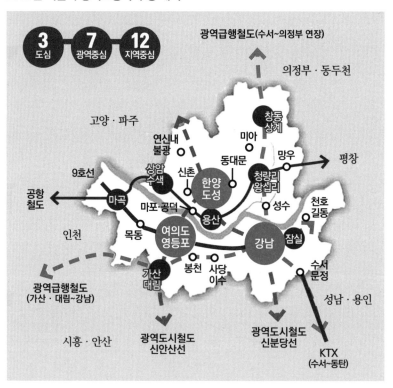

또한 실거주 집을 구할 때 앞으로 해당 지역의 매매가가 많이 오를

아파트 언제 어디를 살까요

것이 뻔히 보이는데 전세가가 엄청 낮은 곳이라면 역시나 이런 방법이 통한다. 전세를 놓기에는 투자금이 너무 많이 들기 때문에 직접 들어가 살면서 때를 기다리는 것이다. 신규 택지개발지구나 대규모 재건축 때문에 미니 신도시급으로 새롭게 탄생할 것 같은 지역이 대상이 될 수 있을 것이다(대규모 입주가 예정된 곳은 초기에 전세가가 낮다).

나는 앞으로도 실거주를 통한 이러한 투자 방식을 적극 활용할 것이다. 이미 투자 목적으로 전세를 놓은 물건들은 만기가 되었을 때 다행히 전세금이 오르면 좋은 것이다. 그 돈으로 재투자 혹은 대출 상환, 현금 보유 등 상황에 따라 포트폴리오의 안정성을 유지하는 방향이면 어떤 것이든 좋겠다. 그 전략은 그 전략대로 가고, 실거주를 통한 전세 투자는 또 이 방식대로 간다면 부동산 자산 규모를 키우는 데 더욱 효과적이다. 그러니 부디 실거주 집을 적극 활용하라.

부동산 투자의 첫걸음은 내가 사는 집이다. 특히나 부동산 투자를 이제 막 시작하려는데 어디에 투자해야 할지 잘 모르겠고 첫 투자에 대한 두려움이 있다면, 실거주용 집을 통해 투자의 첫발을 내딛는 것을 추천한다. 굳이 투자 물건을 찾지 않고 내가 사는 집만 잘 활용해도 충분히 멋진 투자자가 될 수 있다.

'살고 있는 집에 너무 많은 돈이 들어가면 투자할 돈이 없는데요?' 이런 의문이 들 수도 있다. 그런데 이건 본인의 성향에 따른 선택의 문제라고 생각한다. 실거주 집의 비용을 최소로 하고, 대신 투자금을 더 마련해서 투자를 적극적으로 할 것인가? 아니면 실거주 집을 우선 안정적으로 보유한 다음에 천천히 일 년에 한두 채 정도 투자할 것인가?

내 경우엔 실거주 집에 대한 무게를 더 비중 있게 생각한다. 그래서 대출을 조금 더 받더라도 실거주 집은 더 나은 주거지를 마련하는 게 좋다고 생각한다. 가족을 생각해도 그것이 좋은 방법이고, 투자를 생각해도 그것이 좋은 선택이다.

앞으로 부동산 시장은 점점 차별화될 것이다. 그런 의미에서도 실거주 집을 고를 때 이런 차별화될 시장에서 경쟁력 있는 집에 거주하면서 그 이점을 누린다는 것은 매우 현명한 투자 방법이다.

부동산 투자는 대부분 지루한 기다림의 연속이다. 실거주 집은 그런 의미에서 최고의 투자 방법이기도 하다. 또한 부동산은 주식이나 다른 투자자산과 다르게 모두가 참여할 수밖에 없는 시장이라는 점을 반드시 기억하자. 이건 매우 중요한 특징이다. 아무리 부동산을 싫어하고 부정적으로 보는 사람일지라도 집은 반드시 선택해야 한다. 자가 혹은 임대 중에서 말이다. 그만큼 주택 수요는 꾸준하다. 그래서 부동산 투자는 길게 보면 이길 수밖에 없는 게임이다. 결국 부동산 투자자라면 실거주 집을 잘 마련하는 것이 투자의 첫 단추가 아닐까 한다.

부동산 투자는 장기전이다

무더운 여름이 시작되려고 하는 2016년 6월 내내, 실거주 집을 알아보고자 여러 지역을 열심히 돌아다녔다. 아내와 상의 끝에 우리는 원래 살고 있던 마포구 내에 다시 한번 머무르기로 결정했고, 대신 아내가 좀 더 선호하는 곳으로 이사 가기로 하였다. 실거주 집을 투자에 활용하면서 사랑하는 가족의 의견이 절대적임은 두말할 필요가 없다.

또한 부동산은 주부의 눈으로 바라보아야 더 좋은 것 같다는 생각도 들었기에 이런 결정을 할 수 있었다. 대신 당시 부동산 흐름으로는 중심지의 신축 아파트가 조금 더 상승할 가능성이 있어 보였기 때문에 그 조건에 만족하는 아파트로의 이사를 결정하게 되었다.

역시나 새로 이사 간 집의 전세가가 쭉 올라온다면 다시금 이사를 계획할 것이다. 이만큼 강력한 전세 투자법을 나는 알지 못하기 때문이다. 실제로 묶이는 돈이 거의 없고, 전세를 못 맞출 걱정도 없기에 안전하기까지 하다.

상반기를 기점으로 2016년도 투자는 마무리할 생각이었기 때문에 조금 더 서둘러서 아파트를 알아보았다. 부지런히 움직였다. 그리고 마침내 원하는 물건을 잘 찾아 7월 초에 계약을 하였고, 잔금 치르는 날은 11월 말로 잡았다. 그리고 그후 2016년 여름부터 시작한 서울 상승장 동안 3,000만 원 이상 가격이 상승하며 잔금 치르는 날 매도 인에게 쓰라린 기억을 안겨 주었다.

부동산 투자에서 타이밍은 언제나 중요하다. 그리고 투자를 하고 수익을 내기 위해서는 길고 지루한 기다림의 시간 또한 절대적으로 필요하다. 운이 좋아서 투자한 직후에 가격이 상승하면 좋겠지만, 그렇지 않더라도 길게 보유하며 단순히 화폐가치의 하락만 방어해도 이미 반은 성공한 투자가 아닐까? 그래서 나는 늘 투자를 할 때 길게 가져갈 수 있는 물건에 집중하며 투자를 하는 편이다. 현재까지도 살고 있는 이 아파트는 6억 중반에 매수를 하였으며, 가격은 10억 중반까지 오른 상태이다.

내 경우에는 투자한 모든 물건에 대해 준공공 임대물건으로 등록해 놓았기에 살고 있는 집은 2년 거주 요건을 채우고 1세대 1주택 비과세 혜택을 받으며 매도할 계획이다. 다주택자라고 할지라도 투자 목적으로 구입한 물건들을 임대사업자로 등록하면 거주 주택의 양도 시, 주택 수에서 임대 주택들은 제외한다. 다주택자도 거주 주택에 대해서는 비과세 혜택을 누릴 수 있음을 꼭 알아 두자.

TIP 장기임대주택 비과세 특례

소득세법 시행령 제167조의3 제1항 제2호에 따른 장기임대주택과 거주주택 1개를 소유한 1세대가 거주주택을 양도하는 경우 거주주택의 보유 기간이 2년 이상이고, 세대전원의 거주 기간이 2년 이상이면 거주주택에 대하여는 1세대 1주택으로 보아 비과세 적용을 받을 수 있다(소득세법 시행령 제155조 제20항).

8년 의무임대기간이 있는*임대사업자들의 세제 혜택
* 소득세법상 장기임대주택사업자(2018.4. 이전 등록은 5년)와 준공공임대주택사업자

① 취득세 : 60㎡ 이하 건축·분양임대(1호 이상) 시 면제
② 재산세 : 40㎡ 이하 면제, 40~60㎡ 75% 감면, 60~85㎡ 50% 감면(2호 이상)
③ 임대소득세 : 2,000만 원 이하 분리과세(경비율 70% 적용), 2,000만 원 초과 종합과세
④ 종합부동산세 : 합산 배제
⑤ 양도소득세 : 장기보유특별공제 70%, 다주택 중과 배제(임대주택의 주택 수 배제)

아파트 20채를 통한
시스템의 완성

2016년 12월, 한 해 동안 투자한 물건들의 잔금도 잘 처리하였고, 11월 말에 실거주할 집의 잔금과 이사도 잘 진행했다.

하지만 시장은 1년 전인 2015년 12월과 마찬가지로 크게 위축되어 있었다. 특히 11.3 부동산 대책의 일환인 정부의 대출 규제는 순식간에 부동산 시장에 찬물을 끼얹은 듯했다. 시장이 과연 언제 살아날 것인지 아무도 알 수 없었다.

'어떻게 하면 부동산 투자를 통해 경제적 자유를 얻을 수 있을까?' '언제까지 부동산 투자를 해야 하고, 투자할 때마다 과연 실패 없이 성공할 수 있을까?' 아무도 알 수 없는 갑작스런 경제 위기의 시기를 어떻게 쓰러지지 않고 넘길 수 있을까?'

많은 고민이 머릿속을 맴돌던 시기였다. 그렇지만 그때의 나에게는 시의 적절한 때에 적당한 고민이었다. 앞만 보고 달렸던 지난 2년간이었지만, 이제는 한 박자 쉬면서 다시금 나의 투자를 되짚어 볼 필요성을 느꼈다.

'내 투자의 목표는 무엇인가?'

부동산 투자에 있어 무엇보다 가장 중요한 질문이다. 오랜 고민 끝에 내가 내린 결론은 아파트 20채를 통한 시스템의 완성이다. 언제나 한정된 자금을 가진 개인으로서 부의 규모를 키우려면 일정 규모 이상의 아파트를 보유하는 것이 필요하다고 생각했다.

내가 투자한 스무 채의 부동산에서 현금 흐름이 꾸준히 나오고, 앞으로 올 상승장에서 한 채당 5,000만 원씩만 오르면 나에게는 10억 원이라는 돈이 생긴다(물가 상승률만 감안하더라도 사실 한 채당 5,000만 원 이상은 오를 것이다). 그런데 만약 내가 5채의 물건을 가지고 있고, 상승장이 와서 5,000만 원씩 오른다 하면 내 수익은 2억 5,000만 원으로 떨어진다. 일정 규모 이상의 아파트를 보유한다는 것은 이런 의미에서 매우 중요하다.

가능하다면 서울 10채, 1기 신도시 10채. 이렇게 포트폴리오를 구성하고자 한다. 그리고 만약 지방 투자의 기회가 온다면 지방 10채를 추가하여 총 30채 정도의 규모가 적당할 것이란 생각이다.

내가 24평 역세권 아파트를 매우 좋아한다는 사실은 이제 여러분이 나보다 더 잘 알 것이다. 1인 가구에서 4인 가구까지 다양한 수요를 맞출 수 있다는 장점 때문이다. 큰 평수 대비 저렴한 가격과 세금 혜택은 덤이다.

또 일자리 접근성이 좋은 지역을 선호한다. 그리고 어떤 지역에 투자할 때 해당 지역에서 가장 선호도가 높은 단지를 눈여겨보는 것도 잊지 않는다. 남향에 로열층도 선호한다. 부동산 시장의 흐름이 안 좋을 때에도 가격 방어나 환금성에서 유리하기 때문이다. 이를 보면 내가 '안전마진'을 많이 가지고 가는 투자를 하고자 노력하고 있다고 볼 수 있다.

다시 돌아와서 일단 나의 1차적인 목표는 20채를 통한 시스템의 완성이다. 시스템의 완성이라는 말은 내가 일하지 않아도 내 자산이 스스로 돈을 버는 구조를 말한다. 20채의 부동산에서 어떻게 현금 흐름이 발생하는지 잠시 살펴보도록 하자.

전세 투자를 주로 하는 나에게 전세금 상승에 따른 투자금 회수가 바로 현금 흐름이다. 즉 20채 모두 전세로 세팅되어 있다면, 적어도 1년에 10채의 전세 만기가 돌아온다. 평균적으로 거의 한 달에 한 채다. 전세금이 오르지 않거나 1,000만 원 정도만 오를 수도 있다. 그럼 보수적으로 잡아도 1년에 5,000만 원 정도는 투자금이 회수될 것이다. 전세 투자이기 때문에 대출은 없다. 그리고 회수된 전세금을 어떻게 활용할지는 시장 상황에 따라 유동적일 것이다.

그런데 이 시스템의 가장 큰 취약점은 바로 전세금의 하락인 '역전세'다. 그렇기에 전세입자가 만기가 되어 나가고, 새로운 세입자를 구하지 못해서 공실이 나는 시기엔 잔금을 치를 수 있어야 한다. 그래서 충분히 현금을 보유한 상태로 가야 한다. 그 밖에도 다양한 약점들이 있겠지만, 그런 것들은 충분히 나의 노력으로 커버할 수 있다고 생각한다.

그중의 하나가 물건의 상태를 최상으로 수리하는 것도 포함되어 있다. 베란다 새시까지 최상급으로 수리하는 것이다. 10년 이상 보유하기 위한 포석이다. 또한, 수요가 좋은 A급 지역의 물건들로 계속해서 포트폴리오를 업그레이드하면서 적당한 시점에서는 반전세를 통해 월세 수익도 만들어 가야 할 것이다. 그리고 회수되는 현금액에 따라 대출 없는 월세로도 조금씩 변환한다면 어느 정도 안정적인 현금 흐름을 만들어 갈 수 있다.

내가 지금 하려고 하는 이 방법이 위험해 보이는가? 스무 채를 보유하면 세금이 많지 않겠느냐고? 여기에 바로 '준공공임대'를 적절히 활용하는 것이다. 종합부동산세(종부세), 재산세 혜택을 누리면서 전세보증금 5% 상한 제한의 장점을 최대한 취하는 방법이다. 8년 혹은 10년 후 양도세 혜택은 그냥 보너스다.

'5% 상한 제한'이 장점이라는 말이 이상하게 들릴지도 모르겠지만, 오르는 전세금만큼 계속 전세를 올려 받는다는 말은 다시 말하면, 나중에 매도할 때 남는 게 없다는 말과 같다. 그런데 5%씩만 제한적으로 전세금을 올린다면 내 물건의 전세 만기가 돌아왔을 때 다른 물건들과 비교되지 않을 정도로 턱없이 낮은 전세 가격이라 공실의 위험이 줄어든다. 언제나 제일 먼저 전세를 맞출 수 있다는 말이다.

당신이 조금만 욕심을 버린다면 얼마든지 안전한 투자를 할 수 있다. 나는 결국 인간의 과욕이 모든 화의 근원이라고 생각한다. 매도할 때도 세입자에게 조금은 싼 가격으로 매수를 권유해 보자. 최고가에 팔려는 욕심을 버리면, 당신의 생명력은 길어질 것이다. 당신에게도 이것이 조금은 힌트가 될지는 모르겠다. 나는 계속해서 이런저런

아파트 언제 어디를 살까요

고민을 통해 스스로 나가야 할 방향을 정하고, 또 계속 시장의 흐름에 따라 그것을 수정할 것이다. 이렇게 큰 방향을 가지고 투자를 진행하는 것과 막연하게 부동산 투자를 하는 것 사이에는 커다란 차이가 있을 테니까 말이다.

당신 역시도 자신만의 투자 원칙과 부동산 투자를 통해 마침내 경제적 자유에 이르는 길에 대해 고민해 보길 바란다. 물론 내가 말한 방법 중에서 공감되는 부분이 있다면 그것은 맘껏 활용해도 좋다.

부동산 투자에도 다양한 분야들이 있다. 그중에서 자신이 가장 잘하는 방식, 가장 선호하는 방식으로 자기만의 노하우를 계속 쌓아 가면 된다. 투자의 세계에는 정답이 없다. 그리고 앞으로의 방향성을 쉽게 예측할 수도 없다. 내가 지금까지 말한 방식이 전혀 먹히지 않는 세상이 오지 말라는 법도 없다. 전혀 새로운 판을 짜게 될 날이 올 수 있음을 늘 명심하며 지내야 한다.

투자라는 야생의 세계는 방심하는 순간, 한순간에 무너져 내릴 수 있는 무시무시한 세계임을 절대 잊지 말자. 달콤한 유혹들이 판치고, 단기간에 큰 수익을 줄 것 같은 큰 기회들이 자주 보일 것이다. 그때마다 이것이 내가 생각하는 투자의 방향과 잘 맞는 것인지 잘 점검하면서 나아가야 한다. 끝까지 살아남는 투자자가 되자. 당신의 성공을 진심으로 응원하겠다. 혹자는 말한다. 만날 역세권 소형 아파트, 갭 작은 것만 찾아다니지 말라고. 정말 그래야겠다. 그런 건 스무 채 정도면 충분하니깐 말이다. 나는 나의 길을 가 보겠다.

TIP 보유 주택 수에 따른 부동산 투자 성공 전략

	선택 1	선택 2
무주택자	공급 많은 지역+전세 자금 대출	감당할 수 있는 범위 내에서 내 집 마련
1주택자	살고 있는 지역을 업그레이드하자	비과세를 유지하며 다주택자가 되자
다주택자	임대사업자 등록에 대한 고민	세금 공부에 올인하라

아파트 언제 어디를 살까요

PART

2

부동산 투자의
세계에 빠져라

정확한 투자가 곧 훌륭한 투기이며,
성공적 투기는 훌륭한 투자다.

– 앙드레 코스톨라니

투자 원칙의
중요성

잃지 않는 투자를 하기 위해서는 반드시 자신만의 투자 원칙을 세우는 것이 중요하다. 투자 원칙은 곧 안전장치이다. 나 역시 한 건 한 건 투자를 진행하며 안전장치를 여러 겹 만들면서 투자를 하고 있다. 그중 첫 번째가 아파트에 투자한다는 것이다.

수많은 주거 형태 중에서 아파트는 당연히 선호가 높다. 그리고 앞으로도 계속 선호가 높을 것이다. 나는 그중에서 수요가 가장 많을 것으로 예상하는 24평 위주로 투자하려고 한다. 1인 가구부터 최대 4인 가구까지의 수요를 모두 감당할 수 있기 때문이다. 소형 평형은 세금 혜택도 많다.

둘째, 공급이 많은 지역은 피한다. 전세 투자에 있어서 가장 큰 위험

요소인 역전세를 피하기 위한 안전장치인 것이다. 그리고 공급이 부족한 지역에서도 입지가 조금 더 좋은 곳에 투자한다. 그리고 해당 단지 내에서도 조금 더 선호도가 높은 로열동, 로열층을 선호한다(물론 동향이나 저층의 경우도 인테리어 상태가 훌륭하다고 생각되면 투자하는 편이다).

셋째, 인테리어 상태가 중요하다. 인테리어 상태가 처음부터 좋은 물건을 투자하거나, 아니면 잔금을 치르고 실거주용 급으로 직접 수리를 진행하는 것을 선호한다.

이렇게 층층이 안전장치를 걸어 두어도 시장이라는 것은 늘 우리의 예측 범위를 넘어선다는 사실을 잊지 말아야 한다. 그래서 어느 정도 현금을 반드시 보유하여 위험에 대비하는 것이야말로 현명한 투자자의 올바른 자세라고 생각한다. 전세 투자에서 세입자가 나가는 데 새로운 세입자를 구하지 못하면, 언제든지 내가 가진 여유자금으로 잔금을 치를 준비를 해야 한다는 말이다. 본인이 하는 투자가 얼마만큼 위험이 있는지 생각해 본다면, 그리고 그 위험을 피하기 위한 안전장치는 어떠한 것이 있는지 꼼꼼히 챙기면서 투자를 한다면, 당신은 그래도 살아남을 것이다. 원칙과 철학이 있는 투자는 웬만해서는 흔들리지 않는다.

투자 기준 세우기

투자의 원칙을 세운 다음에는 내 투자 기준을 세워야 한다.

이는 어떤 물건을 투자할 것인지 투자 대상을 명확히 그려 보는 작업이다. 언제나 투자에 앞서 가장 먼저 생각해야 하는 부분이다.

늘 나만의 투자 원칙과 기준을 세우고 투자에 임해야 하는 것은 현명한 투자의 기본이다. 내가 투자에 있어서 가장 중요하게 생각하는 부분은 일자리이다. 앞서 이미 여러 차례 언급했다. 사람들이 거주지를 정할 때, 가장 중요하게 생각하는 것이 바로 직장까지의 접근 편의성이라고 생각한다. 물론 우리나라의 경우, 높은 교육열로 인해 학군이 우수한 지역에 살기를 선호하고 그런 곳에 투자를 하는 것도 높게 평가하고 있다.

강북 업무지구, 강남 업무지구, 여의도 업무지구. 이렇게 3대 업무지구 중에서 최소 두 군데의 업무지구가 겹치는 접근성이 좋은 입지를 특히 선호한다. 특히, 강북과 여의도의 직장 수요를 합친 것 이상이 강남이기 때문에 강남 접근성은 무엇보다 중요하다. 하지만 아무리 입지가 좋다고 해도 공급 물량이 많은지 꼭 체크하자. 서울이 공급이 없다는 말은 단지 평균적으로 없다는 것일 뿐이다.

부동산은 평균보다 개별적으로 봐야 할 때가 더 많음을 느낀다. 평균의 오류를 늘 조심하자. 2018년의 공급 위기도 개별 지역으로 접근해서 잘 따져 보아야 한다. 그리고 반드시 투자하기 전에 각 지역구별 입주 물량을 먼저 확인해 보아야 한다. 특히 서울은 근접해 있는 경기도의 입주 물량까지도 같이 확인해 보는 것이 좋다.

한편 투자를 맘먹고 하려 할 때, 막상 내가 마음에 든 단지에 가 보면 매물이 아예 없거나 좋은 물건이 없는 경우가 아주 흔하디흔하다. 물건이 없어서 투자를 못 하는 것이다. 이럴 때는 참 난감하다. 부동산 투자에서 타이밍이 무척이나 중요한데 괜찮은 물건이 없다니, 이런 낭패가 없다. 그렇기 때문에 내 경우에는 최대한 여러 지역을 다양하게 살펴보는 편이다. 하나의 단지에 목매기보다는 여러 경우의 수에서 선택할 수 있도록 미리 준비하는 것이다.

그렇게 여러 지역을 살펴봄으로써 좋은 이유는 지역들에 대한 상대적인 비교가 가능하다는 장점이 또 있다. 이건 투자에서 매우 중요한 포인트라고 생각한다. 다양한 지역을 비교해야 어떤 지역이 현재 가격이 싼 건지 아니면 비싼 건지 알 수 있다.

직주근접의 힘

부동산 투자에서 가장 중요한 요소를 하나만 꼽으라고 하면, 나는 주저 없이 '직주근접'을 선택할 것이다. 직주근접이란 직장과 거주지가 가까이 접한 곳을 말한다.

우리가 보통 집을 구할 때 가장 중요한 것이 무엇일까 생각해 보면, 아마도 내 일터와의 거리일 듯싶다. 직장과 집이 가깝다는 것은 시간 절약 차원에서 삶에 매우 유익한 일이다. 길거리에서 낭비하는 시간이 적다면 그만큼 시간을 벌 수 있다. 그 시간에 운동을 해도 되고, 취미 생활을 하거나, 가족과 조금 더 많은 시간을 보낼 수도 있을 것이다. 따라서 직장과 집의 거리가 가까우면 그만큼 삶의 질이 더 올라간다.

그래서 많은 사람들이 집을 구할 때 가장 중요하게 생각하는 것이 직장과의 거리이다. 매일 만원버스와 만원 지하철에 시달리며 장거리 출퇴근하는 사람들의 하루가 어떠할까? 아침부터 파김치가 되기 일

쑤이다. 내 경우엔 버스를 타서 자리에 앉아 잠을 자더라도 피곤을 풀기가 쉽지 않았고, 지하철에서 책을 읽거나 공부를 하는 것 역시 만만한 일이 아니었다. 그럴 때마다 집이 가까웠으면 하고 바랐던 적이 한두 번이 아니었다. 체력 소모도 만만치 않다.

그런데 왜 우리는 직장에서 멀리 떨어져 살아야 할까? 일차적으로는 주요 업무지구와 거리가 가까운 지역들은 집값이 비싸기 때문이다. 물론 아이들 교육이나 육아를 대신해 줄 시댁이나 처가 근처로 가야 해서 본의 아니게 직장과 먼곳에 자리를 잡는 경우도 있다. 하지만 대부분은 돈 때문이 아닐까 한다.

서울의 인구가 천만 명 아래로 내려갔다는 기사를 종종 볼 수 있다. 서울에서 경기도로 많은 사람이 빠져나가고 있다는 말이다. 왜 그럴까? 서울의 비싼 주거비를 이기지 못해 경기도로 빠지는 것이다. 돈의 힘은 참 무섭다. 그래서 투자에서도 직장 출퇴근이 편한 지역을 중심으로 알아보는 것이 중요하다고 생각한다. 다른 모든 것은 무시하더라도 '직주근접' 이것 하나만은 반드시 기억했으면 한다.

기승전
현장

부동산 투자에서 최종적인 결정을 하기에 앞서 반드시 현장에 가야한다. "부동산 투자는 현장에 답이 있다"는 얘기들을 많이 하는데, 백번 옳은 말이다. 지도나 전화 통화만으로는 어떤 지역에 대해 아는 데한계가 있다. 그런 점에서 본인이 잘 아는 동네가 유리하다.

하지만 투자라는 것이 내가 아는 동네만 투자할 수 있는 것은 아니다. 시장 상황에 따라 혹은 해당 지역의 부동산 사이클에 따라 진입해야 하는 시기가 다 달라진다. 그리고 그 시기를 가늠할 수 있는 가장중요한 것이 바로 해당 지역의 향후 공급 물량이다. 입주 물량이라고도 불리는 이것을 통해 어떤 지역에 투자할지 말지를 결정하는 것이다.

일단 공급이 없음을 확인했다면, 나는 실제 투자할 단지를 살펴보기 위해 그 동네를 되도록 자주 찾아간다. 직접 발로 걸으며 그곳의 분위기를 느껴보는 것이다. 그리고 부동산 중개업소를 방문하여 투자할 만한 물건이 나와 있는지 확인한다.

그런데 가끔 부동산 투자를 한다고 무턱대고 해당 지역의 중개업소를 찾아가 브리핑을 받는 사람도 있는데, 별로 추천하고 싶은 방법은 아니다. 중개업소에 들어간다는 것도 쉽지 않은 일이고, 매우 어색한 일이 아닐 수 없기 때문이다. 그래서 미리 사전 예약을 통해 어떤 물건을 보겠다고 하고 약속을 잡고 가는 편이 훨씬 더 수월하다. 그러면 그 중개업소의 실장을 통해 해당 지역에 관한 이야기도 자연스럽게 듣게 되고, 투자 가능한 물건도 소개받을 수 있다. 내 경우에는 열 번이면 열 번 다 그렇게 했다. 부동산 투자가 처음이라면 특히 더 유용한 방법이다.

실장님은 언제나 내 편이어야 한다

부동산 중개업소의 실장들은 투자든 내 집 마련이든 계약을 할 때 언제나 내 편으로 만들어야 하는 사람들이다. 그래서 투자에 있어 가장 중요한 사람을 꼽으라고 한다면 바로 이들이라고 감히 말할 수 있다.

우리나라의 부동산 계약은 직접 거래 혹은 인터넷 거래가 아니라 대부분 부동산 중개인을 통한 중개로 이루어진다. 따라서 부동산에서 실무를 책임지고 있는 어떤 부동산 실장을 만나느냐가 투자의 성패를 결정짓기도 한다.

그런데 주변을 한번 둘러보라. 얼마나 많은 부동산 중개업소가 있는가. 아파트 한 단지만 가더라도 그 수많은 중개업소 중에서 어디를 들어가야 할지 망설여진다. 그렇다고 모든 중개업소를 다 들어가 볼 수는 없는 노릇이다. 참으로 고민될 것이다. 그런데 어느 중개업소를 들어가는 것에 대해서 크게 신경 쓰지 말라고 말해 주고 싶다. 이 말은, 즉 물건에 더 집중하라는 말이다. 공인중개사의 역할이 아무리 중요하다고 할지라도 결국 투자라 함은 좋은 물건을 고르는 행위이다. 우리는 그 목적에 충실하면 될 것이다.

따라서 좋은 부동산 실장을 만나려고 하기보다는 나 자신이 부동산 실장에게 좋은 인상을 주면서 좋은 손님이 되면 된다. 그럼 자연스레 부동산 실장들을 내 편으로 만들 수 있다.

그런데 부동산 실장들을 내 편으로 만들기 위해서는 맨손으로는 안 된다. 작은 것이라도 두 번 이상 방문하는 부동산이라면 과일 음료 선물세트라도 사 들고 가면 좋다. "매번 이러지 않으셔도 되는데……" 라는 말을 듣더라도 나는 개의치 않고 매번 뭔가를 사 들고 가는 편이다. 그런 돈이 아깝다고 생각하면 절대 안 된다. 그들이야말로 내 투자에서 가장 중요한 역할을 해 주는 사람이기 때문에 더욱더 신경을 써서 잘 해야 한다. 무엇을 바라고 그러는 것은 아니지만, 내가 먼저 나누어 줄 때 더 많은 것을 얻을 수 있음을 기억하자.

다행히 내가 만난 대부분의 부동산 실장들은 친절하고 일 처리도 꼼꼼하게 잘했다. 그럼 그 실장들이 그 동네에서 중개를 가장 잘하는 사람들이었을까? 꼭 그렇지는 않을 수 있다. 그저 내가 먼저 그들에게 친절하게 다가가고 믿고 맡기는 태도를 보이다 보니, 그들도 성심껏 잘해 주었던 것이다.

그런데 부동산 실장들에게 내가 부동산 투자자라는 걸 너무 자랑하듯이 말하면서 다닐 필요는 없다. 특히나 나는 내가 투자 경험이 많다거나 보유 물건이 많다는 것을 절대로 입 밖으로 내지 않는다. 그럼 내 실력을 믿고서 오히려 일을 대충 처리하거나 매도인이나 세입자에게 나에 관한 이야기를 누설할 가능성도 크기 때문이다.

이렇게 하는 이유는 투자자를 본능적으로 거부하는 부동산 실장들이 있기 때문이다. 그 사람들을 조력자가 아닌 적으로 만들 이유가 없지 않은가. 쉽고 편한 투자가 언제가 오래간다. 몇 번을 강조해도 지나치지 않은 말이다.

그래서 나 같은 경우에는 대부분 투자가 아닌 실거주로 집을 구하는 것처럼 상황을 설정하곤 한다. 그래서 당장 매수를 하지만 전세를 놓을 수밖에 없는 이유로 아기가 아직 어려서 처가댁 근처에 2년 정도 더 머물러야 한다고 말한다. 그러면 이런 상황에 대해 매도자도, 부동산 실장도 자연스레 받아들인다. 혹시나 2년 후 또 전세를 놓게 되더라도 "육아 때문에 일정이 변경되었다"라고 한마디만 하면 된다. 사실 그때는 아무도 내 상황에 대해 궁금해하지 않겠지만 말이다.

차라리 부동산에 대해 무지한 초보 티를 내는 것이 더욱 효과적이다. 우리에게 중요한 것은 좋은 물건을 사는 것이다.

세입자 잘 구하는 방법

좋은 물건을 사서 전세 투자를 하게 되면 세입자를 구해야 한다. 그런데 이 세입자를 구하는 것이 만만치 않다. 그럼 어떻게 하면 세입자를 잘 구할 수 있을까?

이건 세입자의 입장에서 생각해 보면 금방 답이 나온다. 즉 세입자가 좋은 조건으로 느껴야 한다.

그럼 어떤 집이 세입자에게 좋은 집일까? 일단 해당 단지가 누구나 선호하는 단지라면 세입자로서도 좋다고 생각할 것이다. 교통이 편리하다든지 초등학교가 있으면 그렇다. 장보기에 편한 대형 마트나 산책할 수 있는 공원이 근처에 있다면 이 또한 좋을 것이다. 그리고 인테리어가 잘되어 있는 깨끗한 집이라면 들어와 살고 싶을 것이다. 게다가 가장 중요한 임대 가격이 싸면 더 쉽게 세입자를 구할 수 있다. 어떤가? 좋은 단지에 임대료 싸고 깨끗한 집. 사실 이게 전부이다.

그래서 나는 너무 높게 전세 금액을 받는 것에 욕심을 내지 않는다. 그저 내가 정한 금액에서 살고 싶은 세입자가 있다면 웬만하면 수긍을 하는 편이다. 1,000만 원, 500만 원 싸게 해 달라는 세입자가 있으면 한 번 정도는 중간 가격으로 협상을 해 보기도 하지만, 너무 가격에 연연해하지 않는다. 그냥 빨리 임대가 맞추어지는 것이 여러모로 맘도 편하고 좋다는 것을 투자하면 할수록 느끼는 바이다. 다들 너무 맘 졸이면서 투자하지 않았으면 한다.

급매에 목숨 걸지 마라

투자에 있어 영원히 변치 않는 가장 중요한 두 가지가 있다면 바로 가격과 타이밍이다. 나는 지금까지 급매를 사 본 적이 없다. 자랑은 아니지만, 급매를 사지 못한다고 투자를 못 하는 것은 아니라는 것을 알기 때문이다. 급매 한 번 없이도 투자를 해서 높은 이익을 많이 얻었다.

수도권 상승장 시절에 운 좋게 투자 시장에 뛰어든 덕분이기도 하지만, 이 말에 사실 정답이 들어 있다. 상승장이라면 급매를 기다릴 필요가 전혀 없는 것이다. 그냥 나와 있는 물건 중에서 마음에 드는 물건이 있다면 그냥 투자하는 편이 낫다. 조금 지체하는 사이 다른 투자자들이 와서 그 물건을 낚아챌 가능성이 훨씬 높다.

물건을 싸게 사는 것은 중요하다. 쌀 때 사는 것도 중요하다. 하지만 언제 집값이 싸게 보였던 적이 있었던가. 싸다는 것은 지나고 나야 알 수 있다. 급매라는 것 역시 지나고 가격이 올라야만 알 수 있다.

급매에 목숨 걸지 말자. 시세대로 사도 투자에 성공할 수 있음을 믿어 보자. 때론 역대 최고가에 사더라도 큰 수익이 나기도 한다. 당신이 충분히 긴 시간을 기다릴 수 있다면 당장 가격은 문제가 되지 않는다. 그것이 바로 투자를 대하는 올바른 자세다.

그리고 누군가가 좋다는 지역을 투자하는 것도 너무 좋아할 필요가 없다. 그렇게 소문이 난 지역에는 투자자들이 북적이기 마련이고, 투자자들이 북적이면 장점보다 단점이 훨씬 더 많음을 알게 된다. 우선 살 때부터 경쟁이 치열하다. 조금 먼저 온 투자자들이 좋은 물건을 다 거두어 갔을 확률도 높다. 그리고 가장 큰 문제는 세를 구하기가 어렵다는 것이다. 너도나도 투자 후에 임대를 놓으니 얼마나 많은 물건이 쏟아져 나오겠는가. 그러니 누가 좋다고 하는 지역이 꼭 좋은 건만은 아니라는 생각을 하자.

그저 내 스스로 찾는 것이 가장 좋다고 생각한다. 그래야 후회가 없다. 그리고 결과도 더 좋다. 아무도 관심을 두지 않지만 내 투자 기준으로 봤을 때 가격이 저렴하다고 느껴지는 지역, 공급이 너무 부족한데 직장 출퇴근은 편한 지역, 내가 좋아하는 지역은 바로 그런 곳이다.

본인의 투자 원칙을 정하고 그 원칙에 맞는 대상을 찾고 찾다 보면 분명 찾을 수 있다. 말장난 같지만, 누구나 그렇게 한다. 내가 먼저 선점한 이후, 마침 투자 고수가 추천이라도 한다면 그저 다행이다. 그런 곳은 투자자들이 몰려와 그 지역의 시세를 잔뜩 올려 줄 것이 틀림없다.

현명한 투자자는 고수를 따라다니는 게 아닌 고수를 반 발짝만 앞서가거나 아예 신경을 안 쓰는 사람이다. 내 경우에는 아예 신경 안 쓰는 편에 속한다. 투자라는 것이 소수 편에 서면 승리할 확률이 높은 게임임을 나는 알고 있다.

갭이라고 불리는 실투자금에만 너무 치중해서 투자하는 것도 바람직하지 못하다. 실투자금이 적게 드는 지역보다 실투자금은 많이 들더라도 지역 자체가 더 중심 지역이라면, 그런 지역을 투자하는 편이 더 낫다. 강서구 역시 실투자금만 생각했다면 전세 낀 물건을 살 수 없었을 것이다.

투자에 정답이라는 것은 없다. 그리고 투자에는 시간이 필요하다. 현재의 선택에 대해 결과가 바로 나오지 않기 때문에 아마도 투자가 어려운 것일지도 모르겠다. 다만, 달콤한 남의 말에 유혹당하지 않고, 본인만의 튼튼하고 안전한 원칙을 지키는 투자를 한다면 꾸준히 오랫동안 살아남을 수 있지 않을까? 초보 투자자일수록 준비가 조금 덜

되었더라도 지식보다 더 중요한 것이 경험이라는 것을 알자.

누구에게나 초보 시절은 있다

나에게도 초보 시절이 있었다. 실질적인 내 첫 투자 물건은 바로 원룸 형식의 신축 도시형 생활주택이었다. 투자 공부를 시작하기 6개월 전의 일이다. 우연히 지하철역에서 광고 전단을 보게 되었고, 그것에 혹해서 분양사무소에 가서 덜컥 계약까지 하고 말았다.

두 채를 투자하라는 말에 속아 넘어가지 않은 것만 해도 정말 다행이었다. 홍보 전단에는 '회사 보유분 특별 한정 분양'이라는 거창한 이름으로 되어 있었지만, 사실은 미분양 물건을 말하는 것이었다. 청약을 넣은 사람들이 층이나 향이 맘에 들지 않아 미계약한 물건이 20개 정도 남아 있었던 것 같았다. 분양사무소 직원은 어제도 두 개를 계약한 사람이 있다며 나에게 수익률이 얼마나 환상적으로 나오는지 열과 성을 다하여 설명했다. 그나마 1년 임대료 보장이라는 조건으로 분양가 대비 500만 원 할인 혜택을 받은 것이 위안 아닌 위안이었다.

다행히 입주 시기에 맞추어 세입자를 잘 구했지만, 1년도 안 돼서 결국 이 물건은 내 손을 떠났다. 바로 두 번째 투자 물건을 전세를 끼고 투자하는 바람에 돈이 필요해서 급매로 팔아 버렸던 것이다. 이익은 커녕 그저 손해 안 보고 팔 수 있었다는 사실에 지금도 감사하고 있다.

어떤 경우든, 올바른 방향으로 가는 것이 핵심이다. 방향이 잘못되었다고 생각된다면 언제든지 올바른 방향으로 가기 위한 고민을 해야 한다. 그래서 공부가 중요하고, 독서가 중요하고, 배움이 중요한 것이다. 살아남기 위해서 말이다. 모든 수단과 방법을 가리지 않고, 어제보다 더 나은 내가 되기 위한 몸부림을 치는 노력을 하는 것, 우리가 해야 할 것은 단지 그것 하나일 것이다.

매년 성장하는 본인의 모습을 보는 것은 무척이나 가슴 벅차고 행복한 일이다. 아름다운 날갯짓을 하는 나비는 처음부터 나비가 아니었다. 보기 흉한 애벌레에서 시작해서 스스로의 힘으로 번데기에서 나오는 그 힘든 과정을 겪었기 때문에 나비가 되어 훨훨 날 수 있었다. 우리도 역시 나비가 되기 위한 충분한 시간과 노력이 필요하다.

성공을 위해서는 초보 단계를 거치지 않고 올라가는 법이 없다. 지금 시작한다고 초조하진 않은지, 빨리 부자가 되고 싶은 마음에 조급하진 않은지, 남들은 저만치 앞서가는 데 나만 뒤처지는 건 아닌지 걱정할 필요가 없다. 누구나 그렇게 시작하니깐 말이다.

초보 투자자라면 우선 저지르고(행동), 수습하면서(경험), 배우는(실력) 단계를 반드시 거쳐야 한다. 그리고 이 말을 꼭 기억하자. 울창한 숲도 처음에는 한 알의 씨앗에서 시작했다는 것을.

TIP 초보 투자자에서 벗어나는 3가지 방법

① 본인에게 잘 맞는 투자 대상 찾기
② 본인에게 잘 맞는 투자 방법 찾기
③ 본인만의 투자 원칙 세우기
→ 이 모든 것을 고집스럽게 밀고나가기

돈맥경화

대출이라는 장벽

부동산 투자를 결심하게 되면 친해지는 것이 하나 있다. 바로 대출이다. 부동산은 내 돈으로만 투자하는 것이 아닐 때가 많다. 전세금을 받는 것 역시 내 돈이 아닌 남의 돈을 활용해 투자하는 거라고 보면 된다.

대출과 전세금, 이 둘은 남의 돈을 활용한다는 의미에서는 큰 차이가 없다. 오히려 전세금은 제3자로부터 빌리는 무이자 차입금이니, 개인이 이만큼 남의 돈을 쉽게 빌리는 방법을 나는 알지 못한다. 전세의 유래도 결국 과거 대출이 쉽지 않았던 개인들이 자구책으로 내놓은 방안이었음이 틀림없다.

반면에 개인이 은행으로부터 대출을 받는 것은 제약사항이 많이 있다. 은행 자체의 까다로운 심사는 물론 나라에서 정한 한도가 있기 때문이다. 하나의 부동산에 대해서 집값의 몇 퍼센트 이내에서 대출 한도가 정해지는 것을 LTV라고 한다. 그리고 소득 대비 대출 가능 한도가 바로 DTI이다.

TIP

LTV
Loan To Value ratio의 준말로 담보가치 대비 대출비율을 말한다. 주택담보대출비율이란 은행들이 주택을 담보로 대출을 해 줄 때 적용하는 담보가치 대비 최대 대출 가능 한도를 말한다. 즉 집을 담보로 은행에서 돈을 빌릴 때 집의 자산가치를 얼마로 보는가의 비율을 말하며, 보통 기준 시가가 아닌 시가의 일정 비율로 정한다.

DTI
Debt To Income의 약자로 주택담보대출 연간 원리금의 상환액과 기타 부채에 대해 연간 상환한 이자의 합을 연소득으로 나눈 비율을 말한다. 담보대출을 받을 경우 채무자의 소득으로 얼마나 잘 상환할 수 있는지 판단하여 대출 한도를 정하는 제도다. DTI 수치가 낮을수록 빚을 갚을 수 있는 능력이 높다고 인정된다.

DSR
대출을 받으려는 사람의 소득 대비 전체 금융 부채의 원리금 상환액 비율이다. 주택 대출 원리금 외에 모든 신용대출 원리금을 포함한 총 대출 상환액이 연간 소득액에서 차지하는 비중으로 대출 상환 능력을 심사하기 위해 금융위원회가 2016년 마련한 대출심사 지표. 주택담보대출 이외에 금융권에서의 대출 정보를 합산하여 계산한다.

아파트 언제 어디를 살까요

신DTI

정부가 2017년 10월 24일 가계부채 종합대책을 통해 2018년 1월부터 적용하고 있는 규제다. 신DTI는 투기 수요 억제를 위해 다주택자를 대상으로 한 핀셋 규제로 서울이나 수도권은 물론 세종시, 부산 해운대구 등 청약조정지역에 우선 적용된다.

LTV, DTI 규제 비율

• 2018월 7월 현재

	투기지역, 투기과열지구		조정대상지역		기타 수도권	
	LTV	DTI	LTV	DTI	LTV	DTI
서민 실수요자	50%	50%	70%	60%	70%	60%
주택담보대출 미보유	40%	40%	60%	50%	70%	60%
주택담보대출 1건 이상 보유	30%	30%	50%	40%	60%	50%

새 정부 들어 LTV와 DTI 한도가 축소되었다는 이야기를 들어 보았을 것이다.

정부는 언제나 부동산 가격의 안정을 추구하기 때문에 부동산이 과열되었을 때는 빌릴 수 있는 돈의 양을 줄이고, 부동산이 침체되었을 때는 빌릴 수 있는 한도를 늘려 준다. 나 역시 이미 첫 투자를 통해 두 건의 대출을 실행한 상태였기 때문에 세 번째 대출을 실행하려고 하니 원하는 만큼 한도가 나오지 않았다. 개인당 2개인 MCI(모기지 신용보험)를 다 소진해 버린 것이었다. 이때 대출을 통한 월세 투자를 개인이 무한대로 늘리기에는 참 힘들다는 것을 느꼈다. 다만, 1억 원 미만의 대출에 대해서는 건수 상관없이 대출을 통한 월세투자가 가능했던 시절이었다는 것을 뒤늦게 알게 되었다. 2018년 현재는 전국적으로 대출 규제가 적용되기에 이런 틈새마저 없다.

그리고 대출이라는 것이 같은 은행이라도 지점마다 이율이 다 다르다는 것을 꼭 알아야 한다. 그만큼 많이 알아보면 조금이라도 싼 이율로 대출을 받을 수 있다는 말이다. 하지만 0.1%p에 목숨 걸지는 말자. 정말 크게 차이 나는 것이 아니라면 적당히 알아보고 결정하는 것도 필요하다.

본인이 할 수 있는 여건이 된다면 최대한 노력하면 좋지만, 그렇지 않고 바쁜 일정을 쪼개어 투자하는 것이라면 대출중개인을 통해 은행을 추천받는 것도 좋은 방법이다. 내 경우에도 처음 대출을 받았을 때 인연이 닿은 대출중개인을 통해 거의 모든 대출을 진행하고 있다. 처음 할 때는 직접 이리저리 많이 알아보는 것도 중요하지만 매번 그렇게 할 필요는 없다. 그것 또한 엄청난 에너지가 필요한 일이다. 오히려 지치지 않고 쉽게 가는 게 오래가는 길이라고 생각한다. 때론 단순함이 최고의 무기이다. 난 언제나 그렇게 생각한다. 편한 길이 있으면 편한 길을 선택한다.

부동산 투자를 하며 대출을 너무 두려워하지 말자. 초보 투자자들이 가끔 내게 대출에 대해 물어보면, "대출 가능한 최대의 금액을 먼저 확인한 다음에 최대한의 한도까지 대출을 받고, 그 돈과 기존에 모아 놓은 당신의 돈을 함께 종잣돈으로 삼아 투자를 시작하세요"라고 자신 있게 말하는 편이다.

은행은 결코 손해 보는 장사를 하지 않는다. 당신이 생각하는 이상으로 꼼꼼하고 엄격한 심사를 거쳐야만 당신에게 대출해 준다. 그래서 은행에서 돈을 빌리려면 당신의 능력 범위 안에서만 빌릴 수 있다는 것을 알면 좋겠다.

신용사회에서 대출은 곧 능력이다. 결국 나 역시 빌릴 수 있는 돈의 한계를 깨닫게 되었고, 그 후 월세 투자가 아닌 전세 투자로 전략을 대폭 수정할 수밖에 없었다. 투자를 시작한 지 두 달 만에 월세를 통해 현금 흐름을 계속 늘려가는 전략에서 시세 차익이 날 때까지 마냥 기다려야 하는 위험한 전세 투자로 전략을 바꾼 것이었다. 다만, 전세 투자는 바로 무이자로 개인에게서 돈을 빌리는 것이기 때문의 정부 혹은 은행 자체의 대출 심사 자체가 필요 없다는 큰 장점이 있다. 정부에서 돈줄을 죄는 시기에는 전세 투자가 유리하고, 돈줄을 푸는 시기에는 월세 투자가 유리하다고 할 수 있겠다.

돈맥경화에 걸리지 않으려면

그럼에도 부동산 투자를 할 때 돈줄이 막힐 수가 있다. 그래서 매매 계약을 할 때야 계약금 10%만 있으면 되지만, 중도금부터 잔금까지 본인이 감당할 수 있는 범위 안에서 자금을 융통할 수 있는지 꼭 확인해야 한다.

항상 전세금을 통해 잔금을 처리할 수 있다는 생각은 조금 위험하다. 경우에 따라 세입자를 못 구할 수도 있다. 이런 일은 언제나 발생한다. 내 경우에는 항상 잔금을 치를 수 있겠다는 가정하에 투자를 한다. 물론 전세 수요가 엄청나게 많아서 바로 전세를 맞출 수 있는 물건인 경우라면 조금은 과감하게 투자를 진행할 때도 있지만 말이다.

기본적으로 부동산 투자는 사 놓고 기다리면 된다. 다만, 우리가 투자에 실패하는 이유 중의 하나가 너무 미래를 긍정적으로 예측해서 투자하기 때문이다. 대부분은 '전세금을 매매 잔금 일자에 맞춰서 잘 구할 수 있겠지' 하는 것과 '전세 만기가 되돌아왔을 때 새로운 세입자를 쉽게 구할 수 있겠지' 하는 두 가지 낙관적인 생각 때문에 어려운 상황에 부닥치기도 한다.

이때도 여유 자금이 있다면 전혀 문제가 되지 않는다. 하지만 대부분의 투자자들은 자금을 굉장히 타이트하게 관리하면서 하나의 물건이라도 더 투자하려고 하므로 자금 융통하기가 쉽지 않은 경우가 많다.

정말 확신이 있는 경우가 아니라면 우리는 늘 여유 있는 투자를 해야 한다. 그리고 돈맥경화에 걸리지 않도록 처음부터 임대 수요가 풍부한 곳에 투자하는 것과 내 물건의 인테리어 상태가 좋아 금방 세입자를 구할 수 있는 경우가 안전한 투자를 할 수 있는 하나의 팁이다. 더불어 향후 해당 지역의 입주 물량을 체크하는 것은 사전에 반드시 필요하다. 이것은 내가 반드시 지켜 나가는 원칙이기도 하다.

투자의 시작,
지도와 친해지기

투자 초반 강서구에 관심을 두었을 때, 어떻게 투자처를 찾을지 고민이 많았다. 그때 나는 지도 안에서 해답을 찾았다. 지금이야 많은 데이터를 활용해서 참고하지만, 그 당시에는 그저 네이버 지도 하나면 충분했다.

사람들이 내 집 마련이든 부동산 투자이든 실제로 집을 알아볼 때 가장 널리 활용하는 것은 네이버 부동산(land.naver.com)이다. 매매 물건이나 임대 물건이 거기에 다 올라와 있기 때문이다. 나 역시 네이버 부동산 하나만 믿고 실제 투자를 했다고 해도 과언이 아니다. 투자하고 싶다면 네이버 부동산을 열자. 그럼 지도가 첫 화면에 딱 보인다. 그것이 바로 부동산 투자의 시작이다.

네이버 부동산 메인 화면

 그 화면에서 원하는 지역의 시군구를 선택하면 그 지역의 지하철
노선도를 포함한 상세 지도가 나타난다. 그거면 당신이 투자처를 찾
는 데 충분하다. 정말 그렇다.

네이버 지도로 투자 지역 찾기

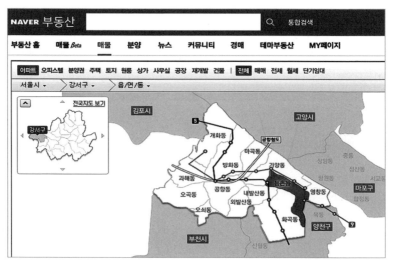

처음 서울에 부동산 투자를 시작하려고 했을 때, 내 눈에 들어온 것은 바로 강서구의 9호선이었다. 여의도를 지나고 강남까지 가는 그 황금 노선이 참 좋아 보였다.

여의도와 강남의 접근성이 좋은 데다가 마곡지구라는 대규모 업무 지구까지 들어온다고 하니, 딱 여기다 싶었다. 가장 중요한 일자리 수요가 풍부했던 것이다. 이것만큼 확실한 투자 조건이 있을까 하는 생각이 들었다.

이렇게 어떤 지역을 투자해야겠다는 대략적인 방향이 결정되면, 그 다음은 참 쉽다. 입지를 좁혀 가면 되는 것이다. 투자금에 맞추어 물건을 찾는 것이 아니라, 바로 입지를 좁혀 가는 것이 핵심이다. 지도를 열면 투자처가 보인다고 한 이유가 바로 지도를 통해서 입지가 보이기 때문이다.

강서구라는 지역에서 조금 더 입지를 좁혀 보자. 어떤 동으로 구성되었는지, 혹은 지하철이라면 어떤 역이 있는지를 중점적으로 살펴보면 된다. 내 경우에는 9호선의 매력을 보고 투자하는 것이었기 때문에 강서구를 지나가는 역 하나하나를 살펴보면서 입지를 좁혀 갔다. 그중에서도 급행 역으로 지정된 역을 중심으로 살펴보았다.

해당 지역의 동을 기준으로 찾을 것이 아니라 지도에서 지하철역을 찾아 역에서 가까운 단지부터 차근차근 살펴보다 보면, 어떤 아파트 단지가 투자하기에 유망한지 손쉽게 찾을 수 있다. 어떤 지역을 투자할 때도 마찬가지다. 내가 잘 모르는 지역일수록 이런 식의 접근은 굉장히 효과적일 수 있다. 이건 별로 어려운 것도 아니고 특별한 방법도 아니다. 누구나 할 수 있는 굉장히 쉽고 단순한 방법이다.

그렇다면 대중교통 의존도가 조금 덜한 지방은 어떨까? 지방은 자가용으로 출퇴근하는 사람들의 비중이 높으니 대중교통 접근성이 주거를 결정하는 최우선 순위가 아니다. 그런 의미에서 교통보다는 학군이 좋은 지역의 아파트 투자가 유효할 것이다. 대전과 대구가 대표적인 예라고 하겠다. 다만, 수도권은 지하철 이용이 많으니 역세권 위주로 접근하면 큰 무리가 없다.

그리고 또 한 가지 손쉬운 방법이 있다. 네이버 부동산에서는 동 단위까지 지역을 선택하게 되면 인기순으로 아파트를 정렬해서 볼 수 있다. 어떤 기준을 가지고 인기 순위를 정하는지는 몰라도 상관없다. 나름의 기준이 분명 있을 테니깐 말이다.

그래서 인기가 높은 단지들을 먼저 유심히 살펴보고, 그다음에 그것이 맞는지 확인하면 된다. 그건 해당 단지에 직접 가서 부동산 실장들에게 정말 이 동네에서 선호하는 단지가 맞는지 물어보면 알 수 있다. 그리고 해당 동네에서 어떤 아파트를 사람들이 선호하는지까지 물어보면 더 좋을 것이다. 그런데 참고로 지방은 네이버 부동산에 물건을 올리지 않는 경우가 많아 이렇게 네이버 부동산을 보면서 물건을 찾기가 어려울 수도 있다. 대표적으로 광주광역시의 경우 네이버 대신 '광주 사랑방 신문(http://home.sarangbang.com)'을 통해 물건 정보를 얻는다.

투자를 너무 어렵게 생각하지 않았으면 좋겠다. 실력이 좋든 나쁘든 이런 방법을 가지고 부동산을 검색하는 것은 똑같으니깐 말이다. 중요한 것은 해당 지역에서 사람들이 선호하는 단지를 고를 수 있으면 되는 것이다. 특히, 지방의 경우 투자 가치가 있어 보여 투자를 결심했다면 더욱더 세심하게 입지가 좋은 곳에 투자하는 편이 장기적인

아파트 언제 어디를 살까요

네이버 부동산을 활용해 투자 가치가 높은 아파트 찾기

관점에서도 바람직해 보인다. 그렇기 위해서는 입지적으로 우위에 있는 곳에 투자하는 것이 현명하다. 결국엔 좋은 입지의 부동산은 가격이 오를 때 많이 오른다.

입지 좋은 곳을 알아보려면 단순하게 어떤 지역에서 대형병원이나 백화점 근처에 있는 아파트를 유심히 살펴보는 것도 좋다. 스타벅스나 커피빈 같이 유명 커피 프랜차이즈나 CGV, 메가박스 등 영화관이 입점해 있는 곳 주변을 살펴보는 것도 내가 좋아하는 방법이다. 이렇게 입지가 좋은 곳은 투자금이 조금 더 드는 반면에 수익은 조금 덜 날 수 있다. 하지만 최소한 '잃지 않는 투자'를 할 수 있다. 지금 당장 지도를 펼쳐 보자.

필자의 방에 걸려 있는 수도권 광역 지도

손쉬운 지역
선정 방법

'자 나는 오늘부터 투자를 시작한다. 그런데 물건은 어떻게 찾아야
할까?'

처음 시작하는 부동산 투자자라면 정말 막막할 것이다. 나 또한 그
랬다. 그런데 투자 방법에 왕도란 없다. 각자 나름의 투자 노하우가
있고, 이는 개개인별로 모두 다르다고 생각한다.

지금 내가 하려는 이야기는 '사월'이라는 투자자는 이런 식으로 물
건을 찾는구나라는 것을 한번 슬쩍 들여다보는 정도로 이해해 주길
바란다.

내 생각에 부동산 투자에 있어 가장 중요한 건 지역 선정이다. 그래
서 난 일단 투자 지역을 선정한다. 그런데 어떤 기준으로 지역 선정을

해야 할까?

난 처음에 전국 지도를 펼쳐 놓고(네이버 부동산도 좋다) 그다음에 행정단위인 시, 군, 구 순서로 점차 좁혀 가면서 동까지 고른다. 그러고 나서 해당 동 안에 있는 개별 단지를 고르는 방법을 사용한다. 예를 들면, 서울시 → 강남구 → 대치동 → 은마아파트 이런 식으로 말이다. 큰 숲에서 점차 나무로 좁혀 가는 방식인 탑다운 방식을 부동산 투자에 사용하는 것이다.

좀 더 구체적으로 설명해 보면, 일단 나는 전국에 있는 모든 24평(전용 59㎡) 아파트를 내 투자 대상이라고 생각을 했다. 그래서 제일 먼저 입주 물량 체크를 한다. 앞으로 입주 물량이 많은 지역이라면 아무리 입지가 좋은 지역이라 할지라도 투자 대상에서 과감히 제외한다. 그런 지역은 나중에 입주가 마무리되고 공급이 부족해질 때쯤 관심을 둬도 된다. 그렇게 해서 2016년부터 2019년까지 공급이 없는 지역을 체크해 보는 것이다(필자 블로그(https://blog.naver.com/justfre)에 나와 있는 '입주 물량 현황'을 참고해도 된다). 그리고 그 향후 공급이 기본적으로 부족한 지역 중에서 평소 내가 좀 더 관심을 두는 지역들을 몇 개 뽑는다.

이때는 투자금에 따라 지역이 많이 달라질 수 있다. 만약 투자금이 부족하면 1군 지역보다는 2군, 3군 지역을 노리는 것이 좋다(1, 2, 3군 지역의 구분은 동별 매매 평균가의 차이다). 그런데 지역적으로 낮은 군에 속해 있더라도 그 지역 안에서 랜드마크라고 할 수 있는 단지를 찾아 투자하면 결국 입지가 좋은 부동산에 투자하게 되는 모양새가 된다. 꼭 강남에만 투자해야 입지 좋은 곳에 투자하는 것이 아니라는 것을 명심했으면 한다.

두 번째로는 공급이 없는 지역들을 대상으로 가격 흐름을 본다. 이 때 KB부동산(nland.kbstar.com)을 참고하면 좋다(부동산 정보 〉 KB부동산 통계 정보 〉 주간 KB주택시장 동향 〉 시계열 엑셀파일). 여기서는 매매가와 전세가의 데이터를 보는 것이다. 해당 지역의 최근 매매가율 및 전세가율 상승 폭을 잘 확인해 본다. 특히 매매가율이 조금씩 살아나고, 전세가율이 큰 폭으로 매매가율보다 상승하는 지역이 있는지 찾아본다. 세 번째로 이렇게 두 개의 작업으로 걸러진 지역을 한번 쭉 보고 나서는 네이버 부동산(land.naver.com)을 본다. 여기서 당시 내 레이더망에 걸렸던 지역이 바로 춘천이었다. 2016년 4월의 일이었다.

앞에서 말한 방식대로 일단 네이버 부동산을 통해 춘천에서 아파트가 가장 많은 동을 찾아봤다(네이버 부동산에서는 동별 아파트 개수가 표시되므로 찾기가 쉽다).

그리고 아파트가 가장 많은 동을 크게 세 군데까지 확인한 후, 각각의 동을 클릭해서 그 동에서 네이버 부동산 인기순으로 봤을 때 어떤 단지가 상위에 있는지 지도로 확인했다(주거 밀집 지역을 찾는 것이다). 실제로 상위에 있는 단지들의 입지가 어떠한지 지도 위에서 살펴보고, 주변 편의시설이나 학교 등을 확인한다.

이렇게 하다 보면, 아파트가 많이 밀집한 지역 중에서도 인기가 많은 단지를 쉽게 찾을 수 있다. 아파트가 많이 모여 있는 상위 3개의 동에서 상위 5개 정도의 단지를 각각 조사한다고 하면, 15개 정도의 단지가 어렴풋이 나온다. 15개 정도의 단지를 살펴보는 건 아주 쉽고 금방한다. 단지별로 세대수와 입주 연도 그리고 내가 원하는 평형대가 있는지를 잘 확인하면 단지를 좀 더 좁힐 수 있다.

네이버 부동산을 활용해 동별 단지수 및 인기순 아파트 찾기

이렇게 찾은 단지들에서 현재 네이버 부동산상 매물이 어떻게 있는지 매매·전세 현황을 유심히 살펴본다. 바로 투자금 체크이다. 그리고 가장 중요한 체크 사항은 전세 매물이 거의 없거나 한두 개여야 한다는 것이다.

네 번째, 전화 임장 및 현장 임장으로 물건을 찾는다. 이렇게 손품을 통해서 이 정도까지 투자할 물건 후보를 추렸으면 이제 전화 임장을 할 차례이다. 실제로 전화 임장을 통해서 해당 지역에서 선호도가 좋은 단지가 어디인지 확인하는 게 좋다. 여기서 사람들이 살고 싶어 하는 동네와 단지를 좀 더 정확히 파악할 수 있다. 이렇게 해서 투자를 해도 될 것 같은 느낌이 오는 단지를 발견했으면, 이제 현장으로 출동할 차례이다.

부동산 투자 아파트를 찾는 방법

1. 입주 물량을 통해 공급이 부족한 몇 개 지역을 고른다.
2. 위에서 고른 몇 개 지역에서 전세 가격이 매매 가격보다 더 많이 상승하는 지역을 선별한다.
3. 네이버 부동산을 열고, 해당 지역에서 아파트가 많이 밀집한 동을 찾아내어 네이버 부동산에서 알려 주는 인기순 단지를 정리한다.
4. 각 단지별 투자금을 체크하며 전세 물량이 부족한 단지를 유심히 추려 본다.
5. 해당 단지 부동산에 연락 후 현장으로 가서 분위기를 살핀다.

아파트 언제 어디를 살까요

정부와
맞서지 않는 투자

부동산 시장이 달아오르거나 차갑게 식으면 늘 정부의 간섭이 시작된다. 주거 안정은 정부가 해야 하는 매우 중요한 일 중의 하나이기 때문이다.

케인즈의 신자본주의에서는 정부의 역할에 대해 매우 중요하게 생각했다. 하이에크는 그와 반대로 정부의 지나친 간섭이 시장에 부작용을 나타낸다고 말했다. 정부의 역할은 어디까지가 적당할까? 정부 정책에 대해서는 여러 의견이 있을 수 있겠지만, 결국 개인의 힘으로 정부 정책에 맞설 수 없다는 사실 자체는 인정해야 한다. 그만큼 정부의 힘은 강력하다. 그리고 그 파급력은 즉시성이 있다.

때때로 정부와 시장 중에서 누구의 힘이 더 세냐는 주제로 부동산 커뮤니티에서 끝없는 논쟁을 하기도 한다. 하지만 누가 이기든 중요한 일은 아니다. 투자자는 정책을 잘 이해하면 될 뿐이고, 본인에게 가장 유리한 행동을 취하면 그뿐인 것이다. 정책을 잘 이용하는 사람이 결국 오래 살아남을 수 있다. 현명한 투자자라면 결코 정부와 맞서려고 하면 안 된다. 사실 정부의 정책 속에 답이 있기 때문이다.

정부는 나와 부동산 투자를 함께하는 동업자라고 생각한다. 실제로 우리는 부동산을 취득할 때부터 매도할 때까지 세금을 통해 정부와 그 이익을 모두 나누고 있다. 정부와의 동거는 어찌 보면 당연함을 인정해야 한다. 결국, 부동산 투자에서 달콤한 과실은 정부의 정책 안에서 시장의 방향성을 정확하게 예측하는 사람들의 몫이다.

세금 이야기

그런 의미에서 투자를 처음 시작할 때부터 세금과 정부의 부동산 정책에 대해 관심을 두는 것이 현명하다.

일단 세금은 투자를 하면 할수록 그 중요성이 드러나게 된다. 부동산 투자에서 세금을 한마디로 정의하자면 바로 분산이 핵심이다. 명의의 분산과 매도 시기의 분산이 바로 그것이다.

명의의 분산이라고 하면 부부에 한해서이다. 부부의 경우, 한 사람이 임대사업자를 내서 임대사업자로 투자 물건을 계속 등록하는 경우가 아니라면 적당히 부부의 명의를 분산하는 것이 세금 측면에서는 좋다. 부부 공동명의는 그런 의미에서 좋은 명의 분산 수단이다. 현재

아파트 언제 어디를 살까요

1인당 2,000만 원의 임대 소득세 비과세는 부부 각각 따지기 때문에 그렇다. 종합부동산세도 부부 각각 명의를 따진다.

주택 임대 소득에 대한 과세 여부

구분	임대수입 2,000만 원 이하	임대수입 2,000만 원 초과	
		60㎡+보증금 3억 원 이하	60㎡+보증금 3억 원 초과
1주택 소유자	2018년까지 비과세	비과세(기준시가 9억 원 초과 고가주택 월세 과세)	
2주택 소유자		월세 과세	월세 과세
3주택 소유자		월세 과세	월세+전세금 과세

그리고 양도소득세 절감을 위해서 파는 시기에 대한 분산이 중요하다. 같은 해에 두 개 이상의 부동산을 매도하게 되면 두 부동산을 합한 양도 차익을 합해 세액을 계산한다. 즉 매도할 때는 매년 한 개씩 나누어 파는 것이 적당하다. 그래서 분산이 가장 중요하다.

세금이라는 것이 막연히 어렵게 느껴지는 것이 사실이다. 법에 대한 부분을 잘 숙지하고 이해해야 하기 때문일지도 모르겠다. 하지만 부동산 투자를 하기 위해서는 반드시 관련된 세금은 정확하게 숙지하고 있어야 한다.

비과세 여부 셀프 체크

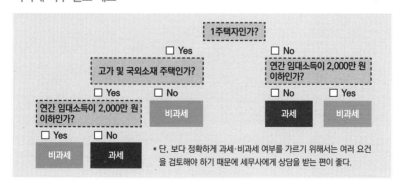

* 단, 보다 정확하게 과세·비과세 여부를 가르기 위해서는 여러 요건을 검토해야 하기 때문에 세무사에게 상담을 받는 편이 좋다.

우리가 꼭 알고 있어야 하는 세금이 사실 그렇게 많지는 않다. 부동산을 취득할 때 당연히 내야 하는 취득세는 매수할 때 알아야 할 세금이다. 그리고 부동산을 보유하는 동안에는 재산세가, 보유하면서 임대를 주었다면 임대소득세가 발생한다. 그리고 부동산을 파는 일, 즉 양도할 때 내는 세금이 양도소득세이다. 이 정도가 주거형 부동산을 처음 사고 보유하고 팔았을 때 우리가 만날 수 있는 세금이다. 하나하나씩 경험을 통해 알게 될 것이지만, 미리 어느 정도 숙지를 한다면 큰 도움이 될 것이다.

그리고 세금에 대해서 가장 중요한 한 가지는 현재 정부가 어떤 부분에서 세금 감면 등의 혜택을 주고 있는지를 잘 아는 것이다. 그 안에 투자의 커다란 힌트가 있다. 정부가 원하는 대로 해서 손해 보는 일은 결코 없다. 세금을 조금이라도 아끼기 위해 많은 투자자가 지금 이 순간에도 뜨거운 불에 자신을 구워 내듯이 피땀 흘리며 노력하고 있다.

그리고 세금에 대해서는 늘 절세의 개념으로 접근해야 한다. 합법적인 법의 테두리 안에서 가능한 절세 방안이면 우리가 투자하는 데 충분한 도움이 된다. 세금이라는 것은 늘 수익이 있는 곳에 발생함을 기억하자.

준공공임대사업자 이야기

2018년 현재 나는 투자한 모든 물건에 대해 준공공 임대로 등록한 상황이다. 그래서 8년 동안 팔지 못한다. 장기 보유만큼 투자자들이 싫어하는 말도 없지만, 스스로 이 길을 택했다. 정부와 손잡고 가겠다는 말이다. 다만, 투자 물건에 대해서 준공공 임대로 등록하려면 잘 알아봐야 한다. 모든 물건에 대해 혜택이 주어지는 것은 아니기 때문이다.

내 경우, 투자한 아파트들이 국민주택 규모 이하라고 할 수 있는 전용 84㎡(33평형)이면서 기준시가 6억 원의 조건을 만족했기 때문에 과감히 등록할 수 있었다(지방은 기준시가 3억 이하에 대해 혜택 부여).

부동산 투자에 처음 입문한 사람일 경우에는 처음부터 임대사업자를 생각할 필요는 없다. 그 고민은 물건 개수가 늘어나 세금 부담이 될 때 하는 것이 좋다.

'똘똘한 한 채'가 좋다고 하는 요즘 시기에 다주택자가 되는 게 맞는 걸까? 여전히 나는 개인이 부동산으로 부자가 되기 위해서는 다주택자가 돼야 한다고 생각한다. 집 한 채를 가지고 부자가 되기는 힘들기 때문이다. 다만, 다주택자의 경우 세금에 대한 공부를 누구보다 치열하게 해야 한다. 아래 임대사업자의 장단점에 대해 정리한 부분을 한 번씩 읽어 보자.

준공공임대사업자 등록 시 혜택

① 지방세 감면 확대
- 2018년에서 2021년까지 취득세·재산세 감면
- 8년 이상 장기임대 시 재산세 감면(2019년 시행)
  - 40㎡ 이하 소형주택, 재산세 감면 호수 기준(2호) 폐지
    (1호만 임대하는 경우에도 재산세 감면 혜택 부여)
  - 공공주택·오피스텔뿐만 아니라 다가구주택(모든 가구당 40㎡ 이하)도 감면

② 임대소득세 감면 확대

- 3호 이상에서 1호 이상으로 확대(2018년 시행)
- 필요경비율 차등화
  - 현재 분리과세 시 적용하는 필요경비율 60%를 등록사업자 70%, 미등록사업자 50%로 차등 조정(2019년 시행)

임대소득세 납부금액(8년 임대 시, 지방소득세 별도, 1년 기준)

임대소득	현재 기준		개선	
	등록	미등록	등록	미등록
연 1,000만 원	0원	0원	0원	14만 원
연 1,500만 원	7만 원	28만 원	2만 원	49만 원
연 2,000만 원	14만 원	56만 원	7만 원	84만 원

③ 양도소득세 감면 확대 및 종합부동산세 감면 기준 개선

- 8년 이상 장기 임대 시
- 양도세 중과배제
  - 장기보유 특별공제 비율 50% → 70%로 상향(2019년 시행)
  - 종부세 합산 배제 적용 대상 5년 → 8년 임대 시(2018년 4월 시행)

		현행	개선
양도세	준공공임대 장기보유 특별공제	8년 이상 임대 시 85㎡ 이하 50% 적용	70%
		10년 이상 임대 시 70% 적용	
	중과배제	5년 이상 임대하는 6억 원 이하 주택	8년 이상
종부세	14만 원합산배제		

④ 건강보험료 부담 완화

- 연 2,000만 원 이하 분리과세 대상 사업자 건강보험료 인상분 대폭 감면
- 8년 임대 시 80%, 4년 40% 감면(2020년 말까지 등록 기준)

한 가지 더 말하자면, 과거에 투자해서 현재 임대를 놓고 있는 물건

아파트 언제 어디를 살까요

도 지금 준공공으로 등록이 가능하다. 다만 양도세 100% 감면 혜택을 받기 위해서는 취득 후 3개월 이내에 등록해야 하기에, 시기가 지난 물건은 양도세 장기보유 특별공제 70% 감면 혜택이 적용된다. 두 가지 경우 모두 양도세를 크게 절감할 수 있는 엄청난 혜택이라는 점만 알자.

아파트 여러 채를
오래 묵혀 두라

한 채보다는 여러 채

우리나라 1970년대 출산정책 표어 중에 '잘 키운 딸 하나 열 아들 안 부럽다'는 것이 있었다. 부동산에서도 규제가 심한 시절일수록 "똑똑한 한 채가 여러 채보다 낫다"는 말이 유행한다. 하지만 나는 한 채의 부동산 보다는 여러 채가 부동산 투자로 성공하는 데 필수 조건이라고 생각한다.

다주택자가 된다는 것은 그만큼 관리의 부담은 있으나 각각의 부동산을 오래 보유하며 시세 차익을 얻는다면 분명 부자의 반열에 가까워지는 길이라고 믿고 있다. 빌딩이라면 모를까, 집 한 채 가지고 부자가 된 사람은 없다. 그래서 한 채 한 채 모아 가는 투자를 하라고 말하고 싶다. 크게 오를 때까지 아주 오랫동안 보유하는 것이다. 그러기 위해서는 시간과 많은 돈이 필요하기도 하고, 투자금이 너무 많이 묶이면 안 되기 때문에 투자금 회수도 역시 중요하다. 내 돈이 하나도 묶이지 않는다면 그만큼 시간을 벌 수 있게 된다.

내가 만약 10채의 부동산을 가지고 있다면 한 채당 1억씩만 올라도 10억이라는 돈을 벌 수 있다. 그런데 내가 1채만 가지고 있다면 1억이라는 돈이 내가 거둔 이익의 전부가 된다. 더욱이 내 집이 1억이 올랐다는 말은 옆집도 윗집도 1억이 올랐다는 말과 같다. 그리고 내가 살고 싶은 곳도 1억이 올랐을 가능성이 매우 높다. 그런 의미에서 여러 채를 보유하는 것이 중요하다고 생각한다. 다행히 우리나라에는 전세라는 제도가 있다. 즉 개인이 다주택자가 되기에 좋은 환경이라는 말이다. 5,000만 원보다 더 적은 돈으로 몇 억이나 하는 집의 주인이 될 수 있는 이유도 바로 전세 때문이다.

나는 남의 돈을 잘 활용하는 것도 현명한 투자 방법 중 하나라고 생각한다. 그리고 모든 투자에는 위험이 따른다는 것도 생각해야 한다. 안전하면서도 쉬운 투자란 없다. 남의 돈을 많이 활용했기 때문에 짊어질 수밖에 없는 리스크에 대해서는 본인이 감당할 수 있어야 한다. 쉬워 보이지만 절대 쉽지 않은 일이다.

서울에 집이 있다는 것의 의미

그럼 모든 투자자가 선호하는 지역은 어디일까? 바로 서울이다. 서울은 투자자뿐만 아니라 실거주자들에게도 환영을 받는 지역이다. 이 말은 곧 수요가 매우 풍부한 곳이라는 말과 같다.

누군가 서울에 투자했다고 하면 아마 남모를 자부심이 대단할 거라는 생각이 든다. 우리는 흔히 강남에 산다고 하면 부러움의 시선을 보내는데, 그만큼 남들이 선호하는 지역에 거주한다는 것은 우리 삶에 있어서 크나큰 자랑거리라고 할 수 있다. 이는 경제적으로 여유 있음을 대변하는 것이기 때문이다.

수요가 풍부한 곳에 투자하는 것은 부동산 투자에서는 기본 중의 기본이다. 이만큼 안전한 투자처를 찾기도 힘들다. 나 역시 투자처를 물색할 때 가장 먼저 생각한 곳이 서울이었다. 그리고 서울로 투자처를 정했기 때문에 다시금 투자 원칙을 살펴보는 작업을 했다. '서울 안에서도 좋은 입지에 있고 연식이 괜찮은 역세권의 전용 면적 59㎡(24평) 아파트. 그리고 학교나 대형마트, 공원이 근처에 있었으면 좋겠다'라는 원칙이 그것이었다. 원칙이라고 해서 특별한 것이 아니다. 오히려 아주 평범한 투자 기준이 좋다.

살기 좋은 곳에 사람들의 수요가 몰리기 때문에 그런 관점에서 많은 사람이 살고 싶어 하는 곳에 투자하는 것은 백번 옳다. 그래서 꼭 투자 물건을 고를 때 투자자의 관점이 아닌 실거주자 입장에서 교통이 편리하고, 아내나 아이 등 내 가족이 생활하기 좋은지를 먼저 따지는 것이 중요하다고 생각한다. 그렇게 되면 크게 실수할 위험이 없을 것이다. 아주 단순하지만 매우 중요한 관점이다.

3대 업무지구인 강남, 여의도, 광화문으로 출퇴근이 쉬운 지역이라면 하락장이 오더라도 가격 방어가 잘 될 것이다. 3개 업무지구 중 2

곳 이상에 접근성이 뛰어나다면 더욱 좋다. 말하자면 더블 역세권과 같은 느낌으로 말이다.

수요층이 풍부한 곳의 부동산은 확실한 안전 자산이다. 2008년 글로벌 금융위기 당시 서울 강남의 중대형 아파트 가격이 떨어진 것은 입지가 부족해서라 아니라 투자로 접근한 수요층이 빠져나갔기 때문이다. 그런데 입지로만 따지면 항상 1등인 강남에서도 부동산 투자로 손해 본 사람이 있는데, 이것은 부동산이 입지로만 판단하는 것이 아니라 타이밍 역시도 매우 중요하다는 것을 말해 준다. 주변 공급량부터 해서 정책적으로 우호적인 환경인지도 확인해야 한다.

이렇게 신경 쓸 것이 많으니 부동산 투자가 머리가 아프다고 하는 사람도 있을 것이다. 하지만 이것저것 신경 쓰기 싫은 사람은 나처럼 24평 중소형 아파트만 투자하면 된다. 1인 가구가 늘어나는 추세와 더불어 24평 아파트의 인기는 당분간 열기가 꺼질 기미가 보이지 않을 것이다. 참고로, 나는 1인 가구가 늘어난다고 해서 초소형 아파트에는 관심을 두지 않는다. 왜냐하면 초소형 아파트의 경우 주거형 오피스텔, 도시형 생활주택 등 비슷한 규모의 경쟁 상대가 넘치기 때문이다.

오래 묵혀 두는 것의 미학

그런데 종종 "부동산은 환금성이 떨어진다"고 말을 하는 사람들이 있다. 나는 그런 걱정을 하는 사람들에게 오히려 환금성이 떨어지기 때문에 부동산 투자가 개인에게 유리하다고 말해 주고 싶다.

환금성이란 무엇인가? 바로 내가 팔고 싶을 때 팔 수 있다는 뜻이다. 주식은 환금성이 매우 좋다. 아무 때나 내가 원하는 시기에 팔 수 있다. 그렇지만 너무 쉽게 팔 수 있기 때문에 자주 시세를 확인하게 된다. 보통 우리가 주식 투자를 통해 큰 이익을 제대로 못 거두는 이유가 너무 빨리 팔아서임을 상기해 볼 때 환금성이 좋다는 것이 꼭 장점만 되는 것은 아니다.

오히려 부동산은 환금성이 안 좋기 때문에 자연스럽게 장기 투자를 할 수 있다. 행동재무학의 창시자 중 한 사람인 시카고대학의 리처드 탈러 교수는 이런 얘기를 했다. "주가가 매일 발표되지 않았으면 좋겠다. 주가가 지나치게 자주 노출되다 보니 특히 상황이 안 좋을 때는 성급하고 어리석은 결정을 내리게 된다. 매일 시가가 발표되지 않는 부동산처럼 주가도 매일 발표되지 않는다면 사람들의 재정 사정은 훨씬 나아질 것이다." 백번 맞는 말이다.

내 경우에도 몇 번의 매도 중 팔고 나자 가격이 급격히 오르는 경험을 하면서 오래 묵혀 두는 것의 미학에 대해 배우게 되었다.

하지만 내가 돈이 필요한데 돈이 묶인다는 것만큼 불편한 것도 사실 없다. 더욱이 임대사업자로 등록하게 되면 그 환금성이 더욱 떨어지기 때문에 많은 사람이 임대사업자 등록을 고민한다. 내가 팔고 싶을 때 팔기를 원하기 때문이다.

하지만 앞서 말한 것처럼 내가 원하는 시기가 수익이 가장 클 때가 아니라는 점도 생각해 볼 필요가 있다. 기본적으로 부동산 투자를 실물자산에 대한 투자로 접근하고, 돈 가치 하락에 대한 방어 수단으로 생각한다면 환금성이 나쁘다는 것이 유리할 수 있다. 그럼에도 환금성이 좋은 상품을 원한다면 그나마 아파트가 여러 부동산 상품 중에서 환금성이 가장 좋다고 할 수 있다. 땅이나 상가, 빌라 그리고 단독주택의 경우와 비교해 보았을 때 그렇다.

나 역시 아파트가 환금성이 좋아서 아파트 투자를 좋아한다. 그리고 그중에서도 더욱 환금성이 좋은 아파트를 찾아 투자한다면 좋을 것이다.

환금성이 좋은 아파트라는 것은 그것을 팔고자 내놓았을 때 바로 팔릴 수 있는 아파트를 말한다. 이 말은 곧 수요가 풍부한 아파트에 투자하라는 말과 같다. 투자자에게 있어서 가장 큰 위험이 돈맥경화이기도 하니, 그런 의미에서 환금성이 좋은 아파트를 찾아 투자하는 것은 바람직하다.

부동산은 개별성이 강하다

나는 "부동산은 개별성이 매우 강한 상품이다"라는 말을 주위 사람들에게 자주 하곤 한다. 언론에서 말하는 2018년 공급 폭탄, 정부의 강력한 규제 등을 듣고 절대로 평균의 오류에 빠지면 안 된다. 같은 단지를 비슷한 시기에 사더라도 조건에 따라 누구는 적은 돈으로 투자하고, 어떤 사람은 큰돈이 묶이는 투자를 하는 것이 바로 부동산 투자이다. 그에 따라 수익률도 천차만별로 벌어진다. 매수 시기만 그런 것이 아니라 매도 시점에 따라 너무나도 차이가 나게 되는 것이 바로 부동산이다.

하나의 단지에서도 이러한데, 전국의 모든 아파트에서 수많은 사람
이 거래하며 얼마나 다양한 일들이 일어날지는 너무나도 극명하게 알
수 있다. IMF 외환위기 때도 상승한 아파트가 있고, 글로벌 금융위기
때 상승한 지역도 있다. 수도권과 지방의 상승, 하락 사이클만 단순하
게 비교해 봐도 이것은 분명한 일이다. 이 개별성이 곧 우리에게 투자
기회를 만들어 준다.

집값은
언제나 비싸다

2016년의 11.3 규제 대책 이후 2017년 초반 서울 부동산 시장은 잠잠하였다. 특히 4월 대통령 선거를 앞두고 사람들의 관심이 모두 그쪽에 다 쏠려 있었기에, 부동산 시장은 조용한 흐름을 이어 가고 있었다. 그런 와중에 나는 서울에 투자한 아파트 두 채를 매도하기로 했다(두 채 모두 강서구 등촌동 물건이었다). 그리고 결론부터 말하면 4월이 다 지나가기도 전에 두 채 모두 거래가 성사되었다. 서울이라 그런 건지 내놓은 지 얼마 되지 않아 두 채 모두 손쉽게 매도를 진행할 수 있었다. 그런데 왜 나는 한 번에 두 채나 팔았을까. 그 이야기를 한번 들려주겠다.

사실은 8월 전세 만기가 돌아오는 물건 하나만 먼저 내놓으려는 생각이었다. 그리고 나머지 물건 하나는 전세 만기가 그다음 해였기에 부동산 실장한테 가을에 세를 끼고 팔 예정이라고 살짝 언질을 해 놓은 상태였다. 그런데 그게 화근이 될 줄이야(다음부터는 부동산 실장들한테 언질조차 하면 안 되겠다. 그들은 나보다 절대 고수이다).

가을에 팔려고 했던 단지의 경우, 평소 실거주 목적의 매수 대기자 몇 명이 있었던 것 같다. 그래서 손님이 있을 때 팔아야 한다는 노련한 부동산 실장의 말솜씨에 홀딱 넘어가서 두 채 모두 4월에 매도하고 만 것이었다. 그것도 둘 중 한 채는 복비를 두 배로 주겠다는 말까지 해 놓은 상태였다. 막상 팔려고 하니 안 팔리면 어쩌나 하는 걱정부터 앞서는 게 사람인 것 같다(하지만 원하는 타이밍에 물건을 팔고 싶을 때 복비를 더 주는 전략은 매우 유용한 방법이라 생각한다).

강서구의 경우 향후 입주 물량도 없고 마곡지구의 기업 입주가 가을에 본격적으로 시작되기에, 가을이 최적의 매도 타이밍이 아닐까 하는 생각도 있었지만, 결론적으로는 봄에 다 팔고 말았다. 그런데 아니나 다를까 집을 팔고 나서 채 한 달도 지나지 않아 강서구에 투자자들이 몰리면서 호가가 몇천만 원씩 뛰어 버리는 사태가 발생했다. '집을 몇 번 팔지도 않았는데 팔 때마다 이러니, 앞으로는 절대로 팔지 말아야겠다'는 생각이 강하게 들었다(특히 서울은 말이다).

사실 투자 스타일상 '보유 후 매수(Buy & Hold)' 전략을 선호하기에 웬만해서는 매도를 고려하지 않는다. 물론, 장기 보유를 좋아하는 사람은 많지 않다. 내가 매도를 결심한 이유는 이 물건들은 그간 열심히 레버리지를 일으켜 투자한 부분에 대한 정리 측면이었다. 그리고 시장의 급격한 변동에 대비해서라도 현금을 좀 가지고 있어야겠다는 판단이 들었다. 결국 어떤 정부가 들어오든, 시장이 어떤 흐름을 보이든 버티는 힘을 비축하는 것은 중요하다.

　매도를 결정한 물건들은 시세 차익이 많이 난 상태였다. 그렇기에 양도세 역시 어느 정도는 낼 각오를 하고 팔 생각이었다. 매도 물건들의 명의는 내 명의가 한 채, 아내 명의가 한 채였다. 매도에 있어 분산은 늘 중요하다. 아마도 전세 가격이 생각했던 것만큼 상승했더라면 팔지 않고 전세금 상승분 회수를 통해서 현금을 비축할 생각도 있었지만, 당시 서울 강서구의 전세 가격은 상당 기간 안정적인 편이었기에 매도를 최종 결심했다.

　그럼 이 시점에서 잠시, 그렇게 4월에 매도 계약한 물건들의 잔금일이 언제였을까 궁금하지 않은가? 바로 8.2 대책을 통해 강서구가 투기지역으로 지정되면서 잔금 일자가 8월 2일 이후면 생각지도 않은 양도세 중과가 적용되는 상황이 되어 버렸다. 그런데 한 채는 7월 초, 다른 한 채는 8월 말이었다(결국 8월 말 물건의 잔금은 양도세 중과 적용을 가산하여 세금을 냈다). 최악의 경우는 아니니 그나마 위안으로 삼았다.

　한편 부동산에 집을 내놓기 전에 기존에 살고 있던 세입자에게 매수 제안을 먼저 했었다. 호가이긴 하지만 당시 거래되는 시세보다 2,000만 원 정도씩 싼 가격이었다. 세입자에게 비싸게 팔아넘기려는 생각보다 그래도 조금이나마 차익을 얻길 바라는 마음이 있었기에 그렇게 제안을 한 것이었다. 하지만 두 세입자 모두 매입을 하고자 하는 마음은 있는 듯했는데, 무언가 확신을 하지 못하는 모습이었다. '집을 산다는 것은 정말 인생의 큰 결정'이라는 것을 새삼 다시 느낄 수 있는 순간이었다.

집값은 언제나 비싸다. 시기가 좋을 때는 이미 너무 오른 것 같아 비싸 보이고, 시기가 안 좋을 땐 더 떨어질 것 같다는 생각이 들다 보니 현재 가격은 여전히 비싸 보인다. 특히나 내가 사고 싶은 지역의 집값은 더욱더 비싸게만 느껴진다. 시대 불변의 진리가 아닐까 한다. 그렇기에 집을 산다는 것은 큰 각오와 대단한 결심이 필요하다. 더군다나 가격에 대한 편차가 심하기에 구매가 더 망설여진다. 5억짜리 집이 10억이 되기도 하고, 10억짜리 집이 5억이 되기도 한다. 그래서 사람들은 두렵다. 집값이 더 오를까 봐 두렵고, 집값이 많이 떨어질까 봐 두렵다.

그럼 집값이 오르지도 않고, 크게 떨어지지도 않으면 어떨까? 그렇게 된다면 타이밍을 재며 언제 살까를 고민하지 않아도 될 것이다.

자동차를 구매하면서 가격이 오를 것을 기대하고 타이밍을 재는 사람은 한 명도 없을 것이다. 그저 내가 필요한 시기에 내 자금 사정에 맞추어 사면 될 뿐이다. 자동차 가격은 내가 산 이후로 감가상각만큼만 딱 가격이 하락할 것을 누구나 알고 있다. 그러나 집은 좀 다르다. 사실 많이 다르다.

일단 공장에서 원하는 만큼 빠르게 생산할 수 없다(최소 2~3년이 걸린다). 그리고 내가 원한다고 매장에 가서 아무 때나 살 수 있는 공산품의 성격도 아니다(특히 상승기 때는 이 말을 더욱 실감할 수 있을 것이다). 또 같은 상품일지라도 그 차이가 너무 크다(같은 단지 내에서도 동과 호수, 라인, 향 및 인테리어 상태에 따른 편차가 크다). 그리고 땅은 영원하다. 건물이야 감가상각이 되어 가치가 0원으로 수렴될 가능성이 있

아파트 언제 어디를 살까요

지만 땅에 대한 가치는 그렇지 않다(재건축 및 재개발에 대한 기대감으로 40년 넘은 아파트의 가격도 상당하다). 이 밖에도 부동산만이 가지고 있는 특징들이 참 많다. 그중에서도 가격에 대한 편차가 심하다는 것, 그것이 사람들로 하여금 집을 사는 것을 두렵게 만드는 요소가 아닌가 싶다.

앞서 '사람들은 집값이 더 오를까 봐 두렵고, 집값이 많이 떨어질까 봐 두렵다'라는 말을 언급하였다. 집값이 더 오를까 봐 두려운 건 집이 없는 사람들일 테다. 반면에 집값이 많이 떨어질까 봐 두려운 건 집이 많은 사람일 테다. 내 집 하나 가진 1주택자의 경우는 어찌 보면 그 둘의 경우보다는 조금은 여유로운 입장이 아닐까 한다(물론 1주택자도 집값이 떨어지는 걸 싫어한다). 그래서 집이 없는 사람들은 그래도 내 집 하나는 가지고 있는 것이 가장 좋은 선택이 아닐까 하는 생각을 해 본다. 내가 가진 돈이 부족하다면 남의 돈을 잘 활용할 수 있는 방법은 없는지도 고민해 보자.

또 화폐가치의 하락에 대해 개인이 할 수 있는 최선의 방어책이 내 집 마련이라는 생각도 가지고 있다. 모든 것을 떠나 내 집을 갖게 되었을 때의 기분과 그 소중함이 참 크다는 것을 느낀다. 집은 소중한 보금자리이다. 그리고 집값은 언제나 비싸다. 그런 생각을 갖고 장기 투자한다면 결코 손해 보는 일은 없을 것이다.

PART
3

현명한 부동산
투자자의 길

좋은 투자라는 것은 원래 지루한 것이다.
만약 투자가 즐겁다면
돈 벌 가능성이 높지 않을 것이다.

– 조지 소로스

일단
시작하라

　일단 저지르자. 내가 가장 좋아하는 말이다. 일단 저지르고 잘못되면 수습하면서 배우면 된다. 넘어지고 아프고 깨지더라도 그것이 어떤 것을 배우는 가장 빠른 길이라는 것을 안다. 그리고 한번 하겠다고 마음을 먹었다면 '즉시! 반드시! 될 때까지!' 정신으로 해야 남들보다 더 앞서 갈 수 있다고 생각한다.

　나 역시 이런 정신을 가지고 아파트 투자를 위해 부지런히 움직였다.

　일단 투자를 결심하면 관심 있는 지역에 대해 전수 조사라고 해도 좋을 만큼 눈에 띄는 단지는 다 조사했다.

　결코 그렇게 힘든 작업은 아니다. 일 년에 투자를 몇 건이나 할 수 있겠는가? 우리가 느끼기에 시간이 오래 걸리는 작업이라고 해 봤자

겨우 하루나 이틀 정도면 다 할 수 있을 양일 것이다. 내가 몇 년 동안 고생 고생해서 모은 소중한 돈을 투자하는 데, 이 정도 노력 없이 남의 말만 듣고 투자를 한다는 것 자체가 어불성설이라고 할 수 있다. 투자의 처음 시작도 그리고 마지막 단추도 결국 본인 스스로 끼워야 한다. 그래야 남의 탓 안 하고 내 판단으로 할 수 있고, 그렇게 내 판단이어야 계속 성장하고 발전할 수 있다.

이렇게 좋은 단지, 마음에 드는 단지를 찾을 때까지 계속 찾는 과정을 반복하다 보면 언젠가는 눈에 띄는 단지를 만나게 된다. 물론, 입지가 좋은 단지가 투자에 좋다는 사실을 모르는 사람은 없다. 나 역시 입지의 중요성을 가장 높게 평가한다. 그런데 더 중요한 것은 내가 가진 투자 금액 안에서 입지가 가장 좋은 물건을 찾는 것이다.

만약 1억 원의 돈을 가지고 한 채만 투자한다면 1억 한도 내에서 가장 좋은 단지를 찾기 위해 대상이 되는 무수한 단지를 인터넷에서 찾고 실제로 현장에 가 보아야 한다.

그리고 반드시 해당 단지 근처에 있는 부동산 중개업소를 통해 그 단지가 내가 찾는 정보와 일치하는지 확인해야 한다. 미처 생각하지 못한 그 단지만의 단점은 없는지, 실제로 사는 사람들만 알고 있는 고충은 없는지도 확인해야 한다. 그러려면 중개업소를 한 군데보다는 두세 군데 방문하는 것이 좋다.

그리고 한정된 돈으로 최대한 합리적인 부동산 투자를 하려 한다면 그에 맞는 단지들을 찾기 위해 범위를 굉장히 넓혀야 한다. 때론 서울 전체, 경기도 전체가 대상이 될 수도 있다. 전체라고 하면 너무 광범위하므로 내 경우에는 보통 어떤 어떤 지역구 내에서만 찾겠다는 원칙을 미리 세우고 조사를 하기 시작한다. 예를 들어 '이번 투자는 마포구, 성동구, 동작구, 영등포구 안에서만 할 것이다'라고 범위를 딱 정하는 것이다. 그리고 그 지역구 안에 있는 모든 대상 물건을 검색하겠다는 생각으로 입지를 조금씩 좁혀 가면서 투자 물건을 찾으면 좀 더 수월했던 것 같다.

이렇게 지역구를 정할 때의 기준은 입주 물량, 즉 향후 공급 물량이라는 것은 두말할 나위가 없다. 그래서 애초에 향후 입주가 많이 예정된 지역들은 조사 대상에서 빼 버린다. 그것이 안전한 투자를 하기 위한 내 울타리가 될 것임을 알고 있기 때문이다.

입주가 많이 예정된 지역은 입주가 서서히 마무리될 때쯤 관심을 두면 될 것이다. 그런 시기가 되면 아마도 전세 가격이 조금씩 올라오는 것이 눈에 보일 것이니, 그것을 신호로 생각하자.

앞서 이미 몇 차례 강조했지만, 전세 투자의 핵심은 향후 해당 지역의 전세 가격이 계속 우상향할 것인지를 판단하는 것이다. 그게 전부이다. 전세 투자에 있어서 전세 가격이 계속 오르는 지역이라면 두려워할 것이 하나도 없다.

부동산은 지역별 상승 시기가 각기 다르기에 너무 늦은 때라는 것이 없다. 더욱 중요한 것은 당신이 준비되어 있느냐이다. 기회가 왔을 때 과감하게 결정할 수 있으려면 그만큼 본인 스스로 투자를 판단할 수 있는 실력을 갖추어 놓아야 한다. 투자 기준이 있어야 한다는 말과 같다. 100% 확신은 없더라도 최소 60% 이상의 확률과 믿음이면 충분하다. 한 번도 실수하지 않고 투자할 수는 없다. 그것보다 더 중요한 것은 실수를 성장과 배움의 과정이라고 긍정적으로 승화시키는 태도가 아닐까 한다.

즉시 실행하라. 그리고 잘못되면 나중에 수습하라. 그것이 내가 여러 번 투자하며 몸으로 체득한 가장 빠르고 확실하게 실력을 쌓는 방법이다. 이보다 더 좋은 방법을 나는 알지 못한다. 당신이 남들보다 불리한 환경에 있다고 생각하면 그만큼 치열하게 노력하는 수밖에 다른 방법은 없다. 당신은 반드시 해낼 수 있다. 몸으로 마음으로 그것을 믿어 보자.

꾸준함이라는 강력한 힘

자기가 목표한 일에 대해서 매일매일 꾸준히 한다는 것은 정말 중요하다. 나는 꾸준히 하려고 하는 사람들에게 더 좋은 기회가 찾아올 것이란 믿음을 가지고 있다. 부동산 투자도 이와 다르지 않다. 나 역시 부동산에 대한 배움은 끝이 없다고 생각하며 죽을 때까지 배울 각오로 임하고 있다. 처음 관심을 두는 것은 누구나 할 수 있고 쉬운 일이지만, 중간에 그만두지 않고 그것을 지속하는 것이야말로 성공 비결이 아닐까 한다.

매일매일 꾸준히 무언가를 한다는 것은 강력한 힘이 있다. 내가 목표한 것을 꾸준히 실천한다는 것, 이것만큼 중요한 것이 세상에 또 있을까. 당장 내 눈앞에 결과가 안 보이더라도 끝까지 한번 해 보자. 아마 지금 99도씨로 끓고 있을지도 모른다. 나 역시 매주 '주간동향'이라는 것을 블로그에 포스팅하며 많은 사람들로부터 듣는 얘기는, 콘

텐츠에 관한 내용보다 매주 꾸준히 포스팅한다는 것에 대한 감탄이다. 그래서 블로그를 시작한 이래로 한 주도 빠짐없이 토요일 새벽 3시 반에 기상하여 포스팅하고 있다.

여름휴가를 갔을 때도 포스팅을 위해 새벽에 홀로 리조트 로비에 있는 책상에 앉아서 글을 썼던 기억이 난다. 또 최근에는 어느 독서 토론 모임에 참여한 적이 있었는데, 그 모임이 금요일 밤 12시가 넘어 끝났음에도 불구하고, 꿋꿋하게 새벽에 일어나 포스팅을 올렸었다.

회사에 다닐 당시에는 아무래도 토요일 새벽 시간이 가장 맘이 편했다. 그러다 보니 일주일 중 가장 설레는 금요일이 돌아와도 어김없이 난 취침 시간을 칼같이 지켰다. 거의 1년 가까이 이렇게 생활하다 보니 주말의 시작이 매우 상쾌함을 느낀다. 다른 사람들이 주말을 시작하려고 할 때, 난 이미 토요일 새벽을 알차게 보냈고 내 할 일을 다 끝낸 기분이 들어 주말 내내 쉬더라도 마음이 참 가벼웠다.

사실 부동산 블로그를 시작하기 전에 육아 블로그를 했던 경험이 있다. 이웃이 거의 없이 혼자 육아를 기록하는 용도로 사용했지만, 3년이라는 시간 동안 하루도 빠짐없이 글을 올려 우리 딸아이가 자라는 모습을 포스팅했다. 원래 목표는 스무 살까지 매일 포스팅해 주는 것이었는데, 부동산 블로그까지 운영하다 보니 이제 육아 블로그는 아내가 전담해서 운영하고 있다.

이렇게 무언가를 꾸준히 한다는 것은 개인적인 발전도 크고 새로운 기회를 가져다준다는 점에서도 무척 의미가 있다.

내가 이렇게 지금 책을 쓰고 있는 것도 결국 꾸준히 나만의 콘텐츠로 무장한 블로그를 통해 새로운 기회를 얻었다고 할 수 있으니, "무엇이든 꾸준히 하라"는 말을 안 할 수가 없다. 부동산만큼은 꾸준히 공부하는 사람이 되자.

나만의 무기 만들기

그런데 꾸준히 하는 것뿐만 아니라 이왕이면 '당신만의 무기를 만들라'고 반드시 말해 주고 싶다. 나 같은 경우에는 내가 운영하는 블로그(https://blog.naver.com/justfre)에 매주 올리는 주간동향과 입주 물량 정리가 내 무기라고 할 수 있다. 부동산 투자 책을 많이 읽고 여러 강의를 들으며 깨달은 점은 그것을 내 것으로 소화하지 못하면 계속 책만 읽게 되고, 계속 강의만 듣게 된다는 단순한 사실이었다.

어느 날 갑자기 당신이 존경하고 늘 바라보던 전문가가 사라지거나 또는 이러저러한 이유로 그들과의 소통이 중단된다면 그때는 어떻게 할 것인가. 이런 상상을 하면 섬뜩한 기분이 들지 않겠는가. 그래서 나는 혼자 일어서는 힘을 길러야겠다는 생각을 하였다. 부동산 투자라는 게 덩치가 커서 움직이는 돈의 규모 또한 매우 크다. 결국 내가 모르면 시장에 당할 수밖에 없고, 흔들릴 수밖에 없다.

물론 시장에는 늘 새로운 누군가가 혜성처럼 나타나기 마련이고, 또 누군가는 사라지기도 할 것이다. 갑자기 모두가 사라지는 일은 결코 없을 것이다. 그럼에도 나만의 무기를 만들어야 한다는 생각은 변함없다. 내 돈은 내가 지켜야 한다.

투자는 언제나 자신의 결정으로 이루어진다. 그 결정을 절대 남에게 의지하지 말자. 우리가 끊임없이 책을 읽고 강의를 듣고 누군가의 블로그를 보거나 인터넷 카페에서 정보를 찾아보는 이유가 모두 나 자신의 실력을 기르기 위함이다.

투자라는 것이 개인별로 처한 상황도 다르고, 시작한 시점도 다 다르고, 가지고 있는 돈도 다르기 때문에 누군가의 조언이 정답일 수도 있지만, 당신과는 맞지 않을 수도 있다. 그렇기 때문에 자신을 가장 잘 아는 당신 스스로가 멋진 미래를 위해 노력해야 한다. 당신만의 무기를 만들어라. 그것이 내가 해 줄 수 있는 가장 진실되고 충실한 조언이 아닐까 한다. 그것이 무엇이든 상관없다. 일단 시작해라.

계약은
잘 진행되어야 한다

부동산 투자를 하다 보면 늘 변수가 많다. 계약 파기가 되는 것은 다반사이다. 대부분 서류가 잘못되는 것보다는 사람 때문에 틀어지는 경우가 많다. 매도인, 매수인, 중개인, 세입자 등등 부동산 계약 자체가 사람 간의 거래이기 때문에 아마 그럴 것이다. 서로 간의 생각이 다르게 되는 순간 문제가 발생한다.

한번은 계약하러 부동산에 갔는데 매도인이 노발대발 성을 내고 있었다. 무언가 굉장히 불만족스러웠나 보다. 중개를 하는 두 부동산 중개업소의 실장들이 모두 쩔쩔매고 있었다. 이유를 들어 보니 계약금을 정확히 매매대금의 10%로 해야 하는데, 몇백만 원 적게 해서 그렇다는 것이었다. 그리고 중도금이 왜 없느냐고 성을 내고 있었다.

　　　　　　　　　　　　아파트 언제 어디를 살까요

매도인으로서는 충분히 기분 나쁠 수 있는 상황이었다. 나는 조금 지켜보다가, 이 모든 부분은 사전에 충분히 협의가 된 사안이라고 말하였다. 그러고는 증거 문자를 내밀었다. 아마도 매도인 쪽의 아내가 문자를 확인했지만, 그 말을 남편에게 전하지 않았던 것 같았다. 이는 부부간에 충분히 대화가 오가지 않았던 것으로밖에 이해할 수 없었다.

그래서 내가 잘못한 건 없지만 그래도 미안하단 말을 하며, 계약은 계약이니 조금 너그러이 양해를 구하였다. 그리고 나니 이후 별다른 문제없이 원만하게 계약이 성사되었다.

부동산 거래를 하다 보면 자칫 감정싸움으로 갈 수도 있는 상황이 벌어지기도 한다. 그럴 때는 성을 내면 누가 손해를 보는지 생각해 보았으면 한다. 나는 계약이 파기되면 힘들게 고르고 고른 투자 물건을 놓치게 되니 100% 내 손해라고 생각했다. 그리고 대부분 상대방이 화를 낸다는 것은 본인이 불리함을 느끼기 때문이다. 그건 곧 나에게 조금 더 유리한 조건이라는 말과 같다. 아무리 상대가 화를 낸다고 하더라도 침착하게 계약을 마무리할 수 있는 사람, 그런 사람이 진정한 고수다. 어떠한 경우라도 계약은 잘 진행되어야 한다는 마음을 항상 갖는다면 아마 조금은 수월하게 넘어갈 수 있는 경우가 많을 것이다.

위의 경우, 사실 매도인이 불같이 성을 내긴 하였지만, 결코 손해 보는 매도는 아니었다. 물건 자체가 좋은 건 알겠지만, 최초 분양자였기에 지금까지 15년간 보유하며 난 수익이 몇 억이었기 때문이다. 그리고 역대 최고가 매도 거래였다는 점도 분명 알고 있었을 것이다. 그럼에도 매도자는 당시의 가격이 팔 타이밍이라고 생각한 것뿐이고, 매수인인 나는 여전히 저평가라고 생각해서 샀을 뿐이다.

역대 최고가에 너무 현혹되지 말자. "부동산은 오늘이 가장 싼 가격"이라는 말이 있다. 일단 결정을 했으면 본인의 선택에 대한 믿음이 있어야 한다. 설령 내가 산 가격보다 떨어졌더라도 그냥 버티면서 오래 보유하면 된다는 생각을 처음부터 갖고 투자하자. 그럼 마음이 조금은 편할 것이다. 이런 마음가짐으로 투자한다면 아마 성공적인 투자를 할 수 있을 거란 확신을 한다.

아파트 언제 어디를 살까요

투자금을 줄이려는
노력은 언제나 옳다

이미 너무 많이 오른 지역을 투자하기란 심리적으로 매우 부담이 간다. 그럴 때는 어떤 기준을 가지고 투자를 하면 효과적일까?

전세 투자를 생각하고 있다면 전세 가격에 더욱 초점을 맞출 필요가 있다. 매매 가격은 크게 상관하지 말자. 전세 가격이 오를 것 같은 지역을 고른다면 당신의 투자 성적은 그래도 괜찮을 것이다. 그렇게 고른 지역 안에서 또 전세 가격이 다른 단지들보다 더 오를 것 같은 단지를 고르면 더 안전한 투자가 된다. 내가 보는 전세 투자의 기준은 이게 전부이다.

전세 투자에서 가장 큰 위험이 무엇일까? 바로 전세 가격 하락이다. 이 단순한 한 가지 사실만 머릿속에 꼭 넣고 있으면 된다. 그리고 전세 가격이 오르는 지역에는 숨겨진 의미가 하나 더 있는데, 바로 투자금 회수가 그것이다. 전세 투자를 하게 되면 일단 매매 가격과 임대 가격의 차이만큼 내 돈이 묶인다. 바로 '투자금'이라고 불리는 돈이 대략 이 차이이다.

그런데 전세 가격이 올라 2년 후 오른 만큼의 전세금이 내 주머니로 들어온다면 그만큼 나에게는 투자금 회수의 의미가 된다. 내 돈이 적게 묶이니 오래 기다릴 수 있는 여건이 형성되는 것이다. 오래 기다리자. 아주 오래 말이다. 한 번의 큰 상승장이 아닌 최소 두 번의 큰 상승장이 올 때까지 말이다.

그렇게 오래 기다릴 것이라면 준공공 임대 물건으로 등록하는 것이 좋다. 양도세에 대한 많은 혜택을 받으며 오래 보유하는 것만큼 개인이 부동산 투자에서 쉽게 성공하는 방법을 나는 모른다. 실제로 우리 주변에서 부동산으로 돈을 번 대부분의 사람들은 그냥 오래 그 집에서 실거주로 살았을 뿐이라고 말하는 경우가 많다. 사회 초년생이라 할지라도 전세 투자를 통해 부동산을 미리 하나 취득할 수 있다. 신혼부부의 경우도 마찬가지다. 월세나 전세를 사느니 차라리 대출을 활용해 내 집을 하나 마련하면서 시작하는 경우가 나중에 엄청난 부동산 상승장이 왔을 때 소외되지 않고 함께 자산을 늘릴 수 있는 좋은 방법이라고 생각한다.

결론적으로, 투자금에 너무 비중을 두고 투자를 하기보다는 전세 가격 상승이 높을 지역이 어디일지 좀 더 관심을 기울여 보는 것이 좋다. 그럼에도 투자금을 조금이라도 줄이고 싶다면 그렇게 찾은 단지 내에서 동향 혹은 저층 물건을 매수하는 것도 하나의 방법이다. 단점이 있는 만큼 그것을 가릴 수 있는 장점이 또 있으면 된다.

아파트 투자에서 세입자에게 가장 크게 호감을 사는 장점이라고 하면 당연히 수리 상태이다. 인테리어가 잘된 집을 고르거나 아예 본인이 직접 인테리어를 해서 세입자에게 좋은 물건으로 어필해 보자. 인테리어의 힘은 임차인 입장에서는 그 무엇보다도 강력하게 작용한다.

투자금을 조금이라도 줄이려는 노력은 언제나 옳다. 본인 스스로 이런 노하우를 연구하고 찾아낼 때, 언제 어느 시기에도 옥석을 가려서 투자할 수 있는 혜안을 갖추게 되지 않겠느냐는 것이 내 생각이다.

언제나 좋은 물건은 존재한다. 다만, 실력을 갖추지 못한다면 내 눈에만 안 보일 뿐이다. 누구나 빨리 부자가 되고 싶어 한다. 하지만 부자가 되는 것은 실력만으로 되는 것이 아니다. 실력과 더불어 때를 잘 만나는 것 또한 중요하고 그러려면 운도 따라야 한다. 그래서 단기간에 큰 수익을 내려고 하는 욕심보다는 평생 부동산에 관심을 두면서 좋은 시기가 오면 과감하게 행동할 수 있도록 평소에 준비를 해 나가는 것이 바람직하다. 너도나도 돈 벌었다는 이야기를 듣고 나서야 그때부터 허겁지겁 준비를 한다면 이미 너무 늦다.

투자란 모름지기 소음이 적을 때, 아무도 관심을 두지 않을 때 해야 큰 수익을 올릴 수 있다. 소수의 편에 선다는 것은 굉장한 용기가 필요하지만, 투자의 역사를 되돌아보았을 때에도 다수보다는 소수의 편에 있을 때 성공한 사람이 많았다는 것을 꼭 기억하자.

투자하기
좋은 시기

　사람들이 가장 궁금해하는 질문 중의 하나가 바로 '지금이 어떤 시기일까?'인지와 '앞으로는 어떤 방향으로 시장이 흘러갈까?'가 아닐까 한다. 이것들에 대해 궁금해하는 이유는 바로 '투자하기 좋은 시기는 과연 언제일까?'에 대한 답을 얻기 위함이다.

　그런 의미에서 두 질문 모두 참 대답하기 곤란하다. 그리고 그것을 알면 투자가 정말 쉬울 것이다. 물론, 나름의 논리를 가지고 어떤 방향으로 갈지 말하는 사람들은 언제나 존재한다. 그리고 나름의 타당한 논리가 있고 본인 자신도 그 논리에 공감한다면, 그 사람들의 의견을 따라 같은 포지션에 있는 것이 현명한 판단이다. 나 역시 과거부터 쭉 그래 왔고, 앞으로도 그렇게 내 포지션을 정할 것이다. 그리고 그 책임은 전부 자신의 몫이다.

그리고 한 가지 덧붙이자면 아무리 시장 전망을 잘하는 사람일지라도 갑자기 찾아오는 경제 위기에는 답이 없다는 것을 명심하자. 그건 각자가 잘 준비해야 한다.

주식 투자는 갑작스런 위기 순간에 심리적으로 버텨 내기가 어렵다. 언제든 팔 수 있기 때문이다. 하지만 부동산 투자는 기다리면 된다. 단기 충격이 온 시기만 아무 문제없이 버티면 그 시기 역시 지나갈 것임을 믿는 것이 중요하다. 순간순간 오늘 위기에 잘 버틸 수 있는 체력을 다져 놓는다면 어떤 위기의 순간이 오더라도 살아남을 것이다.

남의 말은 달콤하다. 나보다 왠지 더 똑똑해 보이기도 한다. 하지만 결국 이런 사람의 심리를 깊숙이 들여다보면 책임 회피의 심리가 있음을 알 수 있다. 투자에 실패해도 내가 스스로 결정한 것이 아니니 책임을 남의 탓으로 돌려 버리려는 심리이다. 물론 나름 자기 위안은 되겠지만 손실은 결국 본인이 져야 한다는 사실에는 변함이 없다. 결정 장애의 시대이긴 하지만, 중요한 결정은 반드시 스스로 하자. 어떻게 모은 금쪽같은 내 돈인가.

또 한 가지 확실한 사실은 투자하기 좋은 시기는 소문이 잘 안 난다는 것이다. 돈은 소리 없이 움직인다. 누군가 그것을 알아채려 하면 벌써 어디론가 도망가 버린다. 그래서 시끄럽게 떠들면 이미 돈은 떠날 준비를 한다. 설령 누군가 투자하기 좋은 시기를 알았다고 하자. 그 사람은 누군가에게 투자하기 좋은 시기다라고 말해 줄 여유가 없다. 내 몫을 챙기기도 바쁘기 때문이다. 일단 내 몫을 어느 정도 챙기고 나서 그제야 소문을 내기 시작할 것이다. 매우 논리적이고 타당한 근거를 들어 더더욱 많은 사람들의 공감을 얻어 내려고 할지도 모르겠다.

사람들에게 먼저 알려 주고 내 몫은 그다음에 챙기면 안 될까? 그런데 그걸 아는가? 돈은 빛의 속도보다 빠르다는 사실 말이다. 그래서 어떤 상품이 돈이 될 것 같다는 소문이 나면 사람들이 몰려드는 것은 순식간이다. 조금 더 빨리 선점한 사람들은 그래도 큰 이익을 거둘 것이지만, 뒤늦게 온 사람들은 큰 재미가 없다.

투자에 좋은 시기란 사람들이 관심이 없거나 이제 조금 관심이 생기는 시기이다. 그 때문에 일반 사람들은 그 시기를 잘 알기 어렵다. 따라서 투자에 좋은 시기를 기다리기보다는 차라리 투자하기 어려운 시기에 투자를 시작하는 편이 낫다. 그 힘든 시기에 투자를 배운다면 아마 조금 시간이 흘러 투자 여건이 나아지게 되면 물 만난 물고기처럼 자신감을 갖고 투자에 임할 수 있을 것이다. 모든 것은 마음먹기에 달려 있다.

투자에 좋은 시기는 분명 있다. 한 지역을 보면 분명 그렇다. 하지만 넓은 지역으로 확대해 본다면 지역별로 좋은 시기는 다 다르다. 한 지역만 바라보면서 마냥 기다릴 필요가 없다는 말이다. 설령 그런 좋은 시기가 오더라도 어떤 확신을 가지고 과감하게 투자를 할 수 있을까? 가격이 오른다는 근거는 정말 확실한가? 그때가 정말 좋은 시기였다는 것은 지나고 나서야 알 수 있는 것이다. 겨울이 지나야 봄이 오듯이 투자에서도 어려운 시기를 지나고 나서야 좋은 시기가 오는 법이다. 어려운 시기에 과감하게 투자를 한다는 건 정말 용기가 필요한 일이다. 겨울이 다 지나간 줄 알았는데 여전히 긴 겨울이 계속될 수도 있기 때문이다.

한번 하락기를 경험해 본 사람은 결코 무리해서 투자할 수가 없다. 분위기라는 게 얼마나 순식간에 바뀔 수 있는지 잘 알고 있기 때문이다. 물건을 팔고 싶어도 못 판다. 절대로 못 판다. 가격이 문제가 아니라 보러 오는 손님이 전혀 없기 때문이다. 그것을 아는 사람은 결코 무리할 수가 없다. 그래서 너무 빨리 씨를 뿌리는 것보다는 조금씩 날이 풀리는 것을 느끼고, 그때 투자를 하는 사람들이 더 안전하고 좋은 이익을 얻을 수 있다고 생각한다.

신중함 vs. 시행착오

그러면 투자를 함에 있어 얼마나 신중해야 할 것인가? 나에게 적합한 투자 시기는 언제인가? 부동산 투자에서 본인 스스로 충분히 준비가 안 되었다고 생각하면 더욱더 작고 가벼운 물건에 투자하면서 경험을 쌓는 것이 중요하다. 결국 두려움에 아무것도 안 하는 것보다 소소하게라도 경험을 쌓는 것이 더욱 빠르게 성장하는 방법이다. 나 역시 그러한 생각을 바탕으로 우선 저지르고 수습하며 지금까지의 투자를 해 올 수 있었다.

당신이 조금 더 안전한 투자를 원한다면 아주 오랫동안 침체를 겪은 지역에서 이제 막 상승 기운이 피어오르는 곳에 투자할 것을 추천한다(이런 곳은 대개 공급이 부족하다). 나 역시 투자 실력보다는 이런 길고 긴 침체기 후에 어느 정도의 상승이 필연적으로 올 것이라는 확신으로 수도권 투자를 실행했다. 그리고 당신의 투자금이 적게 묶이면서 장기 보유할 수 있는 물건에 투자한다면 그 또한 조금은 더 안전한 투자라고 생각한다.

장기 보유할 물건에 투자하자고 한다면 무엇보다 반드시 입지를 우선 봐야 한다. 이건 내가 앞으로 나아가야 할 투자 방향과도 일치한다. 장기적으로도 입지가 좋은 곳은 결국 오를 확률이 높다. 어떤 곳이 입지가 좋은지는 굳이 말 안 해도 너무 잘 알 것이다. 바로 살기 좋은 곳이 입지가 좋은 곳이니깐 말이다. 지하철, 학교, 공원, 병원 등이 근처에 있는 그런 곳들이다.

살기 좋은 곳에 살고자 하는 수요는 꾸준하다. 앞으로 부동산 시장에서 차별화와 양극화 현상이 더 심해질수록 입지의 힘은 더욱 빛을 발할 것이 분명하다.

절대로 포기하지 마라

내가 말하고 싶은 것은 시기가 좋지 않더라도, 이미 상승이 다 끝난 것 같더라도, 내가 너무 늦게 시작한 것 같더라도, 절대로 포기하지 말았으면 하는 것이다. 여러분이 포기하지 않고 꾸준히 실력을 갈고 닦으면 기회는 온다. 바로 오늘 시작했더라도 충분히 경제적 자유를 위한 시스템을 구축할 수 있다. 당신은 절대 늦지 않았다. 다시 한 번 말한다. 절대 늦지 않았다.

늦은 때란 없다는 것을 지나고 나면 안다. 이미 지금 이 순간에도 정말 많은 사람들이 최고의 수익을 내며 현장에서 그것을 증명하고 있기 때문에 내가 말한 이것은 확실하다. 내가 너무 늦게 투자를 시작한 것이 아닐까 하는 생각을 하는 사람이 상당히 많다. "아~ 내가 2년 전에만, 아니 1년 전에만 시작했어도 정말 크게 성공했을 텐데······" 하고 한탄한다. 정말 맞는 말이다. 부동산 투자에서 타이밍의 중요성은 절대적이니깐 말이다. 그런데 동시에 이 말은 정말 틀린 말이다. 부동산은 개별성이 매우 크기에 누군가는 지금도 아주 싼 가격에 좋은 물건을 매수하고 있기 때문이다.

진실로 중요한 것은 당신의 간절한 마음이 얼마나 꾸준한가이다. 꾸준히 버티다 보면 기회는 어느 순간 당신의 발밑에 있을 것이다. 그때 의심하지 말고 꼭 잡길 바란다. 이때는 실행력이 절대적으로 필요하다. 그리고 또 한 가지, 정말 큰 부자가 되는 것은 단지 한 번의 상승기를 거쳐서 되는 것이 아니다. 반드시 하락기를 한번 지나쳐 가야 한다. 누구도 피해 갈 수 없는 숙명이다. 나 역시 앞으로 다가올 하락기를 덤덤하게 받아들일 것이다. 그리고 그것을 이겨 내고 다음 상승기까지 버텼을 때 그때는 내가 경제적 자유를 얻게 되리라는 것을 알고 있다. 우리가 진짜 부자가 되는 것은 다음 상승기 때라고 생각하자. 그때까지 열심히 부동산을 모아 간다면 당신은 다음 상승기 때의 달콤한 열매를 온전히 얻을 수 있을 것이다.

절대로 조급해하거나 늦었다고 생각하지 말자. 지금부터 차근차근 해 나가도 충분히 늦지 않았다. 늦었다고 생각하는 것은 당신의 마음 뿐이다.

쉬는 것도 투자다

이렇듯 부동산 투자에서 가장 중요한 요소는 좋은 시기에 투자를 하는 것이다. 바로 타이밍이 중요하다는 말이다. 이는 어느 자산에 투자할 때나 동일하게 적용된다. 그래서 투자를 하기 좋은 시기에는 조금은 과감하게, 그렇지 않을 때는 좋은 때를 기다리며 쉬는 것이 현명한 일이다. 하지만 투자라는 것이 쇼핑과 비슷해서 중독성이 강한 면이 있다. 부동산과 같이 큰돈이 드는 투자도 예외가 없다. 한 채, 두 채 투자하다 보면 가진 돈이 거의 다 떨어져 감에도 계속 투자하고 싶은 마음이 생긴다. 한창 투자에 빠져 있다면 더욱 그런 마음이 지속된다. 나 역시 무언가 쫓기는 마음에 투자를 계속해야 하는 것은 아닌지 마음의 동요가 일어날 때가 굉장히 많았다. 많은 수의 부동산을 가지고 있지만, 여전히 목말랐고 불안했다. 곰곰이 생각해 보니 빨리 부자가 되고자 하는 욕심이 아닐까 싶다.

쉬는 것도 투자다. 이때부터 이 말이 갖는 진정한 의미에 대해 깊게 생각하게 되었다. 그러고는 마음을 조금 내려놓을 수 있었다. 언제나 그렇듯 욕심이 화를 부르기 때문이다. 너무 빨리 가려다 오히려 뒤탈이 나는 경우가 많다. 특히나 큰돈이 오가는 투자의 세계에서 욕심을 부린다는 것이 얼마나 위험한 일인지는 실제로 경험해 본 사람만이 안다. 부동산은 그 자체로도 남의 돈을 크게 활용하는 재테크 수단이기 때문에 최대한 안전하게 가는 것이 옳다고 생각한다.

그렇게 생각을 정리하고 나니 이제 내가 나아가야 할 방향이 뚜렷하게 보였다. 쉬는 것이다. 이미 신규 투자는 작년 여름 이후에 더 이상 진행하지 않고 있다. 앞으로도 충분히 쉬면서 위험을 대비해 현금을 비축할 것이다. 그럼 언제까지 쉬어야 할까? '충분히 긴 시간 동안 그리고 충분한 여유 자금을 현금으로 보유할 때까지'라고 말해야겠다.

내가 하고 있는 아파트 전세 투자에 있어 가장 큰 위험은 전세 가격이 떨어지는 역전세다. 계속해서 무리하게 투자를 진행한다면, 언젠가 나에게 분명 찾아올 역전세 시기를 이겨 낼 수 없다. 그때를 대비해서 미리미리 준비하는 과정이 반드시 필요하겠다. 투자의 귀재 워렌 버핏이 주주들에게 보낸 편지에서 이런 말을 한 적이 있다. "시기가 좋을 때 나쁜 것은 분명하지 않다. 썰물이 빠졌을 때야 비로소 누가 벌거벗고 헤엄쳤는지 알 수 있다."

이 말은 투자에서 지나친 낙관주의를 경계하고, 늘 위험을 대비해 안전마진을 확보하라는 의미이다. 우리 모두 이 말을 명심했으면 한다. 영원히 오르거나 영원히 떨어지는 자산은 없다.

투자는
체력이다

성공을 위해 부자가 되기 위해, 누군가 나에게 무엇이 가장 중요하냐고 묻는다면 나는 주저 없이, "체력"이라고 말할 것이다. 투자도 그렇고, 성공에서도 가장 중요한 것이 바로 방금 말한 체력이다.

"저는 쉽게 지쳐요" "저는 체력이 부족해요" "일찍 일어나는 게 힘들어요" "할 건 많은데, 밤 열 시만 되면 눈꺼풀이……" "책만 읽으면 졸려서……" 이 모든 것에 필요한 건 바로 체력일 것이다. 물론 체력이라는 것은 육체적인 체력을 말한다.

건강해야 투자도 잘할 수 있다. 진심으로 너무나 와닿는 말이다. 내 체력은 어떠할까? 직장인으로서 운동할 시간이 너무 없다. 새벽 5시에 일어나서 수영이나 헬스를 하라고? 물론 시도는 해 보았다. 하지만 금방 포기했다. 점심시간 때 하면 어떠냐고? 아님 퇴근 후 저녁에 운동하는 건 어떨까? 이리저리 생각해 봐도 나에게 주어진 상황이 그렇게 녹록지 않다. 나 역시 현재 체력을 기르기 위해 운동다운 운동을 못하고 있다. 그러면서 무슨 체력이 중요하다고 말하는 걸까? "너나 잘하세요"라고 말해도 할 말이 없다. 그럼에도 성공하고 싶으면, 체력을 길러야 한다. 강인한 체력 없이는 아무것도 할 수 없기 때문이다.

늘 피곤해하는 당신에게 성공은 절대 다가오지 않는다. 쉽게 지치는 당신에게도 역시 부자의 길은 멀기만 할 뿐이다. 그런데 혹시 알고 있는가? 운동 없이 체력을 기르는 방법 말이다. 내가 하는 아주 효과 좋은 방법이다. 누군가 나에게 체력이 좋으냐고 묻는다면, 나는 늘 이렇게 대답할 준비가 되어 있다. "네, 저 체력 좋습니다! 며칠 밤새워도 끄떡없지요." 바로 말의 힘을 빌리는 것이다.

말뿐이라도 체력이 부족하다는 말을 절대 하지 말자. 실제로 체력이 부족할지라도 내가 그렇게 습관처럼 말하면 몸도 진짜 그렇게 받아들인다. 말의 힘이 정말 위대하다는 것을 알고 있는 사람이라면 공감할 것이다. 말의 힘이란 곧 우리 정신의 힘이다. 정신과 육체가 서로 연결되어 있는지 아닌지 따지려고 하는 게 아니다. 다만, 간절한 마음가짐으로 무언가 이루기로 했다면, 그것을 계속 되뇌어 보자. 자꾸 그것을 상상하고 말하며 스스로에게 최면을 거는 것이다.

자주 보이는 곳에 당신의 결심을 노출시키는 방법도 아주 좋다고 생각한다. 내 경우엔 지갑이든 다이어리든 핸드폰 배경 화면이든 내 방이든 나 자신을 자극할 문구를 크게 출력해서 매일 스치듯 그렇게 보고 있다.

인간은 망각의 동물이다. 무언가를 열심히 하려고 결심을 했어도 자꾸 잊는다. 본연의 회귀 본능이 있다. 변화를 기본적으로 싫어한다. 그래서 말의 힘이, 생각의 힘이 더욱 필요하다. 당신이 말하는 대로 당신이 상상하는 대로 살게 됨을 나는 믿는다. 육체적 체력을 기르기 전에 생각의 체력을 먼저 기르자. 이런 멋진 말도 있다. "생각한 대로 살지 않으면 사는 대로 생각하게 된다."

"요즘 무슨 일 있어? 왜 이렇게 피곤해 보여?"

이런 질문을 받으면 혹시 기분이 어떠한가? 난 이런 질문을 받으면 기분이 좋다. 바로 내가 열심히 살고 있는 모습이 남들 눈에도 보인다고 생각되기 때문이다. 다시 한번 강조한다. 내가 어떤 마음가짐을 가지고 사는가, 내가 어떤 말을 입에 달고 사는가. 그것이 곧 자신의 인생을 결정한다.

지난 리우 올림픽 때 펜싱 종목에서 기적적인 역전을 통해 금메달을 목에 건 박상영 선수를 기억하는가? 15점이면 끝나는 경기에서 10 대 14로 뒤지고 있었던 상황을 15 대 14로 역전할 수 있었던 건 바로 잠깐의 휴식시간 때 계속해서 외친 말 때문이었다. '할 수 있다. 할 수 있다. 할 수 있다.' 자기최면의 말이 누군가에게는 통하고, 누군가에게는 통하지 않을까?

아니다. 당신도 할 수 있다. 분명할 수 있다. 당신도 분명 성공할 수 있다. 당신의 투자도 분명 성공할 것이다. 믿어라. 굳게 믿어라. 그리고 하루하루 그것에 걸맞게 힘차게 살아야 한다. 가장 중요한 건 본인이 한 말에 책임을 지는 행동을 하는 것이다. 당신에게 생각의 체력이 부족하지 않은가? 그리고 이제 말로 시작해서 몸으로 끝나야 한다.

아파트 언제 어디를 살까요

결국 위대한 생각은 당신의 말에서 시작하지만, 그 위대함을 완성하는 것은 당신의 몸이다.

이제 당신에게 한번 물어보겠다. "혹시 체력이 좋으신가요?" 어떤 답을 할지는 스스로 결정하는 것이다. 당신이 부동산 투자에서 성공을 꿈꾼다면 체력을 먼저 길러야 한다. 바로 생각의 체력을 말이다.

새벽을 여는 생산자의 삶

"세상을 변화시키고 이끌어 가는 생산자가 되시겠습니까? 아니면 누군가가 만들어 놓은 제품을 평생 소비만 하며 사시겠습니까?"

평소 투자 멘토로 생각하는 청울림이 매번 강조하는 말이다.

생산자의 삶, 그게 과연 무엇일까?

처음에는 그것이 무엇인지, 무슨 의미가 있는지 잘 이해하지 못했다. 그래서 일단 그냥 한번 해 보기로 했다. 의심하지 않고 믿은 것이다. '그래, 아직은 잘 모르겠지만, 그가 그렇게 말하는 건 다 이유가 있을 거야.' 이것이 내가 블로그를 시작하게 된 결정적인 이유가 되었다. 그리고 어느덧 2년 가까운 시간이 흘렀고, 지금까지 이어지고 있다. 부동산 투자에 있어 생각의 체력뿐만 아니라 생산자의 삶을 사는 건 참으로 중요하다.

세상 일이 다 그런 것 같다. 무엇인가 핑계를 찾고, 변명거리를 찾으려고 하면 정말 끝도 없다. 그럴 땐 그냥 일단 저지르고, 수습하자. 이것이 내가 삶을 통해 배운 경험의 힘이다. 새벽 기상도 마찬가지다.

'새벽 기상? 2년 동안 부동산 투자를 하며 늘 밤 시간을 활용했는데 이제 와서 새벽 기상이라니……. 잘 모르겠지만, 그냥 한번 해 보자.' 그렇게 시작하게 되었다.

삶은 때론 매우 단순하다. 그리고 새벽 기상은 이제 평생 실천하고 싶을 정도로 푹 빠져들었다. 다른 건 모르겠고, 밤의 유혹에서 철저히 멀어지는 효과가 있다. 정말 그렇다. 밤에는 나를 유혹하는 것들이 매우 많다. 대부분 재미있는 건 밤에 일어난다. 친구들도 밤에 연락을 하면 했지, 새벽에 연락하는 친구는 없다. 단 한 명도 없다. 그만큼 나를 위한 온전한 시간을 가질 수 있다. 그리고 새벽 기상의 큰 장점 중 하나는 연속성이다. 저녁 약속이나 밤에 무슨 일이 있으면, 내가 해야 할 일을 빼먹을 때가 많다. 하지만 무언가를 새벽에 하면 저녁에 약속이 있어도 문제없다. 그날의 할 일을 이미 새벽에 끝냈기 때문이다.

그리고 청울림이 새벽 기상과 관련해 강조한 것 중의 하나는 자기 자신과의 싸움에서 이기고 얻는 자신감이다. '새벽 기상'이라는 미션은 나 스스로 정해 놓았기에 가장 쉽게 그 약속을 저버릴 수 있다. 누구도 뭐라고 하지 않는다. 그리고 아무도 알지 못한다. 그냥 매일 나와의 싸움이다.

그렇게 나는 현재 새벽에 일찍 일어나는 생산자의 삶을 추구하며, 그것을 따르는 삶을 살고 있다. 하지만 아무리 생각해도 새벽에 일찍 일어나는 것이 정말 중요한 것은 아니다. 전혀 중요하지 않다. 하루 중 온전히 자신의 발전을 위한 시간을 확보하는 것, 그것이 훨씬 중요하다. 새벽이든 밤이든 사실 그다음이 문제인 것이다. 언제나 본질은 잊지 말자!

부동산 투자를 하며 임대인의 입장인 내가 분명 생산자이고, 세입자가 소비자이다. 집값 상승에 대한 부분은 임대인인 내가 100% 취하고, 세입자는 내가 제공하는 집이라는 공간 서비스를 이용하는 것이다. 물론, 집값 하락에 대한 위험은 100% 나의 몫이다.

그런데 직장생활을 할 때에는 생산자는 사장님이고, 나는 그가 만든 회사 안에서 직원으로서 소비자일 뿐이다. 따라서 회사 이윤의 대부분은 사장님 몫이고, 나는 그저 회사가 수익을 얼마 냈든 연봉 계약서에 적힌 내 월급만큼만 받게 된다.

이렇듯 우리는 살아가면서 어디서 무슨 일을 하느냐에 따라 생산자가 되기도 하고, 소비자가 되기도 한다. 누구나 그러하듯이 우리는 생산자이면서 동시에 소비자인 삶을 사는 것이다.

생산자일 때는 내 몫이 그만큼 많고, 소비자일 때는 그것을 제공받는 자의 몫이 그만큼 많다. 아니 그것보다 더 중요한 것은 생산자일 때는 내 스스로가 삶의 주인이고, 소비자일 때는 다른 이가 내 삶의 주인이다. 아마도 그가 말한 생산자의 삶이란, '내 삶을 주도적으로 살아라'라는 의미일 것이다.

그리고 또 어쩌면 생산자의 삶을 통해 내 삶을 대하는 나의 태도를 변하게 할 수 있다는 것. 그것을 말하고 있는 것인지도 모르겠다. 좀 더 적극적으로 삶을 대하라고 말이다.

부동산 투자를 시작한 이후 3년 동안 읽었던 책들

더는 머뭇거리지 말자. 당신의 인생이 변하길 바란다면, 그건 분명 당신 스스로 해야 한다. 새벽을 여는 생산자의 삶, 당신도 한번 해 보지 않겠는가?

전업투자
하지 말라

2017년 11월, 11년간 다니던 직장을 그만두었다. 하지만 전업투자를 위한 것은 아니었다. 그렇다고 동종업계로의 이직도 아니었다. 지금까지와는 전혀 다른 길을 찾아 나서게 되었다. 그렇게 할 수 있었던 건 순전히 부동산 투자 덕분이었다. 월급 이외의 수입이 있기에 과감히 안정적이었던 그 직장을 그만둘 수 있었다. 경제적으로 내가 하고 싶은 일을 할 만큼의 여유가 생겼기 때문이다. 부동산 투자가 인생의 터닝 포인트가 된 것이다.

지금 하고 있는 일은 시간적인 여유가 많다. 예전에는 오전 8시까지 출근해야 했다면, 이제는 그때까지 잠을 잘 수 있다. 가족들과 함께하는 시간이 늘어났다는 점도 좋다. 그리고 부동산 투자의 가장 큰 장점은 뭐니 뭐니 해도 내 시간이 자유롭다는 것이다. 그래서 충분히 직장을 다니면서 할 수 있다는 장점이 있다. 그리고 직장을 다니면서 부동산 투자로 월급 이외의 수입원을 갖는 것이 가장 좋은 방법이라고 생각한다.

직장 생활을 하다 보면 나만의 시간이 부족하다는 것을 참 많이 느낄 것이다. 그래서 시간의 소중함을 더욱 느낄 수 있다. 무엇이든 많이 가졌을 때보다 부족할 때 사람은 더욱 간절해진다. 물론, 퇴근 후 혹은 주말마다 열심히 일한 나를 위한 보상이라는 명목으로 자유를 만끽하는 사람들도 많다. 하지만 인생을 더 길고 크게 바라보았을 때, 그 남는 시간이 당신의 인생을 좌우한다. 어쩌면 은퇴 시기 자체를 크게 앞당길 수도 있겠다.

내가 좋아하는 말 중에 이런 말이 있다. "노는 일을 조금 미루면, 노는 물이 달라진다." 하루라도 젊었을 때, 자본주의 세상에서 살아남는 법을 익혔으면 한다. 그리고 그것은 반드시 직장을 다니고 있을 때 익혔으면 한다. 그 방법이 부동산 투자면 좋겠지만, 꼭 그것만이 정답은 아닐 것이다. 다만, 직장 생활을 병행하며 부동산 투자를 하면 좋은 점 몇 가지를 말해 보고자 한다.

첫째, 직장은 곧 당신의 신용을 대신한다. 은행 대출을 활용할 때 지금 다니고 있는 직장이 곧 나를 평가하는 기준이 된다. 부동산 투자에서 대출은 떼래야 뗄 수 없는 불가분의 관계이다.

둘째, 당신이 직장인이라면 건강보험과 국민연금에서 자유롭다. 전업주부인 내 배우자를 예로 들어 보자면, 작년에 임대사업자로 등록했다. 직장 소득이 없어서 임대사업자로 등록한 순간, 피부양자 자격

아파트 언제 어디를 살까요

이 박탈되고 건강보험료 지역가입자로 편성되었다. 실질소득이 없더라도 부동산 자산으로 인해 재산 기준이 초과되었기 때문이다. 국민연금의 경우도 지역가입자 신고서가 왔지만, 이는 유예 신청을 통해 6개월마다 지역가입자 가입에 대한 유예 신고를 하고 있다. 다주택자들에 대한 정부의 임대사업자 등록 유도 정책이 계속될 것을 고려했을 때, 당신의 직장은 굉장히 큰 장점이 된다.

그리고 가장 큰 장점은 월급이라는 현금 흐름이라고 할 수 있다. 부동산 투자는 씨앗을 뿌려 놓고 때를 기다리는 일과 같다. 그렇기 때문에 여유 있는 돈으로 해야 오래 기다릴 수 있다. 월급은 당신이 뿌려놓은 부동산 씨앗이 무럭무럭 자라는 데 필요한 시간을 얻을 수 있다는 점에서 직장은 최고의 무기이다. 투자는 기다림이 전부이다. 그리고 당신의 직장은 이를 가능하게 해 준다. 그런 이유로 나는 전업투자를 하는 것을 말리는 편이다.

물론 독하게 마음을 먹고 정말 하고자 한다면 할 수는 있을 것이다. 하지만 생각하는 것 이상으로 힘들고 고된 여정이 기다리고 있음을 반드시 기억해야 한다. 실제로 전업 투자자와 직장인 투자자는 차이가 크다.

대출을 받을 때에도 전업 투자자라면 0.1%p의 금리라도 낮은 은행을 찾기 위해 직장인 투자자보다 시간을 세 배, 네 배는 더 기울여야 한다. 인테리어 역시 마찬가지다. 직장인 투자자들은 빠듯한 시간 때문에 인테리어를 업체에 전부 다 맡기는 경우가 많지만, 전업 투자자라면 본인이 공사 현장을 세심하게 챙기며 조금이라도 비용을 줄이기 위한 수고를 당연하게 생각해야 한다.

그리고 가장 큰 차이는 바로 현장에서 물건을 찾을 때라고 해야겠다. 본인이 부동산 전업 투자자라면 대부분의 시간 동안 현장에 나가 있어야 한다. 그래야 조금이라도 싸게 살 수 있기 때문이다. 온종일 부동산에 머물며 중개업소의 실장과 친분을 쌓는 일이 빈번한 일상이 될 수도 있다. 그러면서 동시에 가정을 위해 생활비를 본인이 가진 돈에서 충당해야 하는 큰 산이 남아 있다. 내 자산이 커지도록 오랜 시간 기다릴 수 있는 마음의 여유가 생기기 쉽지 않다.

　이러한 이유로 나 스스로는 앞으로도 전업 투자자의 길은 걷지 않을 것이다. 부동산 투자는 직장과 병행할 때 가장 좋다는 것을 누구보다 잘 알기 때문이다. 전업 투자 웬만하면 하지 말자.

부동산 투자는
투기다

부동산 투자에 있어 불편한 진실 한 가지가 있다. 부동산 투자는 곧 투기라는 사실이다. 그리고 부동산을 투자하는 사람들은 모두 투기꾼이라는 사실이다. 의식주 중의 하나인 소중한 주거공간을 돈벌이에 이용하는 추잡한 사람들이 바로 부동산 투기꾼들이다.

이런 사람들 때문에 집값이 계속 올라간다. 임대 시장에 혼란이 가중된다. 열심히 땀 흘려 일하는 사람들은 정당한 대우를 받지 못한 채 높은 집값 때문에 허탈감에 빠진다. 정말 그렇다. 월급을 평생 모으더라도 집 한 채 마련하지 못한다. 갖지 못한 입장에서는 너무 억울하고 화가 난다. 집을 투기 대상으로 생각하는 사람들은 모두 과한 세금을 매겨야 한다. 정부에서 강력하게 이들을 막아야 한다고 생각할 수도 있다. 이 말을 듣고 누군가는 고개를 끄덕이고, 누군가는 불편한 마음을 가질 것이다.

당신은 어떠한가? 나는 전혀 불편하지 않다. 세상은 원래 태어날 때부터 불공평한 곳이고, 나는 대체로 가진 사람들보다는 갖지 못한 사람들의 쪽에 서서 살아왔기 때문이다. 다만 나는 더 이상 불평만 하고 있지 않기를 선택했을 뿐이다. 그 누가 가난한 삶을 원하겠는가.

우리가 열심히 땀 흘려 일하는 이유도 결국 돈으로부터의 해방을 얻기 위함이 아닌가. 자본주의 시대를 살아가며 노동을 통해서만 돈을 번다는 생각은 버렸으면 한다. 내 돈이 돈을 벌어 줄 수 있다는 자본소득의 존재 자체를 부정하지는 말자는 것이다.

당신이 인정하든 그렇지 않든 부동산은 투자재라는 사실은 변함이 없다. 그 사실은 결코 변하지 않을 것임을 우리는 알고 있다.

어디까지가 투자이고 어디까지가 투기인가. 또 누가 그것을 정확하게 구분할 수 있을까라는 생각도 든다. 이분법적인 사고에 사로잡힐 필요가 전혀 없다. 이것 하나만 기억하면 된다. '우리는 자본주의 세상에 살고 있다'는 그 사실을 말이다.

장기 투자가 답이다

그렇다면 투자재인 부동산에 투자하는 데 투기꾼으로 몰리지 않으려면 어떻게 해야 할까.

앞서 말했듯이 2018년 현재 나는 그동안 투자했던 물건들을 모두 준공공 임대사업자 물건으로 등록해 놓았다. 그렇기에 앞으로 최소한 8년 동안은 어떤 물건도 팔 수가 없다. 임대료도 맘대로 올려 받을 수가 없다. 하지만 그 누구보다 마음이 가볍고 안정감을 느낀다. 개인의 사정을 고려하지 않은 채, 무작정 나처럼 하라고 하면 막연한 감이 없지 않다. 하지만 그럼에도 불구하고 처음부터 장기 투자를 염두에 두면서 부동산 투자를 할 것을 권하는 바다. 그래야 안전한 투자를 할 수 있기 때문이다.

주식 투자의 구루인 워렌 버핏은 전 직원에게 보내는 '회장의 편지'를 통해 이런 말을 한 적이 있다. "길게 생각하라, 만약 한 주식을 10년간 보유할 생각이 없다면 10분도 그 주식을 갖고 있지 마라." 이 말은 부동산 투자에 있어서도 동일하게 적용되는 논리라고 생각한다.

투자의 세계에서 타이밍의 중요성을 누구보다 절감하고 있음에도 장기 투자는 현명한 방법이라고 생각한다.

장기 투자를 해야 하는 이유를 말하자면, 개인이 어떠한 자산을 바닥에 사서 머리에 파는 일이 불가능함을 알기 때문이다. 이제 본격적인 수익이 나려고 하는데 매도하는 경우가 너무 흔하다. 투자에서 심리적인 부분이 매우 강하게 작용하기 때문이다. 분위기가 호전되어 본격적인 상승의 시기가 도래했을 때, 어느 시점에 팔아야 할지를 안다는 것은 불가능하다. 그렇기 때문에 대부분 사람들은 너무 빨리 판다. 일반적으로 그렇다는 이야기다. 나 역시 물건을 팔고 나면 오르고, 팔고 나면 오르는 경험을 몇 번 하다 보니 아예 팔지 말아야겠다는 생각이 견고해졌다.

그렇다면 언제 팔아야 한다는 말인가? 이런 논리라면 영원히 팔지 못하는 것 아닌가 하는 생각도 들 것이다. 솔직하게 말해 영원히 팔지 않을 만큼 매력적인 상품에 투자했다면 그것이 가장 좋은 투자이다.

개인적으로는 워렌 버핏 회장이 말한 10년의 시간 동안 보유한 이후에 파는 것이 좋겠다는 생각이다. 마침 그것이 준공공 임대사업자 의무 기간과 비슷하다. 일반적으로 보유한 지 얼마 되지 않은 부동산이라면, 현재의 상승장 말고 다음번 상승장에서 팔면 좋지 않을까 하는 생각이다. 화폐의 양이 점점 늘어나 화폐가치가 떨어지는 부분까지 고려한다면 10년이라는 시간은 최소한 보유한 다음에 매도하는 것이 여러모로 좋겠다라는 생각이다. 더욱이 정부에서 장기 보유한 부동산에 대해서 특단의 양도세 감면 혜택까지 주고 있으니 이를 활용하지 않을 이유가 전혀 없다. 이것이 바로 내가 주저 없이 준공공 임대사업자로 내 보유 부동산을 전부 등록한 이유이기도 하다.

그러려면 하나의 물건을 투자할 때도 장기 보유할 것이기 때문에 조금 더 입지를 고려하게 되고, 사람들이 많이 찾는 인기 아파트를 투자하게 되어 안전한 투자를 할 수 있다는 장점도 덤으로 얻을 수 있다. 이왕 부동산 투자를 시작할 것이라면 장기 투자를 처음부터 생각하고 투자 물건을 고르자. 이것이 내가 말하고 싶은 핵심이다.

당신이 10년을 잘 버텼다면 그 다음은 무엇일까? 내 계획은 이렇다. 10년을 보유해서 얻은 시세 차익을 우선 현금화한다. 그리고 그 현금으로 대출 없는 아파트 월세 시스템을 만들 생각이다. 월세라는 임대수입 역시 아파트를 통해 이룰 것이다. 아파트만큼 수익이 크며 안전한 투자 상품은 없기 때문이다. 3~4채의 대출 없는 아파트에서 월세가 들어온다고 상상해 보라. 얼마나 황홀한 이야기인가? 대출이 없기 때문에 오래 버틸 수 있다. 경제 위기가 와도 흔들리지 않는다. 내가 말하고자 하는 요지는 사실 이거다. 10년을 버틴 당신에게는 많은 선택권이 주어진다는 것이다.

아파트 언제 어디를 살까요

데이터를 활용한
부동산 투자

무턱대로 투자를 하지 말고,
시장에 대해 공부하라

- 조지 소로스

빅데이터의
시대

언제부터인가 우리는 넘치는 정보의 홍수 속에서 살고 있다. 끊임없이 업데이트되는 인터넷 기사부터 시작해서 온라인 커뮤니티 카페 및 블로그, SNS 등 셀 수 없이 많은 매체들을 통해 정보가 쏟아져 나온다. 이처럼 넘치는 정보 때문에 사람들은 혼란스럽기도 하다. 어떤 정보를 믿어야 할지, 어떤 정보가 나에게 도움이 되는 정보인지를 가려내는 일이 쉽지 않기 때문이다. 그래서 이렇게 많은 정보 때문에 우리가 사는 이 세상은 이제 노하우(Know-how)보다는 노웨어(Know-where)가 중요한 시대라고 할 수 있겠다. 수많은 데이터 안에서 누가 먼저 본인에게 적합한 데이터를 빠르고 정확하게 찾는가가 중요하다는 말이다.

이렇게 넘치는 정보는 우리의 심리를 빈번하게 흔들기 때문이다. 이런 정보를 가리켜서 '소음'이라고 부르기도 한다. 이런 소음은 우리의 판단 능력을 흐리게 한다. 그래서 우리에겐 소음이 없는 곳에 귀기울이는 능력이 어느 때보다 필요하다.

투자의 세계에서는 대중의 관심과 이목이 집중된 소음이 많은 곳보다 언제나 소음이 적은 곳에 매력적인 기회가 있다. 이럴 때일수록 정보를 가려서 볼 수 있는 능력을 키우는 것이 중요하다.

그렇다면 부동산 투자에서는 어떤 데이터를 봐야 할 것인가. 지금부터 부동산 투자에 진정으로 도움이 되는 데이터에 대해 살펴보기로 하자.

너무 많은 데이터에 흔들리기보다 핵심이 되는 데이터를 추려 내서 그것에 집중하는 편이 훨씬 효과적이다. 지금부터 말할 핵심 데이터는 지난 3년간 내 투자의 바탕이었다. 그리고 앞으로의 투자에서도 좋은 길잡이 역할을 할 것이다.

데이터는 내비게이션이다

부동산 투자에 있어서 데이터는 내비게이션 같은 역할을 한다. 우리가 운전할 때를 떠올려 보자. 차에 장착된 내비게이션은 우리가 초행길을 운전할 때 어려움 없이 쉽게 길을 찾을 수 있도록 도와준다.

부동산 투자에 있어 데이터의 역할도 동일하다. 처음 가 보는 지역이나 내가 잘 모르는 지역에 대한 정보를 쉽고 빠르게 알 수 있다. 구체적으로는 현재 그 지역의 부동산 흐름뿐만 아니라 해당 지역의 인기 있는 단지 및 투자 유망 단지에 대한 정보까지 우리에게 알려 준다. 이 정보들만 가지고도 부동산 투자를 충분히 할 수 있다는 말이다. 하지만 여기에도 문제가 있다.

만약 누구나 동일한 내비게이션을 보고 있다고 상상해 보라. 누군가가 어느 지역이 투자에 적합하다는 사실을 퍼트리면, 발 빠른 투자자들은 그 정보를 그대로 믿고 그 지역에 집중적으로 투자를 진행한다. 서로 비슷한 데이터를 보면서 투자처를 찾으면, 이렇게 투자자가 몰릴 수도 있게 되는 것이다. 투자자가 많으면 해당 지역의 가격은 급격히 올라가고, 전세 매물은 급격히 늘어나게 된다. 투자에 그리 좋지 않은 환경으로 바뀌는 순간이다. 이렇듯 너무 데이터를 맹신하게 되면 빠르게 길을 찾으려고 했던 원래 취지와는 다르게 더 막힌 길로 갈 수 있음을 명심해야 한다.

데이터는 말 그대로 참고일 뿐, 실제 부동산 투자는 현장에 답이 있다는 사실을 기억하도록 하자. 우리가 데이터를 보는 진짜 이유는 미래에 대한 예측보다는 현재 동향을 정확하게 파악하고 대응하고자 함이다. 투자의 세계에서 예측보다 더 중요한 것이 바로 대응이다. 데이터를 통해 특정한 패턴을 알아내고 미래를 예측하는 건 불가능하다는 것을 반드시 명심하자. 불확실성과 불규칙성이 바로 투자의 기본 속성이다.

수요, 공급 그리고 가격

그렇다면 본격적으로 우리가 관심을 두어야 하는 데이터는 어떤 것이 있을까?

지금까지 수많은 데이터를 접하며 내가 내린 결론은 바로 다음의 세 가지 데이터로 종결된다. 수요, 공급 그리고 가격이다. 이 세 가지 데이터 안에 부동산 투자에 필요한 모든 유익한 정보가 다 들어 있다고 해도 과언이 아니다.

서울의 수요, 공급, 가격을 통한 데이터 분석표

서울	전체	2011	2012	2013	2014	2015	2016	2017	2018	2019	2020
수요	인구수	1,025	1,020	1,014	1,010	1,002	993	986	982	(단위 : 만 명)	
	미분양	1771	3481	3157	1356	494	274	45	47	안전	0.00%
공급	입주물량	35,979	19,761	23,380	33,121	19,869	25,225	29,652	33,636	40,611	38,268
	비율(인구수대비)	0.35%	0.19%	0.23%	0.33%	0.20%	0.25%	0.30%	안전	안전	안전
가격 (KB 동향)	매매상승률	-0.44	-4.57	-1.85	1.09	5.43	4.14	5.16	4.96	5년 연속 상승	
	전세상승률	12.69	2.19	8.63	4.76	9.17	3.05	2.06	0.31		
	전세가율		56.2	61.5	65.7	73.4	73.2	70.1	65.4	매매〉전세	

입주 물량 그래프

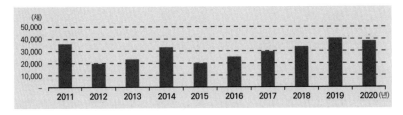

매매/전세 그래프

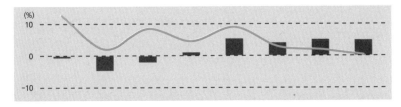

아파트 언제 어디를 살까요

왜 이 세 가지를 꼽았을까?

기본적으로 부동산은 실물자산이다. 그래서 수요와 공급에 다른 어떤 자산들보다 더욱 직접적인 영향을 받는다. 다시 말해, 수요와 공급 때문에 가격 변동이 발생한다. 그리고 이러한 수급 불균형에 의해 영향을 받은 가격은 일정 기간에 걸쳐 동일한 방향성을 가진다. 바로 부동산이 갖는 고유의 특성 때문인데, 한 번 가격 방향성이 정해지면 그것을 유지하려는 관성이 다른 자산보다 크다. 이러한 현상이 발생하는 이유는 사실 공급이 부족할 경우 그것을 해소하기 위해 건설사들이 분양 계획을 잡고, 실제 완공이 될 때까지의 시차 때문이기도 하다. 그 기간이 보통 2년 반에서 3년이다. 그래서 수요와 공급뿐만 아니라 가격의 흐름도 유심히 봐야 한다.

지역별로 이러한 수급 불균형이 나타나는 시기가 다 달라서 우스갯말로 '어느 지역이든 10년만 가지고 있으면 한 번은 오르더라'라는 말도 있다. '10년 주기설'이라는 말도 이러한 연유로 나오게 된 것이 아닌가 싶다.

부동산 투자는 수요와 공급만 잘 보면서 투자를 해도 큰 무리가 없다. 현재 서울의 부동산이 오르는 가장 큰 이유 역시 공급 부족이다. 전국 주택보급률은 이미 100%를 넘었다. 하지만 서울의 주택보급률은 92%로 여전히 집이 부족한 상태다. 그리고 향후 대규모로 공급될 만한 여건이 안 되기 때문에 서울의 상승이 지속된다고 할 수 있다. 하지만 부동산을 포함해 모든 자산 시장은 일정한 사이클에 따라 상승과 하락이 반복된다는 점도 기억해야 한다.

서울 지역에 공급 부족으로 집값이 계속 오른다면, 정부에서는 그

린벨트라도 풀어서 공급을 원활하게 하려고 할 것이다. 그리고 건설사들은 서울 출퇴근이 가능한 경기도 지역에 공급량을 늘릴 것이다. 정부에서 GTX 사업을 적극적으로 추진하려는 이유 역시 서울 공급 부족에 대한 하나의 대안이라고 생각할 수 있다.

파주, 동탄 그리고 의정부에서 서울 도심으로 20분 내 접근이 가능한 고속철도가 생긴다고 생각해 보자.

그렇게 되면 서울에서 경제 활동을 하는 인구 분산 효과가 매우 클 것이다. 앞으로 GTX 수혜 지역을 조금 더 눈여겨볼 필요가 있는 이유이기도 하다. 다만, 특정 개발 호재만을 믿고 투자하는 행위는 매우 위험하다. 그렇기 때문에 자체적으로 수요가 풍부한 가운데, 개발 호재도 있는 지역을 중심으로 투자처를 생각하는 습관을 갖자.

그런 의미에서 대부분의 1기 신도시들은 GTX 수혜 지역인 동시에 자체 수요도 풍부한 좋은 지역들이라고 볼 수 있다.

구체적으로 부동산 투자에 있어 수요, 공급, 가격의 어떤 면에 주목해야 하는지 살펴보자.

아파트 언제 어디를 살까요

첫 번째, 수요가 높은 지역을 찾아라

부동산 투자 측면에서 수요가 높은 지역은 과연 어디일까? 한마디로 주거 선호도가 높은 지역이라고 생각하면 된다. 주거 선호가 높은 지역의 특징 몇 가지를 살펴보자.

첫째, 양질의 일자리가 많고 일자리 자체가 늘어나는 지역이다. 서울은 강남, 여의도, 광화문으로 대표되는 3군데의 중심업무지구가 되겠다. 이들 지역은 고급 일자리가 많기에 인근 지역의 집값이 높다는 공통점이 있다. 또한, 중심업무지구로의 접근이 편한 지역들 역시 높은 집값을 보인다. 그렇다면 일자리 자체가 늘어나는 지역이라고 하면 어디를 꼽을 수 있을까? 수도권에서는 대표적으로 판교, 일산 등의 테크노밸리 선정 지역이다. 과천 지식정보타운도 그렇다. 지방은 혁신도시로 지정된 곳이 대표적이다.

이러한 지역들은 일자리가 급격히 증가하기 때문에 사람들이 모여들 수밖에 없다. 이는 곧 그 지역 부동산 가격에도 긍정적으로 작용할 것이다. 그 밖에 세종특별시 역시 행정중심복합도시로 지정되어 일자리와 인구가 빠르게 증가하는 대표적인 지역이라고 할 수 있다.

세종시는 도시 계획상, 1단계 인구 15만 명을 거쳐 3단계 50만 명 수용을 목표로 설계된 도시이다. 현재 인구가 29만 명이니, 2020년 2단계 도시 건설 계획까지 인구 30만 명 목표가 차질 없이 진행되고 있다. 주거 선호도가 높은 지역의 특징 두 번째가 바로 인구가 많거나 빠르게 늘어나는 지역이다. 인구 증가는 일자리 증가와 매우 밀접한 연관 관계를 가진다고 할 수 있다. 서울 은평구, 대구 수성구, 대전 서구, 경북 포항시의 공통점은 모두 인구 50만 명 내외의 지역이라는 점이다. 그런데 이들 지역의 아파트 평단가는 어떠할까?

서울 은평구가 1,400만 원대이고, 대구 수성구는 1,200만 원대, 대전 서구는 750만 원대이다. 그리고 경북 포항시는 550만 원대에 불과하다. 이는 비슷한 인구를 가진 도시일지라도 인구 자체가 그 지역의 부동산 가격을 결정하는 핵심 요소가 아니라는 것을 뜻한다. 더욱 중요한 요소는 그 지역과 연관된 곳에 얼마나 양질의 일자리가 존재하는가이다.

부동산 투자에 가장 중요한 요소는 첫 번째도 두 번째도 세 번째도 바로 일자리 수요라고 생각한다. 즉 좋은 일자리로 이동하는 데 교통이 편리한 지역이 주거 선호가 높은 지역이라고 정의할 수 있겠다. 기본적으로 그것이 충족된 지역인 데다가 교육 환경까지 갖췄다면 금상

아파트 언제 어디를 살까요

첨화라 할 것이다. 소위 말하는 학군이 좋은 지역 역시 주거 선호에서 빼놓을 수 없는 요소라고 할 수 있다.

그렇다면 조금 더 들어가 수요를 파악하려면 과연 어떤 데이터를 봐야 할까? 나는 인구와 미분양 수치, 이 두 가지를 말하고 싶다.

앞서도 말했지만, 인구가 많다는 것은 그만큼 일자리가 풍부하다는 반증이기도 하다. 부동산 투자를 이해하는 데 도움이 되는 근본적인 질문을 던져 보겠다. "왜 사람들은 대도시에 살고 싶어 할까?" "왜 지방의 젊은 인재들은 도시로 나오려고 하나?" 이 모든 것의 답은 일자리로 귀결된다.

이러한 현상은 농업시대에서 산업시대로 넘어오면서 본격적으로 시작되었다. 우리나라 역시 경제 발전 시기를 빠르게 겪었다. 이러한 추세에 따라 수도권 및 광역도시에 인구가 몰리기 시작한 것이다. 단순하게 생각하자면, 부동산 투자는 인구가 많은 곳에 하는 것이 유리하다. 백번 맞는 말이라고 생각한다. 그리고 조금 더 현명한 투자자라면, 인구가 빠르게 늘어나는 지역과 줄어드는 지역까지 체크하면서 관심을 두면 되겠다.

그렇다면 인구 통계는 어디서 볼 수 있을까? 바로 KOSIS 국가통계포털 홈페이지(kosis.kr)에 가면 볼 수 있다(국내통계 〉 주제별통계 〉 인구·가구 〉 주민등록인구현황 〉 통계표행정구역(시군구)별, 성별 인구수).

그리고 현재 어떤 지역의 부동산 분위기를 가장 잘 설명해 주는 데이터가 바로 미분양 데이터이다. 공급이 많음에도 미분양이 거의 없다면 집이 부족하여서 집을 구하려는 수요가 공급을 이기는 지역이라고 생각하면 된다. 얼마나 쉽고 명확한가? 미분양 데이터는 실제로 부동산 투자에 많은 힌트를 주기도 한다. 내가 관심 있는 지역의 미분양 수치가 높다면 아직은 조금 더 기다리는 편이 좋다. 반대로, 미분양 수치가 낮다면 적극적인 투자를 진행해도 된다는 의미이다.

조금 더 상세하게 미분양 수치를 보려면 최근 6개월간의 흐름을 보면 된다. 최근의 미분양 수치가 증가 추세인지 감소 추세인지를 보는 것이다. 미분양이 급격히 감소하는 지역은 투자 혹은 내 집 마련을 함에 있어서 최우선적으로 관심을 둬도 좋은 지역이다. 최근에 미분양이 조금 늘어나긴 했지만, 김포한강신도시의 경우가 공급 대비 미분양이 없는 대표적인 지역이라고 할 수 있다. 새 아파트를 선호하는 실수요자들에게 주변 대비 저렴한 가격의 집값이 크게 어필하고 있다. 서울 강서구뿐만 아니라 인천시, 인근 부천시, 고양시의 인구까지 거침없이 흡수하고 있다. 그런 의미에서, 인구 천만 도시 서울의 미분양 수치가 단지 47세대라는 점은 매우 의미심장한 것이다(국토교통부 통계누리, 2018년 6월 말 자료 기준).

미분양 수치는 매월 초 국토교통부 통계누리 홈페이지(http://stat.molit.go.kr)에서 시군구 단위까지의 상세한 현황을 제공해 준다(주택〉승인통계〉미분양주택현황보고).

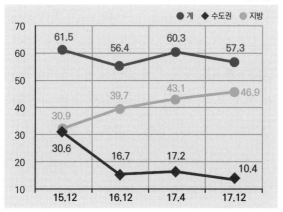

전국의 미분양 주택 추이

단위 : 천 호

● 계　◆ 수도권　● 지방

61.5 56.4 60.3 57.3

30.9 39.7 43.1 46.9

30.6 16.7 17.2 10.4

15.12　16.12　17.4　17.12

출처 : 국토교통부 통계누리

도심 회귀 현상

　우리나라만큼 수도권에 이토록 많은 사람들이 몰려 있는 나라는 전 세계에 어디에도 없다. 인구의 거의 절반이 수도권에 몰려 있는데, 면적 대비 인구 밀집도로 보았을 때 굉장히 좁은 땅덩어리에 많은 인구가 몰려 있다고 봐도 된다. 사람들은 왜 수도권에 몰려 있을까? 바로 일자리 때문이다.

　양질의 일자리가 수도권, 특히 서울에 몰려 있기 때문에 지방 각 도시에서 젊은이들이 일자리를 찾아 계속 유입되고 있다. 이른바 도심 회귀 현상이다.

　경기도의 많은 도시가 서울 출퇴근을 위한 베드타운 목적으로 지어진 것도 이와 무관하지 않다. 가장 대표적인 예가 1990년대 초중반에 들어선 분당, 평촌, 산본, 중동, 일산으로 이루어진 1기 신도시이다. 그리고 뒤이어 더욱 늘어나는 수도권 인구 밀집 때문에 2기 신도시까지 확장된 것이다. 그중 일부 도시들은 단순히 주거 역할 뿐만 아니라 자체 일자리 수요까지 창출한다. 이러한 도시들이 점점 늘어나고 있다.

서울의 집값이 왜 경기도보다 더 많이 오를까? 가뜩이나 좁은 땅덩어리에 경제, 행정 수도 역할을 하는 서울은 거의 천만 명 가까운 인구가 몰려 있기에 늘 수요가 넘치는 곳이다. 게다가 더 이상 개발할 택지지구도 남아 있지 않으니 수요 대비 공급은 늘 부족하다. 또 한 가지, 우리가 생각해 봐야 할 것은 우리나라 국토의 70%가 산으로 이루어져 있다는 것이다. 그러니 가뜩이나 좁은 땅에 주거 시설을 지을 수 있는 땅은 더욱 부족할 수밖에 없다. 이 사실 하나만으로 우리나라에서 부동산 투자를 한다는 것은 굉장히 가치가 있는 일이라는 생각이 든다.

어떤 재화든 희소성이 높은 재화의 가치는 계속 상승할 수밖에 없다. 서울을 포함한 수도권의 많은 도시는 일자리 하나만의 역할을 하는 수준은 이미 넘어섰다. 정치, 경제, 문화, 교육, 쇼핑 등 모든 것을 누릴 수 있는 초대형 복합도시라고 할 만하다. 이러한 도심으로의 인구 몰림 현상은 앞으로도 계속 이어질 것이다. 이미 우리나라뿐만이 아닌 전 세계적인 현상이라고 할 수 있다.

부동산 투자를 할 때 이러한 점도 유념하여 이왕이면 인구가 많아 기본 수요가 풍부한 대도시에 더욱 관심을 두면 좋을 것이다.

아파트 언제 어디를 살까요

두 번째, 입주 물량을 반드시 확인하라

부동산 시장을 잘 들여다보면 한 가지 공통점을 발견할 수 있다. 바로 공급이 많은 지역은 가격이 하락하고, 공급이 부족한 지역은 가격 상승이 일어난다는 것이다.

이러한 현상은 인구가 상대적으로 적은 지방 도시일수록 명확하게 나타난다. 반면, 수도권은 교통이 촘촘하게 잘 연결되어 있기 때문에 어느 한 지역의 공급보다는 인접 지역의 공급 물량까지 함께 살펴보면 더욱 좋다.

지금 전국의 부동산 흐름을 살펴보아도 이러한 공급 물량의 영향은 명확하다. 2018월 7월 현재 엄청난 수의 입주가 진행 중인 경상권과 충청권의 가격 하락세가 이를 잘 나타낸다. 경기도 내에서 입주가 많은 안성시, 화성시, 평택시 등도 마찬가지다. 반면, 공급이 부족한 서울 및 경기도 일부 지역은 가격 상승 추세가 이어지고 있다.

공급이 부족한 지역의 경우, 이를 만회하기 위해 건설사가 공급을 늘릴 계획을 세우더라도 2년 반에서 3년이라는 시간이 필요하다. 최근에는 이러한 점을 잘 활용하는 부동산 투자자들도 꽤 많다. 바로 공급 물량을 기반으로 투자 지역을 선정하고 투자를 하는 것이다. 매우 현명한 사람들이다.

부동산 투자에서 공급 물량 하나만 확인하면서 투자를 해도 크게 손해가 나지 않는다는 말은 어느 정도 일리가 있다고 생각한다. 나 역시 공급이 많은 지역은 투자에 있어 매우 신중을 기하는 편이다. 그렇다면 이렇게 중요한 공급 물량을 우리는 어떻게 확인할 수 있을까?

공급 물량은 과거보다는 앞으로가 훨씬 더 중요하다. 앞으로의 부동산 가격 향방이 우리에게 최우선 관심사이기 때문이다. 향후 공급 물량이라고 하는 것이 바로 입주 물량 데이터이다.

입주 물량으로 살펴본 과거 부동산 흐름

정말로 입주 물량이 부동산 가격 흐름에 큰 영향을 끼쳤는지 사례를 통해 한번 살펴보자.

입주 물량을 가장 극명하게 보여 준 지역을 한 군데만 뽑아 보라고 하면, 주저 없이 대구를 말하고 싶다. 대구는 사실 미분양의 무덤이라고 불리는 곳이었다. 부동산 투자에 전혀 관심이 없던 시절의 내가 그렇게 알고 있을 정도였으니 얼마나 심각했는지 알 수 있다.

실제로 2007년부터 2010년까지 인구 350만 도시인 대구에서 미분양이 1만 세대가 넘었다. 2008년에는 2만 1,379세대의 미분양을 기록함으로써 최대치를 보이기도 했다.

미분양과 부동산 가격의 상관관계(대구)

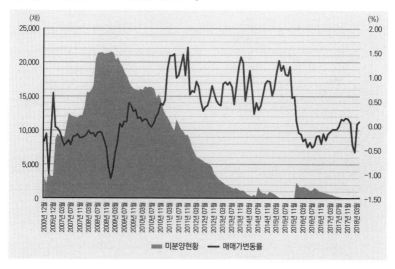

이렇게 미분양이 넘치니 건설사들이 대구 지역에 아파트를 지을 리가 없었다. 실제 이 기간에 대구 아파트 가격은 긴 침체의 시간을 보냈다.

그러다가 2011년에 6,000세대, 2012년 4,000세대의 입주로 인해 인구 대비 본격적인 공급 물량 부족 현상이 나타났다. 그래서 미분양은 소진되었지만, 건설사에서는 여전히 대구에 관심을 두지 않았다. 과거에 길고 긴 미분양의 악몽이 남아 있기 때문이었다. 그러자 대구 부동산 시장은 2011년을 기점으로 2015년까지 6년간 거침없는 상승을 지속했다.

이렇게 몇 년간 상승장을 경험하고 나면 해당 지역 사람들의 마음 속은 온통 부동산 긍정론으로 가득 차게 된다. 뒤늦은 건설사의 분양 소식에 대구 지역 청약 경쟁률은 어느 때보다 인기를 누리게 되었고, 결과적으로 이러한 청약 열기는 건설사들로 하여금 과다 공급을 일으 켰다. 2016년, 2017년 두 해 동안에만 2만 세대가 넘는 입주가 있었 는데, 과도한 입주 물량 때문에 대구 시장의 부동산 흐름은 2016년도 를 기점으로 다시 하락세로 접어들게 된다. 이처럼 대구의 사례를 통 해 보듯이 어떤 지역의 공급량이 그 지역 부동산 경기를 결정하는 핵 심 요소라는 것을 알 수 있다.

수도권 부동산 시장 역시 예외는 아니다. 2008년부터 시작된 수도 권 부동산 침체 기간 동안 미분양은 늘어나고 공급은 부족했다. 이러 한 공급 부족이 차곡차곡 누적되어 2014년부터 다시금 수도권 부동 산 시장은 반등했다. 살아난 분위기를 틈타, 2015년도 건설사들의 수 도권 과다 공급이 곧 2018년 현재 역대 최대 입주 물량을 초래한 것 이다. 다만, 서울의 경우 주택이 부족하지만 집이 지을 만한 땅이 없 어 충분한 공급이 이루어지지 못했기에 여전히 좋은 흐름을 보이고 있다고 할 수 있다. 이 외에도 과거 많은 사례를 통해 공급과 가격의 상관관계가 잘 들어맞는다는 것을 알 수 있다.

입주 물량 체크하기

흔히 입주 물량을 체크하는 방법으로는 각종 포털 사이트의 부동산

메뉴 중에서 분양 메뉴를 보면 된다. 아파트투유(www.apt2you.com)
나 닥터아파트(www.drapt.com) 등의 부동산 사이트에서도 동일하게
분양 메뉴를 통해 향후 입주 물량을 확인할 수 있다. 내가 즐겨 이용
하는 방법은 바로 네이버 분양 메뉴이다.

네이버 분양 메뉴 화면

새롭게 분양되는 단지들에 대해 총 세대수가 얼마인지, 입주 시기
가 언제인지를 파악하면 나만의 입주 물량 데이터를 가질 수 있다. 내
경우에는 2주에 한 번 정도 전국에서 분양하고 있는 단지들에 대한
입주 물량을 정리하고 있다. 이 데이터를 통해 향후 3년간 전국에서

입주하는 공급량 파악이 가능하다. 그리고 이를 투자에 활용함으로써 공급 과다로 인한 전세 가격 하락, 매매 가격 하락 지역을 피할 수 있게 된다. 또한, 공급 부족 때문에 가격 상승이 예상되는 지역도 골라낼 수 있다.

그렇다면 번거롭게 스스로 공급 물량을 굳이 파악해야 하나 반문하는 사람들도 있을 것이다. 꼭 그렇지는 않다. 조금만 찾아보면 입주 물량 정보는 쉽게 구할 수 있다. 나 역시 이렇게 정리해서 나 혼자 몰래 보는 것이 아니라 내 블로그의 '입주 물량' 포스팅을 통해 분기에 한 번 정도 모든 사람들이 볼 수 있도록 공유하고 있다. 다만, 다양한 데이터를 직접 정리하며 느끼는 바는 스스로 정리할 때 머리에 많이 남고 실력이 쌓인다는 것이다.

그래서 스스로 데이터 수집이 가능한 여건이 된다면 혼자서 정리해 보는 것도 추천하는 바이다.

아파트 언제 어디를 살까요

세 번째,
가격 파악하기

사실 수요, 공급, 가격의 데이터는 매우 긴밀하게 연관되어 있다. 어느 하나의 데이터만 보더라도 나머지 데이터를 대략 유추해 볼 수 있을 정도이다. 예를 들어, 미분양 수치를 살펴보자.

어떤 지역의 미분양 수치가 높다고 하면 그 지역은 현재 과다 공급일 가능성이 높다. 더불어 가격 흐름도 매우 안 좋으리라는 것을 예측할 수 있다. 반대로 어떤 지역의 공급이 부족하면, 미분양 수치가 낮을 가능성이 크고 가격은 괜찮은 흐름을 보일 수 있다. 그렇다면 수요, 공급 그리고 가격 중에서 한 가지만 본다면 어떤 데이터를 보는 것이 좋을까? 나는 '가격'을 보라는 말을 하고 싶다.

사실 가격은 모든 정보를 반영하고 있다고 봐도 무리가 아니다. 앞으로의 개발 호재나 그 가능성까지 전부 내포하고 있다고 봐야 한다. 어떤 지역에 엄청난 개발 호재가 있는데, 그것이 가격에 언제 반영될까? 바로 즉시이다. 이렇듯 가격 흐름만 잘 이해하는 것만으로도 어떤 지역이 좋은 투자처가 될 것인지 판단할 수 있다.

중요한 것은 현재 가격만으로는 우리가 원하는 정보를 얻을 수 없고, 최소 5년 이상의 가격 흐름을 살펴봐야 한다는 점이다.

부동산은 사계절처럼 뚜렷한 주기가 있다. 영원히 오르는 부동산도 없고, 영원히 떨어지는 부동산도 없다. 충분히 긴 기간의 가격 흐름을 통해 어떤 지역 부동산의 추세를 가늠하는 것만으로도 잃지 않는 투자를 할 수 있다. 나 역시 7년간의 긴 수도권 가격 침체 흐름을 통해 수도권 상승에 대한 확신을 할 수 있었다. 가격 흐름을 잘 이해하는 사람이 부동산 투자에 있어서는 고수이다.

가격 흐름을 보면 투자처가 보인다

가격 흐름이 중요하다고 했는데, 그렇다면 부동산 가격 흐름에 대한 데이터는 어디서 볼 수 있을까?

그에 앞서 부동산의 가격 정보는 주간 단위로 보통 발표가 된다는 사실을 알 필요가 있다. 부동산은 주식처럼 일 단위로 빈번하게 매매를 하지 않는다. 그런 의미로 본다면 주간 단위로 가격을 공표해도 문제 될 것이 없다. 대표적으로 가격 정보를 공시하는 기관이 한국감정원과 KB부동산이다. 두 기관은 주간 단위의 시계열 표를 제공해 주는데, 이 데이터를 활용해서 주간 단위의 지역별 가격 흐름을 정교하게 볼 수 있다.

한국감정원(www.kab.co.kr)의 경우 국토교통부 산하 공기업으로 부동산통계정보시스템(http://www.r-one.co.kr/rone) 사이트에서 다양한 부동산 관련 통계를 제공하고 있고, KB부동산(nland.kbstar.com)은 전국 은행권에서 우리가 대출을 받을 때 흔히 KB 시세를 기준으로 대출 가능 금액을 책정할 만큼 부동산 통계에서는 과거부터 매우 신뢰가 높은 민간 기관이다. 이 두 기관에서 발표되는 주간 가격 변동률 자료는 많은 언론사들이 부동산 뉴스 기사를 작성할 때 활용하기도 한다.

부동산 투자에 관심 있는 사람이라면 꼭 알아 두었으면 한다. 나 역시 매주 주간 가격 정보를 체크하면서 전국의 부동산 흐름을 파악하고 있다.

수많은 데이터 중에서 딱 한 가지 데이터만 봐야 한다면 KB부동산에서 제공하는 KB주택시장동향을 꼽고 싶다. 해당 데이터는 매주 금요일 오후, KB부동산 사이트의 부동산정보 메뉴 중 주간KB주택시장동향을 통해서 확인할 수 있다. 해당 메뉴에서 PDF로 제공되는 주택시장 보고서 파일도 내가 매주 필독하는 데이터 중의 하나이다. 내가 즐겨 보는 자료는 주택시장동향 시계열 엑셀파일 안에 다 들어 있다. 시계열 파일 안에는 전국 아파트의 매매/전세가격 변동 상황, 주택심리 및 전세 동향까지 종합적인 주택시장 지표를 파악하여 보여 준다. 가히 이 데이터만 매주 꾸준히 봐도 전국 부동산 흐름을 알 수 있다. 나 역시 이 자료를 근거로 하여 매주 내 블로그를 통해 한 주간 부동산 흐름을 블로그 이웃들께 알려 주고 있다.

전세 가격이 핵심이다

앞서 말한 KB주간동향 데이터의 가격은 크게 매매 가격과 전세 가격으로 나누어져 발표된다. 이 중에서 더 눈여겨볼 데이터는 바로 전세 가격 동향이다. 그런데 부동산 투자를 할 때에도 반드시 전세 흐름에 대해 깊이 공부해 두어야 하고, 늘 관심을 가져야 한다.

전세는 한마디로 사금융이다. 은행을 거치지 않은 개인 간 담보 거래인 것이다. 70~80년대 개인이 은행권으로부터 돈을 빌리는 것이 쉽지 않을 때, 전세는 집을 가진 사람들이 가장 애용하는 수단이기도 했다. 전세 제도는 현재까지도 주거 사다리 역할을 하며 명맥을 이어오고 있다.

큰돈을 제3자에게 맡기는 것이니 만큼 우리나라의 임대차 보호법은 다른 어떤 나라와 비교해도 뒤지지 않을 정도로 강력하다. 전세는 없어질 거라는 전세 종말론도 가끔 들리지만, 주거비를 절약할 수 있는 수단이라는 측면에서 전세는 앞으로도 사람들에게 인기가 많을 것으로 생각한다. 수요가 있는 상품은 절대 사라지지 않는 법이다.

그렇다면 전세 가격은 우리에게 무슨 의미일까?

전세 가격은 한마디로 해당 부동산의 사용가치라고 정의할 수 있다. 그리고 사용가치에는 거품이 없다는 특징이 있다. 수요와 공급에 따라 철저하게 전세 가격이 결정된다는 말이다. 반면, 매매 가격은 그렇지 않다. 매매 가격 안에는 사용가치와 더불어 프리미엄이라고 할 수 있는 투자 가치가 더해진다. 해당 부동산에 영향을 주는 개발 호재가 새롭게 부각된다면, 그만큼 거품이 낄 수 있다는 말이다.

예를 들어, 어떤 지역에 지하철이 새롭게 개통된다고 하자. 교통 편의성 때문에 해당 지역의 매매 가격은 해당 호재가 발표되자마자 급격히 상승할 것이다. 하지만 전세 가격은 실제로 해당 지하철이 개통되어야 오를 가능성이 높다. 사람들이 실제로 그 편의를 누릴 수 있을 때 비로소 전세 가격에 반영되기 때문이다.

최근 수도권 상승을 거치며 가장 인기 있는 말이 무엇이었을까? 바로 갭 투자라는 말이다. 유행처럼 퍼진 이 말의 의미는 매매 가격과 전세 가격이 거의 차이가 없어 적은 돈으로 투자하는 행위를 말한다. 실상 전세 가격이 너무 올라서 생긴 말이라고 할 수 있다.

과거를 거슬러 보았을 때, 2000년대 초반에도 매매가 대비 서울 전세가 비율이 60%를 넘으며 전세 투자가 널리 유행했었다. 이때도 전세 가격이 높아지며 한계에 다다르자, 실수요자들 사이에서는 차라리 돈을 조금 더 보태서 집을 사자라는 분위기가 일었다. 그 때문에 집값 상승이 시작되었고, 이를 두고 전세가율 60%의 법칙이라고 칭하기도 했다.

몇 년간의 수도권 상승장 역시 오랜 침체를 겪으며, 사람들이 집을 매수하기보다는 임대를 선호한 것이 시작이었다. 매년 반복되는 전세 대란을 몇 차례 겪으니 전세가율이 어느새 60%를 넘어 70%에 육박

했던 것이다. 이렇게 놓고 보면, 집값 상승을 알 수 있는 유용한 지표가 바로 전세가율이라고 할 수 있겠다. 그래서 전세 가격 동향이 중요한 것이다.

한편, 지방의 경우를 살펴보면 원래 매매 가격과 전세 가격 간의 차이가 수도권만큼은 크지 않았다. 지방 부동산은 가격이 오르지 않는다는 말까지 생겨나기도 했다. 하지만 2009년에 들어서면서 지방 역시 공급이 부족한 상황에서 전세 가격이 계속 집값에 육박할 만큼 높아졌다. 이에 차츰 집을 매수하려는 사람들이 늘어났고 자연스럽게 지방 역시 2009년부터 길게는 3~4년 동안 부동산 상승 시기를 맞이했다. 부동산 시장의 상승은 전세 가격 상승으로부터 시작됨을 꼭 기억하자.

우리나라의 전세가율 추이(1998~2017년)

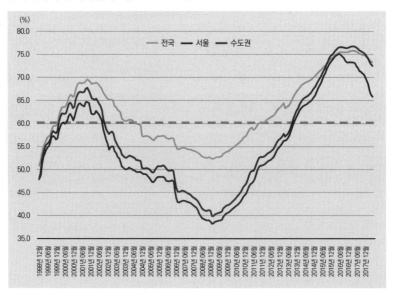

아파트 언제 어디를 살까요

전세 가격이 꾸준히 오르는 지역이 바로 투자하기 좋은 지역이다. 전세 투자를 할 때 이 한 가지만 잘 기억해도 좋다. 다른 모든 요소를 떠나 전세 가격 추이만 잘 살펴보면서 투자를 해도 괜찮다. 어쩌면 집 값 상승의 신호라고 할 수도 있다.

그렇다면 전세 가격이 오르는 곳만 찾아서 투자하면 되는 걸까? 맞다. 정말이다. 전세 가격이 계속해서 오른다면 초기 투자금 대비 2년 후에 전세금 상승분만큼 투자금을 회수할 수도 있다. 전세 가격이 오르는 지역은 매매 가격 대비 전세 가격이 높아지기 때문에 투자금이 적게 든다는 장점도 있다. 여러모로 전세 가격은 부동산 투자에서 중요한 지표가 된다.

그럼 전세 가격이 상승한 지역은 언제까지나 상승만 할까? 그건 아닐 것이다. 공급이 많아지게 되면 상승은 바로 멈출 것이다. 그리고 공급이 수요를 초과해 엄청나게 많다면 전세 가격은 그에 비례하여 더욱 떨어질 것이다. 전세 가격의 향방은 결국 해당 지역의 공급과 많은 연관이 있음을 기억하자. 향후 입주 물량을 놓치지 않고 챙겨야 하는 이유이기도 하다.

공급 물량이 전세 가격에도 큰 영향을 준다. 수요, 공급, 가격은 늘 유기적으로 연결되어 있다. 공급 부족과 전세 가격 상승이 부동산 상승 반등의 동시 신호라는 한 가지 사실만은 꼭 기억했으면 한다.

누구나 오르는 지역을
찾을 수 있다

지난 몇 년간 수도권 부동산 시장은 무척 뜨거웠다. 특히, 서울 아파트는 월급만 모아서는 살 수 없는 수준에 이르렀다. 도대체 언제쯤 집값이 비싸지 않은 시기가 올까? 5년? 10년? 정말 그런 시기가 오긴 올 것인지 의문이 든다. 한 가지 다행인 점은 부동산은 계속 오르지만은 않는다는 사실이다. 오르지 않는 시기도 있고, 떨어지는 시기도 분명 있다. 아무리 입지가 좋은 강남 부동산도 예외는 없다. 더욱 다행인 점은 전국적으로 부동산이 동시에 오르는 일도, 동시에 떨어지는 일도 없다는 사실이다.

부동산 투자에 있어 지역별로 차별화된 흐름을 보인다는 사실을 아는 것은 무척 중요하다. 그렇기에 지나간 상승장을 아쉬워할 필요도 없고, 부동산 투자에 있어 늦었다는 생각을 할 필요도 없는 것이다. 이제 막 부동산 투자에 관심을 가졌다고 해도 전혀 문제될 것이 없다. 다만, 여기에는 한 가지 전제가 필요하다. 그것은 바로 지금 사는 곳에만 관심을 두지 말고 오를 만한 지역에까지 투자 레이더를 넓혀야 한다는 것이다.

그런데 이게 참 말처럼 쉽지 않다. 흔히 사람들은 내가 잘 모르는 것에 대한 거부감이 크기 때문이다. 나 역시 그러했다. 하지만 부동산 가격이 오르고 떨어지는 원리만 제대로 이해한다면 내가 잘 모르는 곳에 대한 막연한 두려움을 충분히 이겨 낼 수 있다. 그리고 오르는 곳에는 늘 비슷한 신호가 있다는 사실을 통해 그 두려움을 확신으로 바꿀 수 있다.

그렇다면 부동산 가격이 오르는 지역을 어떻게 알 수 있을까? 그 오르는 지역의 세 가지 특징을 나열하자면(나는 이것을 투자의 3박자라고 말하고 싶다), 첫째 장기 침체, 둘째 공급 물량 부족, 셋째 전세 가격 상승이 바로 그것이다. 경기도 일산에 근거지를 둔 내가 수도권 시장에 대해 과감하게 투자를 할 수 있었던 이유도 바로 이 3박자가 맞아떨어진 시기였기 때문이다. 오랜 기간 가격 침체가 이어져 왔고, 앞으로의 공급 물량이 부족하며, 전세 가격 상승이 일어나는 지역이 있다면, 그곳이 바로 관심을 두어야 할 지역이라고 말하고 싶다. 앞서 말한 데이터만 꾸준히 살펴보더라도 충분히 이런 특징을 보이는 곳을 찾을 수 있다.

그런데 세 가지 조건이 모두 꼭 들어맞을 때까지 기다리는 것이 아닌 두 가지가 맞을 때가 바로 그 지역에 대해 관심을 갖기 시작해야 할 때이다. 부동산 투자에 있어서는 남들보다 반 발자국만 앞서면 큰 이익을 거둘 수 있기 때문이다. 이때부터는 인터넷을 통해 데이터만 볼 것이 아니라 현장으로 나가야 한다. 해당 지역의 부동산을 자주 방문하여 미세한 변화의 움직임을 꾸준히 관찰해라. 언제나 현장의 분위기는 데이터보다 빠르다.

이런 방법을 반복한다면 누구나 오를 지역을 찾을 수 있다. 나는 이것이 부동산 투자 불변의 법칙이 아닐까 한다.

2018년 하반기 이후 주목해야 할 지역

그렇다면 현재 시점에서 우리가 관심을 가져야 할 지역은 어디일까? 수도권과 지방으로 나누어 한번 살펴보기로 하자.

수도권의 경우, 교통 혁신이라고 할 수 있는 수도권 광역급행철도(GTX)를 언급하지 않을 수 없다. 특히나 현 정부에서 서울의 만성적인 주택 공급 문제에 대한 해결책으로 GTX 사업을 적극 지원하고 있으니, 결국 A, B, C 노선 모두 어느 정도는 원활하게 진행될 것으로 생각한다(2018월 7월 현재 A노선에 대한 부분만 확정되어 사업자까지 정해졌고, B, C노선의 경우 사업 타당성을 검토 중이다).

아파트 언제 어디를 살까요

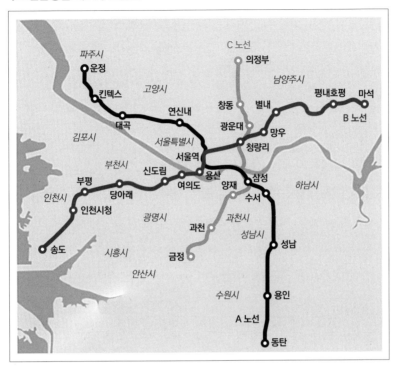

GTX 수혜 지역은 크게 서울과 경기도 두 군데로 나누어 살펴볼 수 있겠다. 먼저 서울의 경우, GTX 노선이 들어오는 곳이 참 많다. A노선부터 살펴보면 연신내, 서울역, 삼성역, 수서역이 있다. B노선은 신도림, 여의도, 용산, 서울역, 청량리역, 망우역이 있다. 마지막으로 C노선은 창동역, 광운대역, 청량리역, 삼성역, 양재역이 있다. 참 많기도 하다.

그중 몇 개 지역을 꼽아 보자면 서울 동북부의 중심 거점으로 개발 예정인 청량리와 창동 일대의 거대한 변화를 주목해야 한다. 이 일대

야말로 투자 가치 면에서는 손에 꼽히는 지역이 아닌가 싶다. 게다가 창동역 일대의 노원구는 대표적인 아파트 밀집 지역이다. 정부의 재건축 규제로 노원구가 한차례 흔들렸지만, 시간은 결국 노원구의 편이 될 것으로 생각한다. 또한, GTX 역사 예정지인 신도림 역시 주변 신길뉴타운을 필두로 한 영등포구의 발전과 더불어 관심을 가지면 좋을 지역이다.

이런 지역들의 공통점은 무엇일까? 바로 2030서울도시기본계획(2030서울플랜)에서 거점 지역으로 선정된 곳이라고 할 수 있겠다. 서울시에서 대놓고 개발하겠다고 한 지역에 교통 혁명까지 가해진다니 무슨 말이 더 필요할까? 내 집 마련을 염두에 둔 경우에 이러한 미래 발전성을 생각해 그 인근으로 집을 구하는 것은 매우 바람직한 선택이라고 생각한다.

경기도 역시 지금 시점에 가장 관심을 가져야 할 곳은 GTX 수혜 지역들이다. A노선은 운정역, 킨텍스역, 대곡역, 성남역, 용인역, 동탄역이 예정지이다. B노선은 송도역, 인천시청역, 부평역, 당아래역, 별내역, 평내호평역, 마석역이 있다. 마지막으로 C노선은 의정부역, 과천역, 금정역이 예정지이다. 원래 교통 호재는 끝 지역의 수혜가 가장 크다. 그리고 원래 지하철이 없었는데 새로 생기는 곳이라면 더욱 관심을 가질 필요도 있겠다.

한 가지 흥미로운 사실은 GTX역이 생기는 경기도 지역은 근처에 1기 신도시가 자리 잡고 있다는 점이다. 그런 의미에서 이미 인프라가 안정적으로 갖추어져 생활하기에 전혀 불편이 없는 1기 신도시에 관심을 가지는 것은 매우 현명한 일이라는 생각이 든다. 정부에서도 1기 신도시에 대해서는 고민이 많을 것이다. 1기 신도시 대부분이 1990년대 초중반에 개발되어 연식이 오래되었지만, 어떻게든 정부에서 1기 신도시를 멋지게 탈바꿈할 거란 믿음이 있다. 상대적으로 적은 돈으로 내 집 마련을 꿈꾼다면 1기 신도시를 추천한다.

그렇다면 지방의 경우는 어떨까? 우선 부동산 투자를 처음 하는 사람의 경우 인구가 어느 정도 많은 광역시에 관심을 가졌으면 한다. 시간이 지날수록 도시 역시 양극화가 뚜렷해질 가능성이 높다. 그렇기에 대도심으로 점점 더 인구가 몰리는 현상이 발생할 수 있고, 그런 의미에서 지방 역시 대도시 위주의 투자가 현명한 접근법이다. 많은 사람들이 수도권에 관심을 갖는 이유 역시 계속해서 사람들이 수도권으로 몰리기 때문이다.

그런 의미에서 이제 막 부동산에 관심을 갖기 시작한 사람이라면 2018년 이후 주택 공급이 부족한 광주광역시, 대전광역시, 대구광역시에 먼저 관심을 갖자. 지방광역시의 입주 물량 데이터를 자세히 살펴보면 각각의 지역구별로 공급이 특히 더 부족한 지역을 파악할 수 있다. 이런 지역들을 우선으로 관심을 두면 괜찮을 것이다.

광주광역시의 경우, 2018년 7월 현재 시점에서 보면 이미 전세 심리지수가 매우 높게 올라와 있고, 매수 심리도 최근 많이 살아나고 있음을 KB부동산 데이터를 통해서 확인 가능하다. 대전광역시는 자체의 공급이 부족했음에도 세종특별시의 많은 입주 때문에 몇 년간 정체를 보였다. 다만, 세종특별시의 입주가 어느 정도 정리되는 시점인 내년(2019년)부터 대전이 조금 더 활기를 띨 것으로 예상된다. 세종특별시의 아파트 가격은 인프라가 점점 갖춰질수록 상승할 것이 분명하다. 그럼 대전광역시 구축아파트의 가격은 어찌될까? 세종특별시와 가격 차이가 벌어질수록 대전 아파트들이 상대적으로 저렴하게 보일 가능성이 크다. KTX나 SRT와 같은 고속열차를 타면 서울에서 대전까지 1시간 이내로 갈 수 있다. 상대적으로 다른 지방 광역시에 비해 물리적, 심리적 거리가 가깝다는 의미이다. 2018년 하반기, 지금부터 대전을 주목해도 좋을 것이다. 끝으로 대구광역시도 조금씩 살아나는 모습을 현재 보이는데, 향후 공급량을 잘 체크해 가면서 전세 동향의 변화에 주목한다면 좋은 기회를 잡을 수 있다고 생각한다. 대구에서도 입주 물량이 특히 부족한 달서구와 수성구, 서구에 더욱 관심을 갖자.

그리고 부산광역시와 울산광역시는 2~3년 후에 적극적으로 관심을 두면 좋겠다. 2018년 7월 현재 많은 입주 물량으로 분위기가 다른 광역시보다 좋지 않기 때문이다. 두 지역 역시 언제까지나 그렇지는 않을 것이다. 입주가 마무리되어 가는 시점에 다시금 부동산 훈풍이 불어올 가능성이 높다. 불과 몇 년 전에 부산, 울산 아파트 가격이 많이 상승했음은 해당 지역에 살고 있는 사람들이 더 잘 알 것이다.

그 외 지방에서는 혁신도시로 지정된 도시들을 눈여겨보자. 혁신도시 자체가 일자리 공급을 의미한다. 결국, 부동산은 일자리가 늘어나는 곳에 사람들이 몰리고 주택 수요가 높아진다는 단순한 사실을 기억하자. 이런 측면에서 지방 혁신 도시는 좋은 투자처이기도 하다. 지방에 거주하고 있는 사람이라면 본인이 살고 있는 지역 인근에서 가장 가까운 혁신도시에 먼저 관심을 두는 것도 좋겠다.

부동산 투자에 늦은 때란 없다

한 가지 희망이 당신의 정신을 새롭게 하고,

한 번의 손길이 당신의 마음을 보여 줄 수 있다.

한 개의 별이 바다에서 배를 인도할 수 있다.

한 번의 악수가 영혼에 기운을 줄 수 있다.

한 송이 꽃이 꿈을 일깨울 수 있다.

한 걸음이 모든 여행의 시작이고,

한 단어가 모든 기도의 시작이다.

- 틱낫한, 「당신에게 달린 일」 중에서

인생에서 늦은 때란 없다. 투자에 있어서도 늦은 때란 없다. 투자의 시작 역시 한 걸음부터이다. 한 권의 책이 내 인생을 바꿔 놓았듯이, 당신에게도 이 책이 조금이나마 도움이 되기를 바란다. 한 권의 책, 한 번의 강의보다 더욱 중요한 것은 스스로의 지식으로 그것을 소화했느냐일 것이다. 긴 안목으로 바라보고, 조금 덜 욕심을 낸다면 당신에게도 분명 멋진 기회가 찾아올 것이다.

나는 부동산 투자를 하지만, 경매 입찰을 해 본 적이 없다. 상가나 땅, 오피스텔, 빌라 투자 역시 해 본 적이 없다. 오로지 아파트에만 관심이 있다. 쉽고 안전하기 때문이다. 아파트 투자에서도 분양권, 재건축은 크게 관심이 없다. 구축 아파트 전세 투자만으로도 충분히 수익을 낼 수 있기 때문이다. 당신 역시 모든 것을 잘할 필요가 없다. 당신이 충분히 이해하고 흥미를 느끼는 한 가지에 대해 월등하게 남들보다 더 잘 알자. 그거면 충분하다.

끝으로 부동산은 우리 삶과 너무나도 밀착해 있음을 알자. 그래서 한 번 배워 두면 두고두고 좋다. 당신 인생의 어느 시기가 되었든 한 번쯤은 부동산에 푹 빠져 보자. 집중해서 말이다. 분명 1~2년 안에 당신 인생의 크나큰 변화를 체감할 것이다. 그리고 부동산 투자를 시작하려 한다면 올바른 방향성을 갖는 것이 무엇보다 중요하다. 열심히 하는 것보다 더욱 중요한 것은 올바른 방향으로 가는 것이기 때문이다.

필자는 현재 '다꿈스쿨(http://cafe.naver.com/dreamagainschool)' 이라는 곳에 몸담고 있다. 당신의 투자에 조언이 필요하다면, 함께할 누군가가 필요하다면 문은 언제나 열려 있다. 내가 그랬듯이 당신도 한번 용기를 내어 보았으면 한다. 또한 유튜브 채널 '부동산특공대'

(유튜브에서 '부동산특공대'로 검색)를 통해서도 쉽고 재미있게 부동산 투자에 도움이 되는 유용한 에피소드들을 업로드하고 있다. 이는 누구나 무료로 시청할 수 있으니 채널 구독을 통해 투자의 기본기를 다지는 것도 추천하는 바이다.

이 책을 읽은 당신의 멋진 성공을 기원한다. 진정한 자유를 찾을 때까지 포기하지 않을 것임을 스스로와 약속하자. 당신의 꿈을 긍정하길 바라며 책을 마무리하겠다.

특별
부록

전국의 입주 물량 총정리
(2018년 7월 기준)

전국 아파트 가격
등락률 추이
(2008~2018년)

전국 아파트 가격 상승률
상위 3위 추이
(2008~2018년)

서울특별시

권역	지역	인구(만)	미분양	필요물량	2011	2012	2013	2014	2015	2016	2017	2018	2019	2020	2021
서남	강서구	60	-	3,310	54	457	925	7,666	672	1,860	1,314	-	499	-	-
	양천구	47	3	2,570	3,116	134	-	92	181	2,722	-	410	356	3,045	1,497
	영등포구	37	-	2,030	-	822	1,326	1,061	1,098	247	3,141	275	1,349	7,279	308
	구로구	41	17	2,240	4,589	543	827	1,888	659	253	-	1,216	2,656	1,771	-
	관악구	50	-	2,780	48	340	-	397	210	35	-	-	1,531	-	-
	금천구	23	-	1,290	1,764	98	-	299	-	1,743	292	1,236	432	-	927
	동작구	39	-	2,180	1,629	3,676	1,562	144	-	1,351	452	3,386	-	959	-
동남	강남구	55	-	3,010	2,829	1,481	2,136	5,433	3,115	1,168	353	1,266	3,277	4,305	1,996
	서초구	44	16	2,420	1,705	333	5,280	3,023	1,918	3,002	1,063	3,728	2,049	1,075	-
	송파구	67	8	3,670	2,047	-	310	-	989	2,374	2,780	10,700	966	1,199	-
	강동구	43	-	2,390	3,548	363	438	628	576	634	5,384	72	10,896	5,088	1,824
서북	마포구	37	-	2,070	1,750	713	195	5,155	1,818	971	497	1,436	2,634	472	1,694
	서대문구	31	-	1,720	89	3,620	-	366	4,308	91	2,462	2,363	1,544	2,519	
	은평구	48	-	2,670	4,291	712	938	551	585	-	1,475	2,779	2,344	4,393	
	용산구	23	-	1,270	1,509	208	936	-	232	68	346	254	819	1,140	
	중구	13	-	700	1,728	181	200	603	29	345	1,341	199	176	-	
	종로구	15	1	850	-	112	-	80	108	-	1,919	-	195	-	-
동북	노원구	55	-	3,030	26	202	164	241	-	1,301	326	-	959	810	
	도봉구	34	2	1,890	80	-	533	-	-	172	-	207	-	-	
	강북구	32	-	1,780	1,372	-	142	298	281	-	615	-	1,028	-	-
	성북구	44	-	2,430	1,439	484	1,555	160	322	629	1,699	-	6,343	1,711	
	중랑구	41	-	2,240	-	746	2,631	1,522	331	264	719	289	611	2,203	
	동대문구	35	-	1,920	1,314	474	3,212	1,575	735	62	133	2,357	2,171	299	
	성동구	31	-	1,700	875	3,609	70	1,643	1,702	5,933	2,927	1,640	-	-	280
	광진구	36	-	1,960	177	453	-	296	-	-	461	854	-	-	
합계		981	47	54,120	35,979	19,761	23,380	33,121	19,869	25,225	29,699	34,667	42,835	38,268	8,526

인천광역시

지역	인구(만)	미분양	필요물량	2011	2012	2013	2014	2015	2016	2017	2018	2019	2020	2021
부평구	53	53	2,920	1,451	1,360	330	1,435	-	-	-	-	2,260	4,915	-
계양구	32	36	1,750	534	-	1,415	-	-	724	-	-	1,951	1,669	
남동구	54	114	2,970	5,020	2,903	1,326	5,610	6,719	1,068	5,286	1,948	2,609	976	-
연수구	34	-	1,870	4,354	2,321	4,546	2,895	4,482	2,636	6,627	5,318	5,774	12,232	
서구	53	45	2,930	8,692	10,943	3,801	64	1,243	915	5,330	8,666	2,150	898	-
남구	42	246	2,310	1,062	674	-	422	264	3,971	546	5,023	186	2,376	616
중구	12	653	660	-	9,403	1,002	-	-	-	92	2,601	5,515	-	
동구	7	180	380	-	-	94	-	-	-	-	-	-	232	-
강화군	7	-	380	120	-	-	-	-	-	-	-	-	-	
합계	293	1327	16,170	21,233	27,604	12,514	10,426	12,708	8,590	18,605	23,556	18,494	23,580	2,285

아파트 언제 어디를 살까요

경기도

권역	지역	인구(만)	미분양	필요물량	2011	2012	2013	2014	2015	2016	2017	2018	2019	2020	2021
서북	파주시	44	16	2,440	6,133	3,467	272	5,091	1,006	-	4,138	6,613	-	5,246	-
	고양시	104	446	5,740	3,316	5,104	10,255	3,893	5,580	4,055	1,935	6,033	12,578	5,322	-
	김포시	41	1,075	2,240	7,934	11,733	7,182	7,313	820	3,844	11,296	14,789	540	16,692	701
서부	부천시	85	103	4,680	4,433	1,968	1,613	536	802	3,843	5,300	1,443	609	2,219	-
	광명시	33	-	1,820	2,471	-	-	-	-	-	1,515	2,435	-	3,604	-
	시흥시	44	38	2,400	708	419	769	1,416	3,481	2,919	11,415	13,207	10,661	9,839	1,288
서남	안산시	66	105	3,660	-	396	441	-	319	1,569	146	6,810	5,032	10,175	-
	안양시	58	43	3,210	1,715	2,816	135	271	313	5,709	567	220	2,995	388	5,244
	과천시	6	-	320	-	-	-	-	-	-	-	543	-	7,117	2,128
	군포시	28	-	1,540	-	489	-	2,494	-	-	-	1,105	2,894	-	-
	의왕시	15	-	850	1,535	2,422	1,170	-	-	-	-	578	5,322	3,010	941
남부	수원시	120	7	6,620	14,640	10,823	10,032	7,044	3,874	4,524	11,676	8,113	6,939	298	2,355
	화성시	73	704	4,020	649	1,474	231	1,248	25,677	12,126	17,789	32,284	18,192	4,376	2,768
	평택시	49	1,047	2,690	3,812	3,851	2,175	1,653	5,472	6,732	7,706	8,973	17,155	6,134	-
	안성시	18	1,278	1,010	-	-	-	-	-	3,458	1,451	5,804	976	715	-
	오산시	22	-	1,210	3,336	-	2,343	-	-	-	7,079	4,528	4,804	596	-
동남	용인시	101	626	5,570	2,676	2,632	6,879	1,741	1,445	2,795	6,779	15,912	12,377	1,514	2,281
	성남시	96	-	5,300	2,558	3,322	6,784	1,722	4,761	6,449	5,124	503	768	4,632	1,729
	광주시	36	144	1,960	1,601	-	120	-	-	2,681	5,143	5,640	2,373	587	-
	이천시	21	136	1,190	347	-	168	214	454	1,116	1,171	1,186	1,321	-	432
	여주시	11	-	620	-	-	119	899	68	-	-	-	388	526	-
	양평군	12	57	640	-	197	-	-	-	350	767	101	62	-	-
동부	하남시	24	18	1,330	-	.-	-	3,229	7,538	13,325	5,113	9,204	3,623	3,347	3,295
	구리시	20	76	1,110	-	98	-	265	289	4,542	2,321	2,229	-	1,365	-
	남양주시	68	1,275	3,720	698	7,280	3,481	5,310	8,278	-	2,193	8,248	14,498	3,910	3,861
	가평군	6	47	350	-	405	-	480	-	-	476	-	119	-	-
북부	의정부시	44	461	2,440	-	2,214	2,288	491	1,188	3,114	5,847	5,235	1,977	6,627	-
	양주시	21	285	1,180	521	-	-	3,246	-	1,862	1,838	3,174	1,566	4,369	1,483
	동두천시	10	-	540	500	-	-	770	-	-	-	492	-	-	-
	포천시	15	-	840	-	-	-	-	-	-	959	-	-	254	829
합계		1293	7987	71,240	59,583	61,110	56,457	49,326	71,365	85,013	119,744	165,402	127,769	102,862	29,335

부산광역시

지역	인구(만)	미분양	필요물량	2011	2012	2013	2014	2015	2016	2017	2018	2019	2020	2021
해운대구	41	113	2,270	4,166	862	2,597	2,544	407	–	1,117	2,156	2,992	1,220	298
수영구	18	38	980	299	299	275	1,975	549	396	1,889	73	1,765	2,009	–
연제구	21	3	1,130	364	–	470	–	2,538	887	1,573	2,410	2,576	1,230	–
동래구	27	26	1,490	619	74	1,409	50	1,998	999	1,532	2,467	5,698	825	999
부산진구	37	446	2,030	2,893	1,501	1,801	1,396	504	1,191	1,799	1,378	2,087	6,846	–
사상구	23	66	1,250	–	–	808	1,133	–	108	839	–	498	119	–
사하구	33	295	1,830	520	1,393	1,380	1,370	182	2,565	1,550	639	378	221	1,178
서구	11	302	610	–	–	782	873	192	168	68	2,339	–	1,559	503
중구	4	–	240	–	–	536	42	–	44	98	–	–	–	120
동구	9	92	490	270	–	136	572	–	–	691	422	1,771	856	449
남구	28	14	1,530	–	–	773	40	786	–	330	7,101	1,708	600	–
강서구	12	141	660	–	–	2,320	5,706	2,257	3,643	2,740	2,821	3,533	2,936	–
북구	30	197	1,650	1,177	5,388	–	2,187	3,751	–	203	346	2,273	–	2,855
금정구	24	134	1,350	–	2,274	1,011	811	508	693	2,376	490	75	330	610
기장군	16	302	900	2,236	3,478	5,390	2,657	2,021	1,298	1,392	668	856	7,647	–
영도구	12	–	680	–	–	–	–	397	–	381	191	–	115	1,216
합계	346	2169	19,090	12,544	15,269	19,688	21,356	16,090	11,992	18,578	23,501	26,210	26,513	8,228

대구광역시

지역	인구(만)	미분양	필요물량	2011	2012	2013	2014	2015	2016	2017	2018	2019	2020	2021
남구	15	–	840	–	337	–	–	–	–	268	314	825	622	413
달서구	58	8	3,170	810	45	2,648	932	1,929	3,285	–	2,061	2,015	937	148
달성군	25	414	1,370	214	1,141	–	637	5,378	14,800	11,707	3,586	442	3,520	–
동구	35	52	1,940	1,987	652	2,856	3,383	1,934	3,439	2,971	3,488	–	1,515	–
북구	44	–	2,430	1,360	1,778	1,314	1,986	1,434	3,615	5,182	1,371	2,793	4,520	–
서구	19	6	1,040	1,819	–	–	–	–	–	–	–	–	–	–
수성구	44	26	2,400	108	–	2,175	412	1,637	1,109	180	1,810	2,177	1,449	719
중구	8	–	440	–	–	730	1,906	1,244	–	1,005	882	–	348	–
합계	247	506	13,630	6,298	3,953	9,723	9,256	13,556	26,248	21,313	13,512	8,252	12,911	1,280

울산광역시

지역	인구(만)	미분양	필요물량	2011	2012	2013	2014	2015	2016	2017	2018	2019	2020	2021
남구	33	456	1,830	1,290	1,181	2,348	1,334	1,776	803	1,266	2,541	1,703	734	–
동구	17	84	920	1,345	–	–	–	1,897	–	–	–	–	372	–
북구	20	163	1,130	–	–	527	890	440	2,285	5,035	3,429	6,279	404	–
울주군	22	197	1,220	–	405	844	1,985	2,976	–	1,832	2,018	2,817	485	–
중구	23	104	1,300	–	2,368	1,699	4,215	2,637	35	868	509	219	–	405
합계	116	1004	6,400	2,635	3,954	5,418	8,424	9,726	3,123	9,001	8,497	11,018	1,995	405

아파트 언제 어디를 살까요

경상북도

지역	인구(만)	미분양	필요물량	2011	2012	2013	2014	2015	2016	2017	2018	2019	2020	2021
경산시	26	23	1,430	440	1,395	-	899	986	2,015	2,999	2,498	1,619	904	-
경주시	26	2,156	1,420	90	-	979	-	229	713	2,318	6,767	1,671	-	1,204
고령군	3	-	190	474	-	-	-	-	-	-	-	-	-	-
구미시	42	1,104	2,330	4,161	123	-	1,226	2,130	5,094	7,657	2,826	5,252	1,736	-
군위군	2	-	140	-	-	-	-	296	-	-	-	-	-	-
김천시	14	1,365	790	-	360	660	417	3,328	2,671	916	1,110	1,881	-	-
문경시	7	-	400	-	-	-	450	-	84	99	-	154	-	-
봉화군	3	-	190	61	-	80	-	-	-	-	-	-	-	-
상주시	10	55	560	289	-	1,261	-	482	526	277	205	255	153	
안동시	16	533	900	622	-	414	1,112	1,347	-	1,189	632	512	726	
영덕군	4	-	220	-	-	-	250	-	-	-	-	-	-	
영주시	11	-	600	706	-	374	-	-	1,841	-	-	-	-	
영천시	10	227	560	1,231	-	-	1,325	-	108	1,147	596	773	610	
예천군	5	480	290	62	-	-	-	489	798	3,726	865	1,499	-	-
울진군	5	-	280	-	-	157	29	-	-	-	34	-	-	-
의성군	5	-	300	-	-	-	-	201	-	-	-	-	-	-
청도군	4	183	240	-	-	114	-	-	-	-	-	-	-	-
청송군	3	-	150	-	-	-	-	-	-	-	-	-	-	-
칠곡군	12	219	660	-	-	-	1,177	835	973	-	728	999		
포항시	51	1,963	2,820	2,179	1,589	2,257	1,336	2,763	660	2,199	9,579	1,302	3,192	-
합계	265	8419	14,720	10,315	3,467	6,498	6,794	13,678	15,345	23,500	25,112	15,646	8,320	1,204

경상남도

지역	인구(만)	미분양	필요물량	2011	2012	2013	2014	2015	2016	2017	2018	2019	2020	2021
거제시	25	1,734	1,390	336	983	2,127	2,596	3,073	940	4,589	5,822	874	-	-
거창군	6	6	350	-	-	455	-	-	388	-	677	-	-	-
고성군	5	-	300	788	-	-	-	-	411	-	-	-	-	-
김해시	53	1,347	2,930	-	880	6,407	2,117	2,155	1,487	6,498	6,006	12,204	1,334	360
남해군	4	-	250	-	-	-	-	-	-	-	-	-	-	-
밀양시	11	397	590	39	-	763	565	394	422	-	595	1,432	706	-
사천시	11	1,152	630	678	596	474	-	-	76	194	775	1,996	1,738	-
산청군	4	34	200	-	-	-	330	-	-	-	-	-	-	-
양산시	35	1,285	1,900	1,300	736	5,496	4,582	2,679	9,135	9,725	3,892	4,440	1,987	1,085
진주시	35	446	1,910	1,294	1,637	1,143	4,333	2,729	472	1,288	6,203	2,742	3,763	394
창녕군	6	54	360	-	-	-	56	604	-	-	391	-	-	
창원시	106	6,874	5,810	2,352	2,150	1,396	7,893	8,254	3,221	12,375	13,244	10,140	3,899	-
통영시	13	1,419	750	84	-	817	448	344	1,121	1,338	1,570	-	1,257	-
하동군	5	17	270	200	-	-	-	-	-	63	374	-	-	-
함안군	7	-	380	-	901	-	1,014	-	190	-	-	132	-	-
함양군	4	5	230	-	-	178	-	-	-	-	-	-	-	-
합계	330	14770	18,250	7,071	7,883	19,256	23,878	19,684	18,467	36,070	39,158	34,351	14,684	1,839

대전광역시

지역	인구(만)	미분양	필요물량	2011	2012	2013	2014	2015	2016	2017	2018	2019	2020	2021
대덕구	18	4	1,020	788	2,312	–	–	–	–	765	–	–	2,338	–
동구	23	214	1,260	2,505	–	960	–	–	408	–	3,546	–	2,267	–
서구	49	200	2,690	3,056	1,293	1,206	4,118	72	3,266	1,813	1,255	2,056	776	–
유성구	35	269	1,920	2,456	1,159	1,171	6,683	2,881	2,950	3,487	1,161	1,240	650	–
중구	25	348	1,360	804	662	1,782	–	90	–	392	396	237	–	154
합계	149	1035	8,250	9,609	5,426	5,119	10,801	3,043	6,624	6,457	6,358	3,533	6,031	154

세종특별자치시

지역	인구(만)	미분양	필요물량	2011	2012	2013	2014	2015	2016	2017	2018	2019	2020	2021
세종시	30	–	1,660	1,582	4,938	4,134	18,231	18,151	7,529	13,910	12,734	9,973	4,062	4,094
합계	30	0	1,660	1,582	4,938	4,134	18,231	18,151	7,529	13,910	12,734	9,973	4,062	4,094

충청북도

지역	인구(만)	미분양	필요물량	2011	2012	2013	2014	2015	2016	2017	2018	2019	2020	2021
괴산군	4	–	220	–	–	–	–	–	–	156	–	–	–	–
단양군	3	–	170	–	–	–	–	–	–	–	486	–	–	–
보은군	3	375	190	–	–	–	–	–	88	–	492	–	–	–
영동군	5	24	280	–	90	–	–	141	56	–	–	–	–	–
옥천군	5	88	290	–	–	–	–	–	–	726	–	–	325	–
음성군	10	600	540	1,087	269	–	2,660	2,027	–	1,258	1,262	–	–	1,644
제천시	14	303	750	498	–	–	–	690	892	2,497	1,059	492	–	–
증평군	4	–	210	504	–	–	372	989	640	–	–	–	–	–
진천군	8	246	420	632	–	–	–	240	1,315	1,272	4,076	–	–	–
청주시	84	3,072	4,600	841	919	4,774	6,029	6,091	3,898	982	13,416	10,569	8,358	1,112
충주시	21	580	1,160	–	–	–	1,176	344	2,161	4,908	1,522	3,809	–	–
합계	160	5288	8,830	3,562	1,278	4,774	10,237	10,522	9,050	11,799	22,313	14,870	8,683	2,756

충청남도

지역	인구(만)	미분양	필요물량	2011	2012	2013	2014	2015	2016	2017	2018	2019	2020	2021
계룡시	4	176	250	–	304	–	–	418	938	–	–	–	–	–
공주시	11	282	600	–	–	184	–	–	–	1,806	1,955	–	–	–
금산군	5	–	300	–	–	–	70	563	–	–	–	–	–	–
논산시	12	313	670	–	210	81	1,674	856	157	456	460	770	–	–
당진시	17	960	930	1,269	1,286	1,760	–	–	3,696	1,077	2,074	–	1,691	–
보령시	10	666	570	–	–	527	–	294	–	1,388	–	997	599	–
부여군	7	326	380	–	–	–	–	–	396	–	1,027	–	–	–
서산시	17	1,956	950	604	847	1,164	–	1,963	808	2,608	6,291	1,062	–	1,926
서천군	5	92	310	107	–	–	70	72	–	–	–	328	347	–
아산시	31	453	1,720	3,733	858	75	3,715	3,192	2,584	7,480	2,670	369	–	1,267
예산군	8	527	450	–	–	–	–	174	–	2,345	–	–	–	–
천안시	64	3,195	3,530	3,536	41	2,836	2,030	4,875	8,211	9,570	11,342	790	4,132	1,443
청양군	3	–	180	–	57	–	86	–	–	–	–	–	–	–
태안군	6	341	360	–	–	–	430	–	–	–	409	498	252	–
홍성군	10	207	560	659	885	1,222	915	2,127	3,910	394	–	–	–	–
합계	212	9494	11,760	9,908	4,488	7,849	8,990	14,534	20,700	27,124	26,228	4,814	7,021	4,636

아파트 언제 어디를 살까요

전라북도

지역	인구(만)	미분양	필요물량	2011	2012	2013	2014	2015	2016	2017	2018	2019	2020	2021
고창군	6	-	320	-	-	-	-	-	98	-	48	-	-	-
군산시	27	614	1,510	2,533	892	-	935	2,151	3,036	1,489	3,551	-	423	-
김제시	9	139	480	533	-	48	721	-	828	-	-	248	-	-
남원시	8	-	460	996	-	-	432	338	771	-	-	-	-	-
무주군	2	-	140	-	-	-	36	-	-	-	-	-	-	-
부안군	6	-	310	-	-	-	-	554	-	-	-	198	570	-
장수군	2	-	130	-	-	-	-	-	-	-	100	-	-	-
진안군	3	-	150	-	-	-	-	-	-	-	-	-	-	-
임실군	3	27	170	-	-	-	-	-	-	-	230	95	-	-
순창군	3	45	170	-	-	-	-	-	-	165	-	75	126	-
완주군	10	353	530	-	933	-	1,214	-	119	526	-	287	820	-
익산시	30	310	1,640	1,509	1,072	290	2,285	2,024	63	612	55	763	679	626
전주시	65	633	3,590	542	1,394	5,202	4,206	4,293	3,526	2,275	8,401	8,203	6,080	323
정읍시	11	53	630	-	-	-	632	-	340	1,325	-	-	461	-
합계	184	2174	10,230	6,113	4,291	5,540	10,461	9,360	8,781	6,392	12,385	9,869	9,159	949

전라남도

지역	인구(만)	미분양	필요물량	2011	2012	2013	2014	2015	2016	2017	2018	2019	2020	2021
강진군	4	154	210	-	-	406	-	-	-	-	-	175	194	-
고흥군	7	25	370	-	-	150	-	-	-	154	105	-	-	-
곡성군	3	-	170	-	-	-	56	-	-	-	-	-	-	-
광양시	15	110	840	1,007	2,409	1,386	1,645	-	1,498	616	420	-	-	-
구례군	3	-	150	-	-	-	172	-	-	-	-	-	-	-
나주시	11	62	620	-	184	-	1,653	4,615	4,432	2,011	4,638	-	-	-
담양군	5	-	260	-	-	-	-	153	460	-	-	-	-	-
목포시	23	338	1,290	-	174	1,338	2,539	2,913	1,647	883	844	943	1,911	-
무안군	8	280	460	661	-	1,526	538	-	72	-	-	-	1,531	1,698
보성군	4	-	240	-	-	-	368	-	167	-	-	-	-	-
순천시	28	65	1,540	1,317	2,130	1,896	2,902	3,698	550	2,541	1,857	1,774	2,026	-
신안군	4	-	240	-	-	-	-	-	-	-	-	-	-	-
여수시	29	-	1,570	1,187	-	2,449	3,086	1,660	-	1,451	552	2,067	722	-
영광군	5	-	310	-	-	-	111	46	-	-	256	-	-	-
영암군	6	20	310	462	-	495	-	-	273	127	551	2,720	-	-
완도군	5	1	290	-	-	-	-	-	317	-	55	-	-	-
장흥군	4	58	220	-	318	-	-	-	-	210	-	-	-	-
장성군	5	-	260	-	-	-	-	-	-	-	-	-	-	-
진도군	3	-	180	-	-	-	35	43	-	66	-	-	-	-
함평군	3	-	190	-	-	40	76	-	-	150	-	-	-	-
해남군	7	48	410	-	102	-	304	263	60	-	60	703	-	-
화순군	6	51	360	-	-	-	-	-	406	-	-	612	-	-
합계	189	1212	10,490	4,634	5,317	9,686	13,394	13,439	9,925	7,993	9,554	8,382	6,996	1,698

광주광역시

지역	인구(만)	미분양	필요물량	2011	2012	2013	2014	2015	2016	2017	2018	2019	2020	2021
광산구	40	50	2,230	4,020	2,454	2,682	3,666	2,906	2,930	2,371	1,417	4,047	2,342	–
남구	22	8	1,200	2,274	344	–	4,669	843	1,918	1,493	901	2,691	–	1,020
동구	9	78	530	794	546	258	341	654	784	1,856	1,338	3,007	2,880	
북구	44	167	2,420	1,908	72	2,850	1,899	1,192	1,276	5,301	2,003	1,115	3,340	
서구	30	14	1,680	470	–	519	1,024	–	4,838	1,018	602	1,327	819	–
합계	146	317	8,060	9,466	3,416	6,309	11,599	5,595	11,746	12,039	6,261	12,187	9,381	1,020

강원도

지역	인구(만)	미분양	필요물량	2011	2012	2013	2014	2015	2016	2017	2018	2019	2020	2021
강릉시	21	528	1,180	–	306	–	820	391	1,986	194	4,450	1,682	477	788
고성군	3	44	160	–	–	–	–	122	–	–	–	–	184	
동해시	9	1,154	510	130	–	1,158	522	501	203	299	1,111	503	2,230	
삼척시	7	57	380	–	–	340	558	326	–	1,230	723	–	–	
속초시	8	182	450	502	661	99	–	–	875	497	961	1,498	1,485	688
양구군	2	–	140	–	251	–	–	–	–	–	–	–	–	
양양군	3	369	160	–	–	–	–	–	–	170	702	190	716	
영월군	4	12	230	334	–	–	80	–	136	–	–	–	–	
인제군	3	342	180											
원주시	34	1,551	1,890	–	884	–	2,276	3,482	3,051	3,502	6,502	8,725	3,536	
정선군	4	131	210	414	–	–	–	–	–	–	299	–	–	
철원군	5	–	260	–	–	–	–	171	–	–	–	220	–	
춘천시	28	249	1,550	470	493	463	3,349	1,113	–	482	1,771	4,735	965	–
태백시	5	8	250	386	–	397	139	–	326	–	–	202	–	
평창군	4	9	240	–	–	–	–	–	489	–	–	–	–	
홍천군	7	18	390	–	87	–	–	–	604	–	–	–	–	
화천군	3	1	150	–	–	–	–	90	–	145	–	–	–	
횡성군	5	74	260	361	–	258	–	–	–	348	523	–	–	
합계	154	4729	8,590	2,597	2,682	2,715	7,744	6,196	7,670	6,867	17,042	17,755	9,593	1,476

제주특별자치도

지역	인구(만)	미분양	필요물량	2011	2012	2013	2014	2015	2016	2017	2018	2019	2020	2021
서귀포시	18	349	1,000	–	–	263	870	2,676	2,173	1,794	126	353	–	–
제주시	48	950	2,660	2,025	983	1,852	745	1,210	917	999	1,370	157	151	–
합계	66	1299	3,660	2,025	983	2,115	1,615	3,886	3,090	2,793	1,496	510	151	–

아파트 언제 어디를 살까요

전국 아파트 가격 등락률 추이(2008~2018년)

* 광역시 이상

		서울 1000만		경기 1300만		인천 300만		부산 350만		대구 250만		울산 120만		대전 150만		광주 150만	
		매매	전세	매매	전세	매매	전세	매매	전세	매매	전세	매매	전세	매매	전세	매매	전세
08년	상반기	1.76	0.33	1.77	0.64	4.23	1.17	1.16	0.43	-0.49	-0.21	0.18	0.10	0.37	0.70	0.73	1.36
	하반기	-3.39	-4.86	-3.42	-3.96	1.34	1.62	1.62	1.43	-2.77	-3.69	-0.99	-1.75	-0.19	1.99	0.73	1.36
09년	상반기	0.80	2.38	-1.15	0.34	-1.59	-1.03	1.08	1.55	-2.09	-3.25	-0.34	-0.72	0.95	1.52	-0.85	-0.39
	하반기	2.44	6.70	1.39	5.26	1.06	3.57	5.12	5.07	1.66	3.71	2.79	4.06	5.16	9.15	0.39	0.39
10년	상반기	-1.06	2.94	-2.01	2.43	-1.37	2.52	7.54	8.32	0.60	2.62	2.31	3.94	4.05	9.85	1.12	0.82
	하반기	-1.09	4.34	-1.35	4.87	-1.52	3.78	8.32	9.48	1.56	3.68	1.92	2.76	5.52	6.92	2.81	2.26
11년	상반기	0.25	6.52	1.33	9.63	-0.46	2.33	14.20	11.82	7.22	8.73	8.18	9.32	11.54	9.36	14.35	14.52
	하반기	-0.82	5.66	0.08	5.13	-1.67	2.44	5.46	5.22	6.75	8.02	8.05	7.62	5.06	0.77	7.59	7.68
12년	상반기	-1.69	0.33	-1.13	0.83	-2.21	1.34	0.39	1.10	3.76	5.89	7.16	7.56	-0.74	-2.38	3.92	5.17
	하반기	-3.07	2.09	-2.25	1.91	-2.29	1.40	-1.43	-0.66	3.51	5.64	1.23	1.41	-0.85	2.59	1.14	2.02
13년	상반기	-1.14	2.17	-1.42	2.17	-1.52	2.29	-0.79	0.70	4.39	4.40	0.00	0.95	-0.20	3.36	1.09	1.68
	하반기	-0.47	6.62	-0.12	6.89	-0.18	5.53	0.16	0.87	5.81	5.27	0.65	1.30	0.73	3.39	1.40	1.82
14년	상반기	0.33	2.53	0.72	2.88	1.11	3.87	0.50	1.09	3.90	3.24	1.53	1.02	0.18	0.50	1.61	1.64
	하반기	0.77	2.04	1.44	2.50	1.25	2.12	1.06	1.11	4.18	3.52	1.86	1.30	0.10	-0.14	1.97	1.27
15년	상반기	2.38	4.97	2.75	3.97	3.53	3.90	2.45	1.79	6.29	4.82	2.38	1.18	0.03	0.04	3.93	2.66
	하반기	3.08	4.19	2.42	3.48	3.28	3.40	3.06	2.13	4.00	2.94	2.74	2.07	0.11	1.08	2.29	1.42
16년	상반기	1.34	1.64	0.57	1.34	0.98	1.24	1.28	1.37	-1.86	-1.68	0.69	0.89	-0.05	0.98	-0.04	0.43
	하반기	2.74	1.24	1.48	1.27	1.67	1.33	2.77	1.68	-1.73	-1.12	-0.31	0.02	0.65	1.01	0.20	0.39
17년	상반기	1.82	0.76	0.47	0.29	0.54	0.52	1.41	0.68	-0.75	-0.38	-0.51	0.02	0.35	0.01	0.18	0.28
	하반기	3.67	1.35	1.00	-0.05	0.91	0.25	0.30	-0.42	0.62	0.21	-1.39	-1.23	0.81	0.58	0.77	0.63
18년	상반기	4.76	0.21	0.86	-0.69	0.07	-0.40	-0.65	-0.59	0.89	0.31	-1.67	-1.78	0.48	0.21	1.00	0.53
	하반기	1.53	0.23	0.25	-0.22	-0.07	-0.08	-0.40	-0.19	0.31	0.01	-0.69	-0.69	0.07	0.03	0.84	0.34

출처 : KB부동산

전국 아파트 가격 상승률 상위 3위 추이(2008~2018년)

* 광역시 이상

		1위		2위		3위	
08년	상반기 하반기	인천	5.57	부산	2.78	광주	1.46
09년	상반기 하반기	부산	6.20	대전	6.11	서울	3.25
10년	상반기 하반기	부산	15.86	대전	9.57	울산	4.22
11년	상반기 하반기	광주	21.94	부산	19.66	대전	16.60
12년	상반기 하반기	울산	8.39	대구	7.26	광주	5.06
13년	상반기 하반기	대구	10.19	광주	2.50	울산	0.65
14년	상반기 하반기	대구	8.08	광주	3.58	울산	3.40
15년	상반기 하반기	대구	10.29	인천	6.81	광주	6.22
16년	상반기 하반기	서울	4.08	부산	4.04	인천	2.65
17년	상반기 하반기	서울	5.49	부산	1.71	경기	1.47
18년	상반기 하반기	서울	6.28	광주	1.84	대구	1.20

출처 : KB부동산

아파트 언제 어디를 살까요

초판 1쇄 발행 2018년 9월 1일
초판 2쇄 발행 2018년 9월 15일

지은이 신준섭(사월)

펴낸이 김연홍
펴낸곳 아라크네

출판등록 1999년 10월 12일 제2-2945호
주소 서울시 마포구 성미산로 187 아라크네빌딩 5층(연남동)
전화 02-334-3887   **팩스** 02-334-2068

ISBN 979-11-5774-617-0 13320